《南开物流译丛》

供应链风险

SUPPLY CHAIN RISK

克莱尔·布林德利 著

刘秉镰 刘彦平 陈晓磊 雷静 译

南开大学出版社

天 津

供应链风险
Supply Chain Risk
Clare Brindley 编著

天津市出版局著作权合同登记号：图字 02——2008——85 号

图书在版编目(CIP)数据

供应链风险 /（英）布林德利（Brindley, C.）著；刘秉镰等译. —天津：南开大学出版社，2009.10
（南开物流译丛）
ISBN 978-7-310-03286-0

Ⅰ.供… Ⅱ.①布…②刘… Ⅲ.物资供应—物资管理：风险管理—研究 Ⅳ.F252

中国版本图书馆 CIP 数据核字(2009)第 188530 号

南开大学出版社出版发行
出版人：肖占鹏
地址：天津市南开区卫津路 94 号 邮政编码：300071
营销部电话：(022)23508339 23500755
营销部传真：(022)23508542 邮购部电话：(022)23502200
*
天津泰宇印务有限公司印刷
全国各地新华书店经销
*
2009 年 10 月第 1 版 2009 年 10 月第 1 次印刷
880×1230 毫米 32 开本 8.125 印张 4 插页 231 千字
定价：23.00 元

如遇图书印装质量问题，请与本社营销部联系调换，电话：(022)23507125

《南开物流译丛》总序

随着经济全球化和信息技术的迅猛发展，企业生产要素的获取与产品营销范围日趋扩大，社会生产、物资流通、商品交易及其管理方式正在并将继续发生深刻的变革。与此相适应，企业建立竞争优势的关键，已由降低原材料成本的“第一利润源泉”、提高劳动生产率以降低活劳动消耗的“第二利润源泉”，转向建立高效物流系统以降低物流费用的“第三利润源泉”，现代物流业正在世界范围内广泛兴起。

进入 21 世纪以来，随着世界经济和科学技术的迅速发展，现代物流作为一种先进的组织方式和管理方式，受到了包括我国在内的各国政府的高度重视，得到了广泛应用，并在提高经济运行质量、提高社会效益和经济效益等方面发挥了重要作用。

我国现代物流业起步较晚，现代物流业在我国的快速发展只有二十来年的历史。目前，我国大多省市均已开展了对现代物流发展战略的研究，并将现代物流列入区域经济发展的重点领域。现代物流对地区经济和社会发展起到了重要的促进作用。

伴随着现代物流在我国的快速发展，物流人才短缺等问题日益凸显，物流从业人员亟待进行知识更新。目前，随着现代物流业的快速发展和物流教育的推进，物流和供应链管理领域的图书市场缺口很大，虽然近年来相关教材、专著、译著层出不穷，但作为处于刚刚发展的并不成熟的物流类学科领域，相关图书还在一定程度上存在低水平重复、新颖性不足等问题。

相对于比较成熟的学科而言，现代物流和供应链管理领域国内现有的译著并不多，而且以教材为主。伴随着全球现代物流业的快速推进和国际物流学术创新成果的不断涌现，我国很有必要推出系列学术译著，以满足国内物流实业界和学术界的相关图书需求。

基于以上考虑，南开大学物流管理系与南开大学出版社合作，共同推出《南开物流译丛》，编纂、翻译出版国外现代物流和供应链管理领域的最新图书，并定位于以下方向和领域：

1．有较高学术价值，同时国内业界也很关注的领域。

2．我国政府和民众关注的热点问题。

3．国内专业物流市场，如零售、食品等著作比较稀缺的领域。

4．国外的高水平经典教材，以研究生和高年级本科生教材为主。

我相信，这套译著丛书的出版，将对我国物流业界的从业人员、从事物流学术研究的人员、物流领域的研究生和高年级本科生提供有效的借鉴和参考，对我国物流专业人才队伍建设、企业物流和物流企业经营管理优化也将起到重要的促进作用。

刘秉镰

2009 年 2 月 10 日

译者前言

英国著名经济学家克里斯多夫曾经指出，“市场上只有供应链而没有企业”，“真正的竞争不是企业与企业之间的竞争，而是供应链与供应链之间的竞争”。

伴随着社会经济的进一步发展和技术进步速度的加快，现代物流发展已经进入了供应链时代，供应链管理在企业经营发展中发挥着越来越重要的作用。JIT、零库存、VMI 等技术手段也得以大范围应用和推广，精益思想被广泛应用于企业管理的各个领域。然而，社会经济是一个不断发展变化的复杂的体系，具有较大的不确定性。

供应链网络结构的错综复杂性、外部环境的不确定性和供应链管理者过于追求精益化等原因，使得供应链具有较高的“脆弱性”，供应链越来越容易遭受各类风险的影响。精益供应链系统能够提供的潜在收益是巨大的，不可以被忽略。然而，随着管理层不断地为其系统“瘦身”以追求更快的反应能力和更低的成本，这一系统正在变得越来越“脆弱”，企业对风险和不确定性的影响应得更为敏感。

2001 年美国的“9·11”事件，由于国外进口零部件不能及时运达生产线，导致福特、丰田等汽车生产和多家电子生产企业停产。2005 年初的印度尼西亚海啸事件阻断了我国棕榈油的进口，致使几千家企业中断了原料供应。其他案例包括 2002 年夏季加利福尼亚怠工事件、2003 年 8 月波及整个美国北部的电力中断等事件。

相关案例表明，一旦风险确实发生，往往会给供应链造成不可逆转的损害和巨大损失，甚至造成供应链的彻底断裂。对供应链风险进行有效管理与控制能够使供应链更富有弹性，从而对各类风险具有更强的抵抗力，使供应链能够避免或者减少由于风险带来的损失。良好的风险协调管理还能提高供应链的运作效率，降低供应链的成本，促进企业的持续发展。因此，供应链风险管理与控制具有重要的实际意义和广阔的应用前景。

目前，供应链风险管理已经成为业界和学术界一个新的研究热点问题。深入研究供应链风险的产生原因、影响后果和应对措施，使供应链能够得以更加健康的发展、真正实现供应链管理的目标，正是本书的主旨所在。

本书是由国际风险和供应链研究网络（ISCRIM）创建人克莱尔·布林德利（Clare Brindley）博士主编，是美国密西根州立大学 Steve A. Melnyk 教授等共计十四位专家学者合著的成果。本书内容共分十二章，从理论到实践应用，从概念、定义、模型分析、框架建立，到建筑业、危险品等行业的应用分析，本书的各章在国际最新文献研究的基础上总结并创新性地研究了供应链风险问题。

本书适合于物流、营销、管理等专业的高年级本科生和研究生学习使用，也适用于相关专业的教师、研究人员阅读和参考，同时，对于物流界的政府人员和企业人员也具有较高的学习和借鉴价值。

国内关于供应链风险领域的相关图书还很少，我相信，本书的翻译，将对我国相关研究的深化和该领域在实业界的快速发展，起到一定的促进作用。

刘彦平、陈晓磊、雷静、骆娜、王晟、张辰、左绘霞、张若雪等均在不同程度上参与了本书的翻译和校对工作。另外，南开大学出版社的编辑们也对本书的翻译和出版做了大量的工作。在此，一并对上述人员的辛苦工作表示感谢！

由于本书的翻译时间较紧迫，所存在的不足之处敬请各位读者批评指正。

刘秉镰

2009 年 6 月于南开园

作者前言

对涟漪效应的研究，通常是将其作为一个即定的前提，亦即假定它是自发出现的。本书是在长期研究和实践的基础上，对这一问题的产生进行详细阐述和说明，可视为解决涟漪效应问题的“圣经”。

回顾本书的写作初衷，很难说明具体原因，倒不如说是一个比较偶然的结果。首先，曼彻斯特大学的 John Morris 和密西根州立大学的 George Zsidisin 提及这一问题的重要性。几个月后，隆德大学的 Andreas Norman 在阅读克莱尔·布林德利和其同事共同发表的一篇论文后，发邮件给克莱尔，也提及该问题。考虑到很多学者对供应链风险问题很感兴趣，克莱尔决定在埃诺曼的曼彻斯特城市大学举办一次会议。参加这次会议的学者有 Robert Lindroth, Paul Bjornsson, Ulf Paulsson, Clare Brindley, John Morris, Simon Burtonshaw-Gunn 和 Bob Ritchie。会议上，大家一起讨论了各自在风险和供应链领域的研究情况，产业界的发言人主要来自 AGCO 有限公司。

这次会议的主要成果是国际风险和供应链研究网络（ISCRIM）得以成立，UIF Paulsson 编辑制作了隆德大学和 ISCRIM 的传单。由于风险的多样性和供应链的复杂性，在这次会议上，ISCRIM 成员决定出版一本针对这一问题的专著。第二次会议于 2002 年在隆德大学举办，当时又有许多新成员加入，并对本书进一步提出了更多的新建议。

2003 年 10 月，正值曼彻斯特城市大学举办第三次 ISCRIM 会议之际，本书的写作即将完成。在此，谨对曼彻斯特城市大学的 Caroline

Robinson 和 Kerri Faulkner 致以诚挚的感谢，他们在本书的写作和出版上耗费了很大的精力。希望本书能够对 ISCRIM 成员、学者、实业界和学生有所帮助，并希望本书可以对读者有所启发。

克莱尔·布林德利博士

ISCRIM 创建人

本书作者介绍

1．Dan Adersson 研究员，管理和经济学系，林雪平大学，林雪平市，瑞典

2．Clare Brindley 博士，工商管理系执行主任，曼彻斯特城市大学，英国

3．Simon A. Burtonshaw-Gunn 博士，管理顾问，BAE Systems 公司研究团队成员，曼彻斯特城市大学，英国

4．Jukka Hallikas 研究员，工业管理，拉普兰塔理工大学，拉普兰塔市，芬兰

5．Robert Lindroth，隆德大学讲师，斯坦福大学兼职研究员，其博士论文的研究方向是风险共享模型。

6．Steve A. Melnyk 教授，运营管理教授，Eli Broad 商学院，密西根州立大学，美国

7．Arben Mullai 研究员，隆德大学，瑞典

8．Andreas Norrman 博士，工业管理和物流系，隆德大学，瑞典

9．Ulf Paulsson 助教，工业管理和物流系，工程物流部，隆德大学，瑞典

10．Gary L. Ragatz 博士，供应链管理副教授，Eli Broad 商学院，密西根州立大学，美国

11．Bob Ritchie 教授，风险管理教授，中央兰开夏大学，英国

12．Michael E. Smith 博士，管理学和国际商务学系，西卡罗来那大学，美国

13．Veli-Matti Virolainen 博士，拉普兰塔大学，芬兰

14．George A. Zsidisin 助教，营销和供应链管理系，Eli Broad 商学院，密西根州立大学，美国

目　录

第一篇　研究框架

第一章　绪论……3

1.1　导言……3

1.2　供应链……5

1.3　供应链管理……6

1.4　不确定性和风险……7

1.5　风险与风险管理……8

1.6　供应链中的风险和风险管理……9

1.7　公司绩效衡量……12

1.8　本书的框架结构……12

参考文献……14

第二章　供应链风险分类和供应链风险管理……16

2.1　导言……16

2.2　供应链风险管理的三个维度……17

2.3　供应链风险管理框架……28

参考文献……29

第三章　基于权变框架的供应链风险属性分析……34

3.1　导言……34

3.2　供应链演化……35

3.3　供应链中的不确定性和风险……38

3.4　建立权变框架的原因……41

3.5　权变框架的维度……42

3.6　背景特征……43

3.7 结构和过程特征……44
3.8 决策支持……45
3.9 人员特征……46
3.10 度量……47
3.11 结论……48
参考文献……48
第四章 供应商关系和网络的风险管理……51
4.1 导言……51
4.2 关于网络……52
4.3 有关风险管理研究的相关出发点……54
4.4 基于交易成本的网络风险分析框架……55
4.5 供应商网络风险……59
4.6 基于风险的供应商关系评估……64
4.7 供应商网络中的风险管理方法……67
4.8 启示……74
参考文献……74
第五章 重视客户的风险……79
5.1 导言……79
5.2 信息通讯技术对供应链的冲击……80
5.3 供应链管理、关系营销和风险管理……82
5.4 以客户为中心……84
5.5 一个新模型：模糊供应链……85
5.6 结论……90
参考文献……91
第六章 供应链风险管理……94
6.1 背景……94
6.2 供应链风险管理：一个新的研究领域……95
6.3 论文的外部特征……100
6.4 定位……105
6.5 结论……106

检索到的文献……108
参考文献……116

第二篇 技术与应用

第七章 对英国建筑行业的风险检验和供应链合作研究……121
7.1 导言……121
7.2 英国建筑行业分析……122
7.3 英国建筑行业的供应链管理……125
7.4 英国建筑业合作关系中的相关风险……127
7.5 结论……137
参考文献……138
第八章 供应商早期参与（ESI）：降低供应链风险的工具……141
8.1 导言……141
8.2 供应商早期参与（ESI）……141
8.3 供应商早期参与（ESI）和供应风险管理……144
8.4 ESI 管理层面的含义……151
8.5 结论……153
参考文献……154
第九章 危险品海上运输风险分析框架……156
9.1 导言……156
9.2 文献回顾……157
9.3 方法和数据……158
9.4 包装危险品（PDG）海上运输风险分析框架……159
9.5 结论……186
参考文献……186
第十章 物流外包：基于委托人和服务商角度的风险研究……192
10.1 导言……192
10.2 参考框架……193

10.3 案例分析：委托人和服务提供商在风险管理问题上的观点……196
10.4 分析……204
10.5 结论……207
参考文献……208
第十一章 确保持续供应的方法和实践……210
11.1 供应链面临的危机和挑战……210
11.2 供应链管理 ＋ 精益实践 ＝ 脆弱……212
11.3 BCP：有效的解决工具和成功的实践经验……214
11.4 BCP 观点的起源……214
11.5 建立系统观念和防止供应链中断的有效实践……215
11.6 树立供应风险的意识……215
11.7 防止风险的发生……218
11.8 风险补救和组织学习的有效实践……221
11.9 供应中断的修复……221
11.10 组织学习的成功实践……223
11.11 实践总结……224
11.12 供应管理的业务持续性计划工具……224
11.13 风险在供应链生命周期中必然存在，但它是可控的！……233
参考文献……233
第十二章 结论……235
12.1 导言……235
12.2 定义的多样性……235
12.3 形成的框架……237
12.4 形成的主题……239
12.5 度量……240
12.6 供应链风险管理：未来的研究方向……240

图形目录

图 1. 1　风险决策模型 ……9
图 2. 1　评估和定位供应链风险的框架 ……18
图 2. 2　物流活动 ……19
图 2. 3　风险矩阵图 ……21
图 2. 4　业务持续管理的范围 ……27
图 2. 5　对不同的管理活动的分类 ……29
图 3. 1　供应链风险持续性 ……36
图 3. 2　供应链参数——风险和企业绩效 ……39
图 3. 3　供应链风险——权变框架 ……43
图 3. 4　管理供应链风险和绩效 ……48
图 4. 1　涉及买方和卖方的基于交易成本理论的风险拓扑图 ……59
图 4. 2　合作关系类型 ……64
图 4. 3　风险图 ……70
图 4. 4　网络关系中风险管理流程 ……71
图 4. 5　基于风险的关系评估的一般框架 ……73
图 5. 1　供应链的运行环境 ……86
图 5. 2　线性供应链模型：旅游业 ……88
图 5. 3　模糊供应链模型：旅游业 ……89
图 6. 1　供应链风险管理：供应链管理和风险管理的交叉领域 ……95
图 6. 2　评估和定位供应链风险的框架（见第二章） ……100
图 6. 3　1995-2003 年发表的供应链风险管理领域的科技论文 ……101
图 6. 4　各种风险资源及其与三种类型风险要素的关系模型 ……106
图 7. 1　建筑业合作的风险 ……128
图 7. 2　客户对供应商风险的评估 ……134

图 7.3 供应商对供应商风险的评估……135
图 7.4 客户对高风险、高价值领域的反应……135
图 8.1 供应商早期参与过程模型……146
图 9.1 风险分析和管理的主要阶段……159
图 9.2 “三大定义问题”……160
图 9.3 风险分析框架……168
图 10.1 风险责任和义务的转移缺口……207
图 11.1 商业中断的阶段……222
图 11.2 风险发生概率和影响大小……229
图 12.1 管理供应链风险和绩效……238

表格目录

表 4.1　风险识别阶段的输出列表……68
表 6.1　科技期刊和供应链风险管理领域的论文数量……102
表 6.2　不同作者撰写的论文数量……102
表 6.3　不同国家作者的文献数量……103
表 6.4　80 篇论文中分析模块要素的数量和比重……104
表 6.5　80 篇论文中风险类型要素的数量和比重……104
表 6.6　80 篇论文中管理过程要素的数量和比重……105
表 6.7　在 80 篇论文中各定位要素的数量和比重……105
表 8.1　ESI 的五个层次……142
表 9.1　危险品相关数据库……165
表 9.2　风险分析步骤……167
表 9.3　危险品运输风险要素描述示例……169
表 9.4　风险对象的类型和影响的测量单位分类……178
表 9.5　风险对象、后果及其衡量……179
表 9.6　风险特征描述方法……182
表 10.1　风险情境举例……198
表 10.2　风险评估与应急计划举例（情境 1）……201
表 10.3　标准化的正式的检查和计划活动……203
表 11.1　与供应商灾难恢复计划相关的原材料供应商审查环节……224
表 11.2　原材料供应商质量评估打分方法……225
表 11.3　采购风险登记……226
表 11.4　评估风险概率及其影响的结构范例（采购风险登记）……227
表 11.5　风险行为范例……228
表 11.6　风险评估过程举例……228

表 11.7 风险登记 ……………………………………………………230
表 11.8 财务评估范例……………………………………………………231
表 11.9 媒体评价范例……………………………………………………232

第一篇　研究框架

第一章 绪 论

1.1 导言

尽管人们对供应链运作、供应链管理以及供应链实施中的偶然性和供应链风险问题已经非常重视，但这些问题仍旧存在。供应链存在的历史相当漫长，在社会生活中占据着重要地位，任何形式的实物交换或者货物交易都可以看成是供应链的简单形式。中世纪的社会经济都围绕着这种简单的供应链形式发展，它主要在区域性市场上进行运作。尽管当时是以一种原始的形式出现的，但现代意义上的供应链所包含的众多结构、运作流程和系统性在那时就已经出现了。本书将对现代供应链所包含的上述内容进行详细阐述，这主要包括涵盖整条供应链的不确定性、风险以及有效的风险管理等问题。

现代社会与经济的快速发展，促使众多利益相关者（如企业、市场、消费者以及政府等）越来越关注供应链以及供应链管理等问题。以下三方面的进步和发展，可以用以阐述这些发展所产生影响的本质和范围，以及利益相关者的相关反应。

1．信息和通讯技术（ICT）的发展在信息传递和信息的可获得性方面给供应链中的利益相关者带来许多革命性的变化。其结果表现在，由于利益相关者可以获得更多的信息和知识，因此进入壁垒和缝隙市场消失，从而使得企业竞争优势的持续时间越来越短暂。

2．信息和通讯技术推进了竞争的全球化发展，这几乎对每一个市场和企业组织的规模均产生影响（Ritchie and Brindley，2000）。产品市场和服务市场同样也受到冲击。尽管商品的网上销售、网上订购以及网上支付系统已经使零售业发生了革命性的变化，然而毋庸置疑的是服务对于无店铺零售业更加重要。我们应当认识到的是，除了信息和通讯技术的创新，要促进全球化竞争还需要其他领域的发展，例如政府为减少贸易壁垒所制定的政策以及采取的行动等。

3．信息通讯技术的发展和市场竞争的加剧，导致供应链成员之间的相互影响和关联程度加深。供应链本身已经成为降低成本、提高质量、安全快速地配送产品，以及为顾客提供其他增值服务的主要工具。这些变化有利于促进供应链成员的绩效提升以及供应链整体的合作。

这三方面发展的影响，供应链成员对这些发展变化的反应，以及供应链之间的间接竞争，都预示着潜在的不确定性和风险程度的提升，并使得不确定性和风险的来源进一步增多。为了应对这些新的挑战，更加复杂的供应链结构、战略和系统得以出现。需要指出的是，这些可识别的风险和不确定性的来源，不仅仅来自于提供给客户的最终产品或服务环节，也存在于供应链的每一个环节。总体而言，本书的目标是：识别供应链上下游环节增加的不确定性和风险，探究风险的来源以及不确定性风险增加的原因，并对这些风险管理的潜在途径、供应链成员绩效以及整个供应链绩效进行评价。

对供应链中的风险进行管理对于每个组织来说都是一项重大挑战，这是因为，所有的组织、企业同时也都是一条或者多条供应链的成员。虽然很多学者关于供应链管理的相关研究大多涉及到这个问题，但是专门应对供应链风险管理的研究和文章仍是空白。本书相关作者的研究包含了不同领域的风险管理，反映了这一问题的多功能、跨领域的本质。每章后的参考文献可以为这一领域更深入的研究提供初始平台。本书作者认为，对于任何一个新兴的领域，清楚地阐明问题的定义、框架以及模型是十分必要的。这本书可以为该领域今后的研究奠定基础。

本章作为介绍性的一章，给出了书中相关重要概念的定义，本书中的其他各章分别对这些概念进行更深层次的界定。首先，我们会给出供应链及供应链管理的定义。其次，我们会进一步阐述不确定性和风险的定义，以及供应链上下游的不确定性、风险与风险管理的联系。

在这里，我们会将风险这一术语与商业结构整合起来进行探讨，以寻求风险、效率和利润三者的关联，这就为本章以后的内容奠定了基础。在本章的最后，还给出了风险管理中一些关键的战略和战术方法，并介绍了本书其他章节的主要内容。

1.2　供应链

对供应链这一术语的定义数不胜数，因此很难对其进行完整的、严格的界定，不同学者所关注的重点不同或者问题的具体特征不同而导致不同定义之间存在很大分歧。Christopher（1992）给出了供应链的一般性定义，他把供应链描述成由上游（如供应来源）及下游（如配送渠道）共同组成的网状结构，通过不同的流程与活动，把产品和服务送到最终客户的手中而产生价值。这一定义假定有多个企业扮演着上游和下游的角色，同时供应链的每一层级也有多个企业（如可供选择的多个供应商）。目前的研究（如 Ritchie 和 Brindley，2001）对供应链的定义更多地加入了信息流和资金流的因素，这反映了本书前文所提到的信息与通讯技术的发展问题。此外，很多学者也认识到供应链中合作关系的重要性。

在这个一般性的供应链定义中还有一些更细化的定义。例如，“基本供应链”（Basic Supply Chain）通常是指关注于单一企业和其直接供应商/直接客户之间的联系，虽然这些客户往往不是最终客户。在供应链研究领域中，大部分研究的关注点在于供应链上下游之间的关系。“扩展供应链”（Extended Supply Chain）还包括直接供应商上游的企业和直接客户下游的企业，这涉及到供应链的每个连续环节上的多个企业。“最终供应链”（Ultimate Supply Chain）涉及从原材料到最终客户的所有环节，包括所有能给客户带来最终附加价值的相关服务。

对供应链的研究可以从不同的视角、结构、系统、战略和组织关系展开。虽然组织结构和企业关系现在已经发生了根本性的变化，由原来的直线型结构发展成为网状结构，组织间的关系也由原来的单一关系发展成多元关系，如 Ritchie 和 Brindley（2001）的相关研究，但从结构角度考虑供应链的观点仍然是目前最多的研究视角。另外一个视角是从系统角度来研究供应链问题，它关注于资源从原材料到最终消费过程中系统的效率，如 Cooper 等（1997）的研究。在许多方面，从系统角度进行的研究与物流实践运作结合得最为密切，即确保流程、存储、运输和信息交流效率的最大化。从战略视角展开的研究首先关注于如何强化和进一步保持企业的竞争优势，企业通常会在供应链所有企业中给自身一个定位，目标是寻求为客户提供价值最大化的服务，见 Porter（1985）的研究。当前供应链领域中更多的研究集中于一个新的关系视角，如 Ritchie 和 Brindley（2001），他们从战略和运作两个方面研究如何建立和管理供应链成员间的伙伴关系。上述所有的视角都是彼此相容的，均是从不同的角度对同一个问题进行了研究，得出了一些彼此相容但却并不相同的研究结论。

1.3 供应链管理

以上所述供应链研究的不同视角，反映出了供应链管理职责、行为和决策的具体范围。例如，战略层面的物流（如单一供应商还是多个供应商决策）和操作层面的物流（如特殊订单的进度跟踪问题）都是供应链管理的基本要素，并且并不是唯一的组成要素。共享商业信息、产品研发协作以及关键生产流程的整合等问题都是供应链管理战略层面所包含的内容，而提升客户价值和提高满意度则需要供应链所有成员的共同努力，这样才可以提升供应链的总体绩效。为供应链成员以及客户创造价值的这种目标可以称为供应链导向型。这些管理活动以及其他相关活动将有助于改善或促成供应链中成员间的合作关系。一些相关术语，例如竞争合作、协作以及伙伴关系等在与供应链管理研究有关的文献中出现得越来越频繁。因此，供应链管理是一种多领域、多功能的活动，不仅需要处理物理的、有形的物流活动，还需要平衡更多的其他行为以及一些无形的活动，例如客户关系的建立和管理等。

从这些对供应链以及供应链管理的简要分析中可以认识到供应

链管理变革的本质、范围以及速度。这对于识别供应链中的组织以及管理风险具有重要意义，这尤其体现在不确定性和风险的新来源方面。

1.4 不确定性和风险

如何界定不确定性和风险问题引发了许多不同的方法，这表明不确定性与风险的概念是从多种学术定义演变而来的，例如，19 世纪 20 年代，风险这一术语开始频繁出现在经济领域（Dowling 和 Staelin, 1994, p.119）。其另外一个表现体现在对赌博的研究领域，它同时也被视为经济理论（如风险承担）的检验（Clotfelter 和 Cook，1989）。根据 Forlani 和 Mullins（2000）的研究，与风险相关的风险识别在经济学和行为决策理论中也能找到其渊源。后来，风险的概念在管理、环境、保险和心理学研究中得以进一步延伸，每个研究领域关注重点不同，但通常都是与决策制定相关的，因为无论是个人还是组织都面对着决策制定问题。更多的研究则集中于个人决策的制定而非组织决策的制定上。

这些领域风险研究的共性体现在风险的定义上，相关定义基本上都包括了不可预测性、决策以及潜在损失问题。例如，Sitkin 和 Pablo（1992, p.9）把风险定义为"决策所能带来的潜在收益或损失的不确定程度"。同样，MacCrimmon 和 Wehrung（1986）把风险分为三类：损失的数量、损失的概率和损失的潜在风险期。March 和 Shapira（1987）认为，认知这些"损失"的不同，决定了是否愿意承担风险。从技术上讲，风险可以定义为发生损失的可能性（Knight，1921），实际上这种定义并不是完善的，实践中要考虑到经营中大多数风险决策的前提是可以获得潜在收益（Blume，1971），而这种收益同时又是不确定的，实践中很少有单纯为避免损失而制定商业或投资决策。

考虑到决策形势以及对形势、替代方案、可能性结果等因素进行判断和评估的需要，不确定性被定义为信息的缺失（Rowe，1977）。在极端情况下，不确定性可以视为当有问题或者需要决策时信息或者知识的完全缺失。然而，不确定性通常反映了决策所涉及信息的模糊性，可能涉及决策形势的本质、决策形势的成因、可能的解决办法或利益相关者对于执行这些解决方案的反应等因素。风险管理领域的一个很重要的原则是“风险”与“不确定性”的综合以及相互之间的作用，在使用“风险”这个术语的时候通常也是如此。事实上，在商业环境中广泛使用的“风险”这个术语包括了风险与不确定性两个方面，本书将使用“风险”的这一内涵。

“决策模块”(Decision-making Unit)的构成会影响到战略的制定，这些战略通常包含风险以及潜在的公司业绩等问题。在商业决策环境中，关于个人和组织风险行为的研究还是相对较少的。Newall（1997）对工业品购买者的研究显示，冒险行为并不会因为是大型、小型组织或者个人而有所改变。然而，Valla（1982）认为决策模块的规模、结构，以及决策模块中人与人之间的关系、所采用的决策步骤等都会影响到决策的风险倾向。

本书中讨论的其他重要问题还包括风险感知以及风险倾向，这些问题或者与个人相关，或者与组织相关（在某些案例中），或者与冒险行为的准备措施有关。在这方面，一项准备措施的制定决定于结果的不确定性（例如不完备的知识体系或者经验）以及损失或者收益的潜在范围。McCarthy（2000）认为，个体属性例如年龄、性别以及种族等会影响到风险倾向。MacCrimmon 和 Wehrung（1990）的研究证明了这一点，年龄因素影响到风险倾向和冒险行为。决策模块在构成上具有多样性，因此有必要了解这种多样性风险感知和风险准备的产生的不同影响。

1.5 风险与风险管理

Ritchie 和 Marshall（1993）在一个简要的商业风险决策模型中，指出了以下主要风险决定因素：

业务总体绩效 $=f(\text{盈利}\times\text{风险})$

其中，

风险 $=f(E_r, I_r, O_r, P_r, DM_r)$

E_r 是指环境变量

I_r 是指行业变量

O_r 是指组织变量

P_r 是指特定题变量

DM_r 是指决策者相关变量

图 1.1 风险决策模型

这一简化模型表明，相关变量像内生的商业风险一样影响着组织的业务总体绩效。对于一个既定的情形，前四个变量决定了其内生风险，这种风险取决于环境参数和具体问题参数。决策者的行为可以改变总体风险水平，因为决策的质量会导致风险水平变得更高或者更低。例如，投资一台备用的发电机也许不会降低供电中断和生产中断的概率，但是，当这样的事情发生时，它会降低由此引发的后果的严重程度。从本质上来说，这就是风险管理的一个例子。Ritchie 和 Marshall（1993，pp.167-168）从战略高度上对风险管理做出这样的定义，“……由于产品过时所导致的长期需求变化以及技术和全行业供需格局的改变，这些是导致风险的主要原因，而企业组织通过企业战略来确认并解决这些风险问题”，这一定义可视为对上述问题的解释和回答。

1.6 供应链中的风险和风险管理

上一部分图 1.1 所示模型提供了一种划分供应链中可能遇到的风险类型的方法。前三类引起风险的因素主要定义了决策的环境，这三类风险包括：

1. 环境因素

构成竞争环境的各个要素的变化会给在该环境下运作的企业带

来风险。如基因技术、经济贸易联盟、政治和民族文化等问题的发展变化可能会潜在地提高企业所面临的风险。

2．行业因素

一个特定行业环境的变化会使该行业以及与该行业有关的企业面临风险。这些变化可能是由行业对更广泛的环境变化的反应所驱动，从而导致新的产品或服务的产生与发展，也会导致竞争策略的变化或者新的结构安排（例如供应链结构和供应链成员的重新整合）。

3．组织因素

为了积极应对竞争环境的变化，或者为了解决预期风险而采取突然性的行动，都有可能使企业在许多方面（如结构、文化、运作、系统等）发生变化。在每一个事件中，企业的这种变化，或者实施这些变化的过程，都会给企业组织带来风险。

单一企业对源自上述三个方面的风险，特别是受来自环境和行业的风险的影响程度是有限的。在有关风险的文献中，系统性风险这一术语就是用于表述上述三类风险的。就某种意义来说，系统性风险是不可避免的，它们产生于决策的外部环境，而对于这种外部环境，很少有企业能够采用有效的措施和方法予以修正。针对供应链和供应链管理而言，采取市场营销的方式可能会使得企业更加适应外部环境变化，或者对外部环境变化的反应更加敏感，从而可以降低其所承受的系统性风险。例如，实施有效的环境和市场观测，或者引入有效的关系营销手段，可能同时会使组织对环境的反应更敏感，并保证良好的合作关系，从而降低由系统所导致的潜在威胁或风险。在传统意义上，市场营销在组织及其环境之间的信息交流和分析中起到了重要作用。市场研究、竞争者分析、消费者行为研究、市场预测等手段都是行之有效的。这些有关市场、消费者和环境的知识和理解同样有助于更加高效的信息战略的发展。关系营销的发展已经巩固了早期的工作，使得组织认识到保持紧密关系以确保有效沟通的重要性。

在图 1.1 所述模型中还有两个决定风险水平的因素，即特定问题的特殊变量和决策者相关变量，它们代表了企业和组织能够影响的变量。

4. 特定问题变量

由于这种因素会随着不同的决策而发生变化，因此很难予以归纳。那些导致高风险的因素很可能是与战略性和长期性决策有关的。通常，此类决策不仅意味着高风险而且可能会带来最严重的后果。例如，通过绕过下游分销商而直接向最终客户销售的战略决策，就盈利来说可能会很有吸引力，但如果市场没有反应或者下游分销商采取降价的策略来保护其竞争地位的话，这种决策就会具有巨大的风险。

5. 决策者变量

目前，如何理解参与决策的个人或团体的特定属性，以及他们如何提升处理风险的能力，吸引了越来越多的关注，有关问题将会在后面的一些章节进行具体分析。

非系统性风险就是用来描述上述两种通常针对特定组织的、源于组织决策和策略的风险术语。与系统性风险最大的不同在于，非系统性风险被认为是可被组织控制的，而且通常是作为组织决策的结果出现的。特定企业的风险可能不仅来自于威胁（例如财政约束），而且也来自于潜在的机会。一项开发新市场的决策、开发新技术的决策，或者与竞争对手展开更激烈竞争的决策等，都很有可能加大企业面临的非系统性风险。对于具体企业而言，关键问题是如何平衡这些增加的风险和潜在的机会，以提升财务绩效和整个公司的业绩。

对于供应链风险和供应链风险管理模型，与之有关的最后一个特性就是上述五个因素之间的相互关联性。尽管从概念上我们很容易区分和处理这五类引起风险的因素，但是在事实上却复杂得多。这种复杂性体现在两个方面：一方面，对决策可能产生影响的变量数量难以进行全面度量，而且它们对风险提高的敏感度也难以进行有效评估；另一方面，这些变量之间存在复杂的交互作用，认识到这些交互作用是一个动态的、不稳定的过程，受到消费者和竞争者反应的影响。这就意味着，风险的规模和性质会随着决策过程而发生显著的变化。除此之外，一般而言，认识到任何此类决策都会带有的不确定性，会使得决策者对供应链风险管理决策有更加实际的理解。

1.7 公司绩效衡量

公司绩效可以从几个不同但并不相互排斥的角度进行衡量。不同的利益相关者会在短期和长期绩效、盈利能力和流动性，以及经营本身的固有风险之间寻求不同的均衡。Stainer A.和 Stainer L.（1998）确认了八种不同的利益相关者以及他们对经营的预期。这些利益相关者，除了供应链中的一般参与者（即股东、供应商、债权人、雇员和消费者）以外，还包括竞争者、政府和社会等。大部分利益相关者在公司绩效方面的基本宗旨是：同时关心盈利水平以及达到这一盈利水平所承担的风险。Mathur 和 Kenyon（1997）在其研究中指出，这两个绩效因素的重要性可以通过企业失败的严重后果而展现出来，因为企业失败会使得企业被迫进行清算，股东的投资以及其他利益相关者的潜在收益都会受到损失。Staine 和 Stainer（1998, p.7）指出，“企业组织最重要的不是股东分红和股价的上升，而是为大众带来一个更好的社会”。基于这一思想，上述狭义的绩效衡量方法受到了挑战。受这种观点的影响，学术界开始寻找到一种更广义的企业绩效衡量方式（Marsden, 1997）和一个更长期的视角，而不是财务绩效所指的短期视角的时候。在目前，财务绩效衡量方式仍然是一种占支配地位的企业绩效衡量方式。因此，在本书中所用于衡量企业绩效的两个主要因素就是利润和风险。

1.8 本书的框架结构

本书分为两篇，第一篇主要探讨该领域的一些概念性问题，而第二部分则着重于供应链风险管理的应用方面。在第一篇中，在 Norrman 和 Lindroth 撰写的第二章中，他们将供应链风险管理的研究和实践领域的问题予以归纳，提供了一个详细的框架，从而将供应链风险问题予以深化。这个框架可以用来定位不同的管理行动或者研究价值，并且其内容支持该领域还处于初期的假定。这一章的基本原理被第三章的作者 Ritchie 和 Brindley 加以扩展，他们证明并拓展了一种可能性框架，这一框架可用于将供应链中的风险来源分类，并检验风险管理的潜在后果。Hallikas 和 Virolainen 所撰写的第四章采用了网络的方法，并讨论了另一种供应链的定义问题。他们介绍了一种基于交易费用的风险分析框架，并深入讨论了关系对风险的影响，特别是网络连接对管理风险的必要性。第五章假定在现存供应链中的不断增加的直销模式（商家直接到消费者）会对所有的组织带来进一步的威胁、不确定性和风险，而不论其规模和地位。因此，消费者才是供应链中的关键，他们有助于降低风险，但同时也会引起其他特定的风险。在 Paulsson 所撰写的第六章中，他适时地回顾了供应链风险的有关期刊，这一章确定了学术界研究的分析对象、风险类型、管理过程和供应链理论研究方向，可以此弱化供应链风险管理的复杂多变的特性。

在第二篇的第一章（第七章）中，Burtonshaw-Gunn 分析了英国建筑行业供应链的独特性，识别出关键的风险管理参数，反思了存在于其中的风险和不确定性，进而讨论了该行业中的委托人或承包商之间的关系，考察了这种关系在战略合作中的优缺点，以及如何将供应链合作转变为更具深入的伙伴关系。风险管理的关键在于发展战略关系，最重要的是要致力于三个主题——共同目标、问题解决和持续发展。Zsidisin 和 Smith 在第八章中通过一个美国航天供应商的采购组织的案例来说明早期供应商参与（Early Supplier Involvement, ESI）可用于降低有害供应事件发生的概率和影响。第九章探讨了海上运输风险的分析框架，这包括封装的危险品等。运输是分销网络（供应链/物流）必不可少的组成部分，大量的不同类型的危险品（从农业和医药产品到剧毒和严重水污染品），通常均使用水路运输，因此，其风险管理非常必要。在第十章，Andersson 和 Norrman 通过一个瑞典运输企业的案例探讨了物流外包的问题。他们认为，在现代物流外包的情况下，托运人、承运人对风险的评估和管理需求均会增加。这一篇的最后一个核心章（第十一章）由 Zsidisin 等所撰写，他们主要研究如何保持业务规划的连续性以应对供应链风险。本书的最后一章（第十二章）总结了本书讨论的所有主题，并为今后需要进一步研究的问题和方向提供了一个平台。

参考文献

1. Blume, M.E. (1971), 'On the assessment of risk', *Journal of Finance*, Vol. 26, No.1, pp.1-10.

2. Christopher, M.L. (1992), *Logistics and Supply Chain Management,* Pitman, London.

3. Clotfelter, C.T. and Cook, P.J. (1989), *Selling Hope,* Harvard University Press, Cambridge, Mass.

4. Cooper, M.C., Lambert, D.M. and Pugh, J.D. (1997), 'Supply Chain Management: More than a new name for logistics', *The International Journal of Logistics Management,* Vol.8, No.1, pp.1-14.

5. Dowling, R.G. and Staelin, R. (1994) 'A model of perceived risk and intended risk-handling activity', *Journal of Consumer Research,* Vol.21, No.1, pp.119-125.

6. Forlani, D. and Mullins, J.W. (2000) 'Perceived risks and choices in entrepreneurs' new venture decisions', *Journal of Business Venturing,* Vol.15, No.4, pp.305-322.

7. Knight, F.H. (1921), *Risk, Uncertainty and Profit,* Houghton Mifflin Company, Boston and New York.

8. MacCrimmon, K.R. and Wehrung, D.A. (1986), *Taking Risks: The Management of Uncertainty*, Free Press, New York.

9. MacCrimmon, K.R. and Wehrung, D.A. (1990), 'Characteristics of risk taking entrepreneurs', *Management Science*, Vol.36, pp.422-435.

10. March J.G. and Shapira Z. (1987), 'Managerial perspectives on risk and risk taking'. *Management Science*, Vol.33, No.11, pp.1404-1418.

11. Marsden, C. (1997), 'Corporate Citizenship', *Faith in Business*, Vol.1, No.4, pp.3-15.

12. McCarthy, B. (2000), 'The cult of risk taking and social learning: a study of Irish entrepreneurs', *Management Decision*, Vol.38, No.8, pp.563-575.

13. Newall, J. (1977), 'Industrial buyer behaviour', *European Journal of Marketing*, Vol.11, No.3, pp.166-211.

14. Porter, M.E. (1985), *Competitive advantage: creating and sustaining superior performance*, Free Press, New York.

15. Ritchie, R.L. and Brindley, C.S. (2000), 'Will ICT's Change the Balance of Global Competitive Advantage? Ascendancy of the SME in International Business', *Proceedings 27th Annual Conference UK Chapter, Academy of International Business,* Glasgow.

16. Ritchie, R.L. and Brindley, C.S. (2001), 'The Information – Risk Conundrum', *Journal of Marketing Intelligence and Planning,* Vol. 19, No.1, pp.29-37.

17. Ritchie, R.L. and Marshall, D.V. (1993), *Business Risk Management,* Chapman and Hall, London.

18. Rowe, W.D. (1977), *Anatomy of Risk,* Wiley, New York.

19. Sitkin, S.B. and Pablo, A.L. (1992), 'Reconceptualizing the determinants of risk behaviour', *Academy of Management Review,* Vol.17, No.l, pp.9-38.

20. Stainer, A. and Stainer, L. (1998), 'Business performance – a stakeholder approach', *International Journal of Business Performance Management,* Vol.1, No.1, pp.2-12.

21. Valla, J.P. (1982), 'The concept of risk in industrial buyer behaviour', Presented at workshop on organisational buyer behaviour, *European Institute for Advanced Studies in Management,* Brussels, December 9-10.

第二章　供应链风险分类和供应链风险管理

2.1　导言

近来，供应链管理中的不确定性、风险和可靠性问题吸引了来自实业界和学术界的关注。实业界近期举办了许多有关此主题的会议；在学术界方面，有很多该领域的相关研究，如 Smelzer 和 Siferd（1998）、Zsidisin 和 Ellram（1999）、Hallikas 等（2000）、Ritchie 等（2000）、Svensson（2000）、Lindroth 和 Norrman（2001）、Johnson（2001）、Lamming 等（2001）、Christopher 等（2002）的相关研究。然而，如同术语“供应链管理”（SCM）一样，“风险”和“不确定性”这两个术语的定义是十分宽泛的，因而，在供应链风险管理领域有许多不同的问题值得探讨，并已经引起了广泛讨论。

目前为止，对供应链风险管理的明确定义并不多。为了使“供应链风险管理”这一概念与本章所提出的供应链风险分类框架保持一致，本章将其定义为：“供应链风险管理是指，在一个供应链中与合作伙伴进行有效协调，运用风险管理流程工具和相关方法，对物流相关活动或资源所引起的风险和不确定性，以及对物流相关活动或资源产生影响的风险或不确定性所进行的风险管理。”（Norrman 和 Lindroth，2002）。Martin Christopher 教授给出了“供应链风险管理”的另一种定义，他认为：“供应链风险管理是指供应链中的各个成员相互协作，并对外部风险和供应链本身的风险进行管理以提高整个供应链的可靠性。”（http://www.som.cranfield.ac.uk/som/executive/conferences/content.asp? id=52）。

不过，本章的目的并不是要找出或者推广一个定义，而是要引入一个能将供应链风险管理有关问题（包括学术问题和实践管理问题）进行分类的有效框架体系。这一框架体系可用于定位这些不同问题，分析阐述相互之间的关联，例如，不同的学者在研究供应链风险管理的具体领域是什么，实践中与物流和供应链管理有关的不同类型的不确定性和风险是如何处理的，企业注重什么类型的对策来管理和应对风险和不确定性问题等等。在阐述如何进行供应链风险管理之前，我们首先介绍总体框架，然后详细讨论其不同维度的具体细节问题。

2.2 供应链风险管理的三个维度

物流和供应链管理风险包含很多不同的因素和问题。为了进行结构化的表述，我们选择三个维度来说明这些问题：

1. 物流活动分析
2. 风险或不确定性的类型
3. 风险管理流程的步骤（Lindroth 和 Norrman，2001）

第一个维度是关于分析和处理的物流活动的复杂性水平。供应链的业务职能或者企业数量越多，那么处理的问题就会愈加复杂。第二个维度是关于风险和不确定性的类型，具体类型在属性等方面存在较大差异，因此在相同的研究和管理方法中不能一视同仁。框架的最后一方面，第三维度是关于风险管理的相关具体活动。把这三个维度组合在一起可以形成一个能将供应链风险管理的不同问题进行分类的概念性框架，如图 2.1 所示。

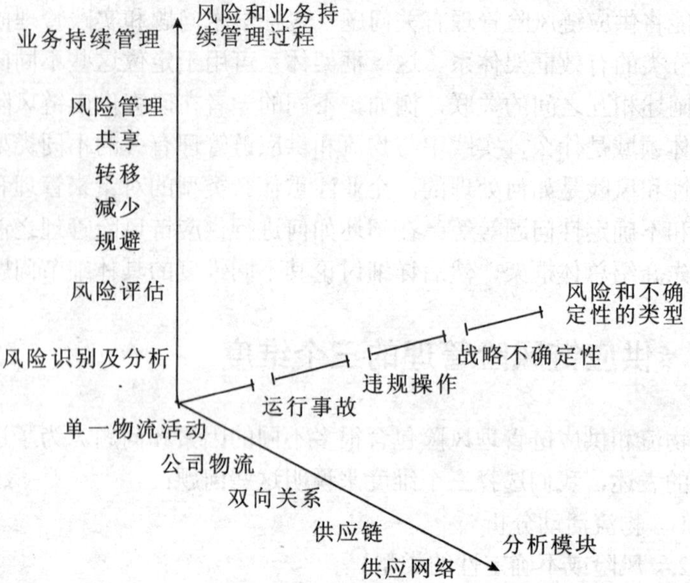

图 2.1 评估和定位供应链风险的框架

2.2.1 物流活动分析

供应链风险管理领域所述“行业环境”的范围，在不同的经营者和研究者看来是不同的。起初，术语“供应链管理”（SCM）和“物流管理”两个概念并不等同，但二者有着密切的关系。很多专家强调供应链管理根源于物流，但实际上供应链管理却是物流概念的延伸和扩展。最常用的物流定义是：物流是供应链流程的一部分，是为了满足客户需求而对商品、服务及相关信息从原产地到消费地的高效率、高效益的正向和反向流动以及存储活动进行的计划、实施与控制过程（美国物流管理协会，2003）。通过这个定义，我们可以对物流管理中经常处理的具体业务有一个大致的了解，其更详细的说明见图 2.2 所示。

物流活动示例

交通运输	采购
仓库和仓储	配送
工业包装	工厂和仓库的选址
物料搬运	退货处理
存货控制	零部件及服务支持
订单处理	废弃物处理
客户服务水平	
需求预测	

图 2.2　物流活动

资料来源：Coyle 等（1992，p.18）

自 20 世纪 80 年代中期以后，物流专家们对供应链管理这个概念的讨论逐步增多，例如，Houlihan（1985）、Jones 和 Riley（1985）等的相关研究。近年来，企业也开始依照供应链管理的规则来运营。Mentzer 等（2001）将供应链定义为“有三个或更多直接参与从生产商到客户的产品、服务、金融或信息上下游流动的企业实体的集合”。供应链管理可以定义为:“供应链管理是对传统企业业务进行的系统性和战略性协调活动，对供应链的这些业务职能进行整体策划，其目的是提升单一企业和供应链整体的长期绩效”（Mentzer 等，2001）。单一公司背景下称之为物流管理，而供应链管理则可以看作是物流管理在多个公司背景下的拓展和延伸。

针对物流和供应链管理而言，一些专家和管理者的分析对象比较具体，而另外一些则比较抽象和概括，供应链风险管理的相关研究在这一方面是相同的。例如危险品运输中的风险，可以具体到如何最好地保护工厂和仓库的安全或如何看待单个产品的需求不确定性等。另一些分析视角则跳出单个功能单位之外来分析整个公司或企业的风险,这方面可以参照许多主要咨询公司所用的企业层级风险管理方法，具体参见 Deloach（2000）的相关研究。一部分人主要关注的是供应商和供应风险，而另一些专家则尝试从涵盖整个供应链或网络结构的角度来进行综合分析。

供应链风险管理可以处理单一公司所面临的风险，甚至可以用以分析风险对单一物流活动的影响，而关键是要理解并试图避免由灾难或很小的业务中断所给供应链带来的毁灭性的相关连锁反应。在这个意义上，供应链风险管理是比一般的风险管理的角度更加宽泛。从供应链管理的角度，风险管理分析的单位应当能表现买方卖方关系（二者）或者是有三个以上的供应链关系，这样就可以综合考虑在同一个供应链中的连锁反应。以下是一些有关供应链连锁反应的案例。

1. 弗洛伊德飓风淹没了戴姆勒·克莱斯勒公司（Daimler Chrysler）在北卡莱罗纳州的一个生产悬挂系统的工厂，结果该公司在北美地区的其他七个工厂被迫关闭 7 天。

2. 2001 年在英国爆发的口蹄疫对农业所产生的影响要比 25 年前的最近一次爆发要大得多。造成这种后果的原因是，25 年前是地方性和区域性供应网络，而现在已经发展成全国性供应网络，而且该行业的协作程度要比以前高得多（Juttner 等，2002）。其他许多行业也受到了相关影响，比如豪华车制造商，沃尔沃（Volvo）和美洲豹（Jaguar）公司也因为缺乏高质量的皮革而被迫停止交货。

3. 1997 年 2 月，因一个制动液调节阀供应商爱信精机公司（Aisin Seiki）发生火灾，导致丰田公司共 18 个工厂被迫停产近两周。这一问题所导致的经济损失估计为 1.95 亿美元，而销售损失约为 7 万辆（约合 3.25 亿美元）。

4. 2000 年，因为地处美国的次级供应商飞利浦斯公司（Philips）的一场火灾，使得地处瑞典的爱立信公司（Ericsson）手机生产停产时间达数月之长，从而损失了大量的销售市场，并错过了大量的市场时机，其业务中断所导致的经济损失估计为 2 亿美元。

5. 迅速下降的需求，以及受供货限定协议影响，导致思科公司（Cisco）在 2001 年第二季度被迫承担金额达 25 亿美元的存货损失。

2.2.2 风险或不确定性的类型

深入了解业界所广泛讨论的“风险”这一词的含义很重要。首先需要理解风险和不确定性的原意。Risk 一词来源于阿拉伯语的“risq”一词，是“真主阿拉给予”的意思，也就是说风险是由上天之类的外部因素决定的。与"risks"紧密相关的另一个词"Hazard（危险）"根源于公元前3500年的一个阿拉伯词汇"dice"（可能比"hazard"在今天所表达的意思更乐观一些，与机会与机遇的关联更紧密一些）。最后，希腊词汇"risicum"的意思是"向悬崖和岩石挑战"，这明显与希腊的多岛特点有关，看上去也比阿拉伯词汇所表达的意思更积极主动。

Deloach（2000）将商业风险定义为：企业为了达到商业目标和创造价值，在执行其战略的工程中所必须理解和有效管理的不确定性的水平。风险的另一个相对更加标准的定义是，风险是以量化的形式表达特定危险发生的机会，这样就将事件发生的概率与其产生的后果的度量结合在一起。风险是反映可能的结果和各个结果概率分布的指标。

风险的量化定义如下：

风险=事件发生的概率*事件的后果

这个一般被称为"期望值"（Doherty，2000），可以用风险矩阵图表示，见图 2.3 所示。尽管风险可以计算，但是不确定性却是不可知的。

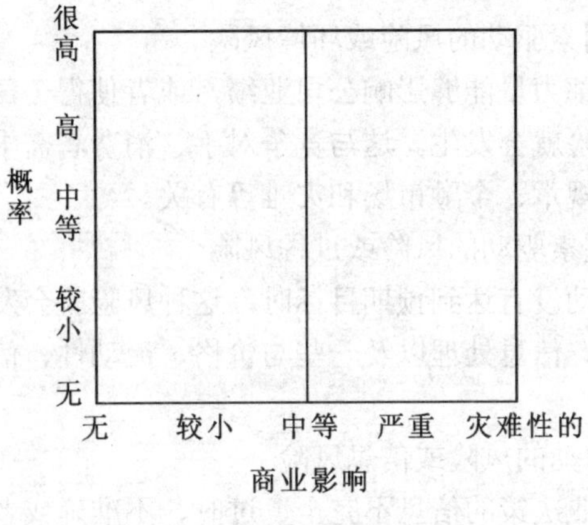

图 2.3　风险矩阵图

一旦把这个量化的定义放到一个更加宽泛、更加商业化的视角，这个术语也会变得模糊起来。关于风险的分类有很多种，下面将举例说明商业风险的常用分类。Hiles 和 Barnes（2001，p.31）将一个企业组织可能面临的风险划分为以下五个核心组成部分。

1．战略风险：计划成功或失败的风险，例如营销策略、消费者行为的变化、规章制度的改变等。

2．财务风险：财务控制成功或失败的风险。

3．操作风险：人为原因的风险，例如设计失误、不安全行为、员工操作风险、故意破坏等。

4．商业性风险：商业关系成功或失败的风险，例如由于主要业务主管的缺失或者供货商的失误或者不符合法律所导致的业务中断。

5．技术风险：实物资产被破坏或损失的风险，例如机器故障、基础设施不健全、火灾、爆炸、污染等。

Hiles 和 Barnes（2001）强调这些不同的风险类型并不是相互排斥的，例如人的因素（操作风险的主要原因）也是战略风险和财务风险的重要因素。

Deloach（2000，p.50）将商业中的不确定性来源划分成三个风险类别。

1．外部因素驱动的风险或环境风险

当存在外部力量能够影响公司业绩，或者使得公司的其他选择无效时，这种风险就会发生。这与竞争对手、消费者需求、技术革新、政治、法律、规章、金融市场和灾难等有关。

2．内部因素驱动的风险或过程风险

当经营活动没有达到预期目标时，这种风险就会发生。这种风险与运营、授权、信息处理以及一些与价格、流动性、信用等财务问题有关。

3．决策驱动的风险或信息风险

当支撑商业决策的信息不完全、过时、不准确或者与决策过程无关时，这种风险就会发生。这种风险与定价、签订合同等操作性问题以及商业报告和战略性问题有关。

Deloach（2000）同样强调风险是动态的，并且风险的种类之间是相互关联的，有些风险可能是其他风险的来源或者驱动因素。

Juttner 等（2002）也察觉到用“风险”这个词可能会引起混淆，他们认为风险应该和风险（不确定性）因素以及风险结果（也就是风险的影响）区分开来。风险因素是一些不能准确预测的环境变量、组织变量或者与供应链相关的变量，这些变量会影响到供应链运作的结果。Juttner 等（2002）提出应当把与供应链相关的风险因素分为三类，亦即来源于供应链外部的、来源于供应链内部的以及与供应链网络相关的三类因素。外部风险因素例如“政治风险”、“自然风险”、“社会风险”、“产业和市场风险”（如客户需求的波动）。内部风险因素的范围从劳动力（例如罢工）或生产（例如机器故障）的不确定性到信息系统的不确定性。供应链网络相关的风险是由供应链中企业间的相互作用导致的，例如缺乏相互间交流以及合作。风险结果或风险影响体现在供应链运作的结果和绩效变量上，如成本或质量以及健康和安全等，也就是说不同形式中的来源和因素的风险结果之间有着较大差别。

供应链风险是一种与企业原材料、信息流和物流活动相关的风险。因此，供应链风险仅仅是所有的商业风险中的一部分。供应链视角的内涵意味着相关风险不仅包括企业自身，还包括链中的至少三个实体：客户、供应商和次级供应商。在我们的供应链风险管理框架中，我们尝试运用运行事故、运行灾难、战略不确定性等，来区分不同类型的风险和不确定性。上述事项有可能是来自于供应链内部，也可能是来自于供应链外部的风险。从物流和供应链角度来说，我们的研究主要关注的是与运作有关的物流管理，以及供应链管理的业务和资源，而较少关注仅仅与财务、法律、货币等相关的商业风险（除非这些风险影响到了供应链的其他参与方）。运行事故（如火灾和运输事故）比起运行灾难（例如地震、水灾等等）来说，发生的概念更高，但其影响相对较小，其中运行灾难是极少发生的，一旦发生其后果将是灾难性的。然而，两种类型本质上都是相同的。对于以上分类，我们定义的运行风险包括 Hiles 和 Barnes（2001）所说的运行风险和技术风险，主要是内部因素驱动的风险（Deloach，2000），以及一定范围的外部因素所驱动的风险。运作风险的重点是生产中断，风险来源与运作过程或者物流相关资源有关，也就是说业务影响主要与运作过程或物流相关资源有关。

更多的战略性的不确定因素是未知的，因此解决的过程存在着更多的困难。在上述分类中，这些不确定因素是商业的和战略性的（Hiles和Barnes，2001），并且是外部作用的环境风险（Deloach，2000）。因此战略不确定性风险同时来自于供应链外部和内部。例如需求的不确定性、供应瓶颈、不确定的政策和法规、技术变革等等。

2.2.3 风险管理流程的步骤

很多研究者都认为管理或者控制风险有一个过程，并且这个过程中每个步骤和阶段的内容通常是非常相似的。然而，对不同阶段和步骤的命名表明了不同阶段的差别。风险管理过程关注于理解风险，并且最小化风险所产生的影响，比如一些可能性的直接的影响。对风险管理过程的步骤的研究，有的是通过风险评估对风险进行分析（或判断），有的是研究对风险管理的不同方法。风险管理是根据风险、风险随后的执行措施、风险评定以及风险估价进行决策（The Royal Society，1992，p.3）。“管理”风险意味着规避、减少、转移以及分摊风险。

对于这一问题的另外一个研究视角是，如果意外事故发生了，如何减轻其造成的影响，控制局面以最小化其对业务的负面影响。这通常需要提到业务持续性管理（Business Continuity Management，BCM）以及相关的管理方法、管理过程，以及寻求在任何环境下保障关键活动持续运作的管理技术（Hiles和Barnes，2001，p.379）。业务持续性管理（BCM）的目标是使中断的业务重新恢复。风险管理和业务持续性管理（BCM）在许多方面是重合的，而且一些学者认为制定业务持续计划的目的就是应对低可能性风险的风险管理行为（例如火灾和洪水），虽然发生的概念较低，但其潜在的影响可能会导致经营失败（Charters，2001，p.136）。相关研究自然有一些差异和不同，因此在本书的框架中，我们把业务持续性管理作为更具体和精确的步骤而置于风险管理之后（虽然对两者的融合还存在一些争议）。我们会区分两个概念，因为风险管理更注重如何减少风险以及不确定性，而业务持续性管理（BCM）注重于对出现突发性事故的处理方法。

2.2.4　供应链风险分析与评估

风险分析被视为风险管理过程中的基础性阶段。由此通过识别风险，决策者能意识到可能导致业务中断的事件。为了评估供应链风险，企业不仅需要识别运作中的直接风险，还需要识别供应链中每一个节点上的风险产生的潜在原因或者风险来源（Christopher 等，2002）。因此，供应链风险分析的重点在于识别未来的不确定因素以对风险相关的问题进行积极管理。

对风险进行识别和分析有很多方法和工具。一个重要的工具就是风险定位系统，运用结构方法定位风险来源，以识别风险产生的潜在结果。通常用来分析偶然事件的因素以及发生原因的两种工具包括故障树分析法（Fault Tree Analysis，FTA）和事件树分析法（Event Tree Analysis，ETA）。这两种方法都是使用能够表现复杂系统中的故障次序的逻辑性图表。故障树分析法（FTA）通过检查导致关键事件可能出现问题的所有潜在事件，然后绘制出能表明系统怎样出现故障的符号图。这个分析从最重要的事件出发，然后是可能发生的重要危险因素，运用“反向逻辑”把这些事件的起因和影响因素通过它们之间逻辑关系放在一起进行识别。事件树分析法（ETA）也是一种绘图式的逻辑图表，但是它使用的是其他方法。这种方法关注于发生在关键事件之后的一些事件，并且通过观察潜在的结果来识别和量化起始事件之后的可能出现的结果，可参看 Mullai 和 Paulsson（2002）和 Ellis（2002）的相关研究。对于这两种方法中的量化数据如事情发生的可能性等，可以被用以得出最终可能性报告。Deloach（2000）提出了一种相似的工具“风险驱动图”（Risk Driver Map），即潜在的威胁用图表现出来。

除风险分析以外，也需要对风险因素进行有效识别以保护企业和供应链，同时也需要根据现有情形选择合适的管理手段。对风险因素进行有效评估并进行重要性排序是非常重要的，一个常用的方法是对所有事件的可能性和结果进行评估，并把比较结果标示在风险图上，见前面所提到的图 2.3 所示。从理论上来说，评估历史事件是非常简单直接并且可以量化的，但是对于商业活动来说这还是一个主观评价过程，需要依靠专家的分析和判断。在商业活动中，对事件的评估结果可以用作对事件重要性的排序。

2.2.5 风险管理

风险管理被定义为承担已知或已评估风险的过程，或采取行动以减少突发事件发生的可能性并规避相关影响。通常而言，风险管理活动包括：规避风险、减少风险、转移风险、风险分担或者承担风险等。规避风险是指消除可能引发风险的各种事件。减少风险包括减少风险发生的可能性以及减少风险结果产生的可能性。减少风险影响的情形包括保持较高的库存水平、多家供应商策略、备份已确定的资源、在大楼里安装自动喷水消防系统、安排风险管理经理和救援队、建立并行系统或使其多样化等等。风险发生的可能性可以通过改进有风险的运作流程来减少，这需要企业内部以及供应商之间的协作来改进相关流程，例如供应商选择策略。同时，风险可以被转移到保险公司，也可以转移至供应链合作伙伴，例如转移存货责任、改变供应商的交货时间（准时交付 JIT）、改变客户订单交付时间（按订单生产），或者采取外包业务等。此外，契约也可以被用来转移商业风险。最后，风险还可以通过契约机制和增强合作来分担。根据 Lambert 和 Cooper（2000）以及 Mentzer 等（2001）的观点，供应链管理的一个关键因素就是供应链成员间共享收益、共担风险。

2.2.6 业务持续性管理

业务持续性管理（BCM）是一种理念，通常被视为风险管理的一部分，或者风险管理被视为业务持续管理的一部分。BCM 的定义是“企业战略、计划以及行为的优化，为一旦发生中断而可能会给企业带来严重损失或者潜在的巨大损失的活动和商业流程提供庇护或者提供可供选择的运作模式。”（Hiles 和 Barnes 2001，p. xvii）。业务持续管理包括危机管理（管理突发事件的全过程）、灾难恢复（关键系统、应用软件、数据以及网络的恢复）、商业恢复（关键商业流程的恢复），以及应急计划（从组织外部影响方面恢复）等，见 CMI（2002）的相关研究。

业务持续计划（Business Continuity Planning，BCP）中常用的一个非常重要的概念就是制定行动计划。业务持续计划就是为遇到灾难性事件时确保持续运作而制定的计划。业务持续计划比灾难恢复计划包含的内容更多，因为它还包含了应该采取的行动措施、所需要的资源和应当履行的程序，以确保发生突然中断事件时，基本服务、项目和运作仍然能够确保持续进行。以前，业务持续计划主要与电脑和信息技术相关的故障有关，特别是在千年虫危机（Y2K）之前，从那以后这种方法更多地被运用到与商业环境有关的分析和运营中。

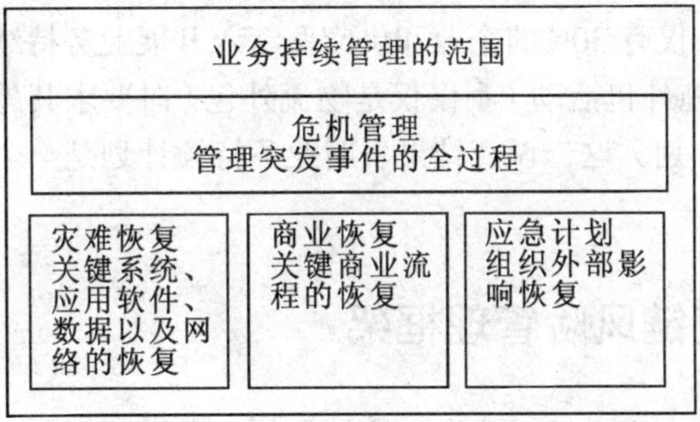

图 2.4　业务持续管理的范围

资料来源：Chartered Management Institute（2002）

制定业务持续计划的第一项任务就是识别风险并评估风险发生的可能性及其影响，具体步骤与风险管理是一致的（如图 2.4 所示）。其中的部分内容是为了了解一些影响因素（潜在损失分析）。随后，应当制定可以实施的策略计划，包括事前（与风险管理战略相似）与事后的策略计划。事后应对策略的实施是为了维持部分或整个产品供应以及生产和物流活动的正常运作（Musson，2001），具体包括以下六个方面。

1．运用企业内部的闲置生产能力。

2．关闭非关键产品的生产线，将关键产品的生产转移至这些生产设施上。

3．向竞争对手寻求协助。

4．外包给承包商、加工车间等。

5．对竞争对手的产品重新贴牌（应先考虑涉及到的法律问题）。

6．当生产能力可以用库存成品或二手设备弥补时，可以建立临时的生产设施。

在风险管理和业务持续性管理中应用供应链方法的最主要原因之一，是由于企业间整合以及缓冲机制的减少，从而导致企业间相互联系的增多。然而，根据2002年英国特许管理协会（CMI）的一项调查结果显示，仅有30%的企业和供应商深入开展业务持续计划，仅有9%的企业实施外包活动（不仅仅是物流外包）时要求其外包供应商制定业务持续计划。这一调查结果表明业务持续计划是一个亟待发展的领域。

2.3 供应链风险管理框架

如上所述，供应链风险管理框架的每一个方面或者某个方面的每个特定部分都包括理论研究或管理活动的很多具体领域。据我们看来，虽然供应链风险管理是从全局的角度考虑，但是我们也知道研究和管理的发展有些时候更需要关注于特定问题或者行为。因此我们认为，即使有些研究不能完全符合定义所要求的各个方面，仍把它们认为是供应链风险管理的一部分。

供应链风险管理是指与供应链中的伙伴合作应用风险管理工具来应对由物流活动和资源所导致的或影响物流活动和资源的风险或不确定性（Norrman和Lindroth，2002）。这个关于供应链风险管理的定义通过其框架概念展示了其所包含的重要思想：供应链方法和风险管理过程的应用。进一步说，这个框架有助于我们了解不同性质的风险和不确定性所需要的不同处理方法。

这个框架可以用来区分不同的管理活动或者研究成果。图2.5中列举了一些相关的具体管理活动。

最后，UIF Paulsson 在第六章的分析中指出了这个框架如何被运用于区分不同研究成果，他已经分析过 80 篇该领域不同期刊论文的研究内容。

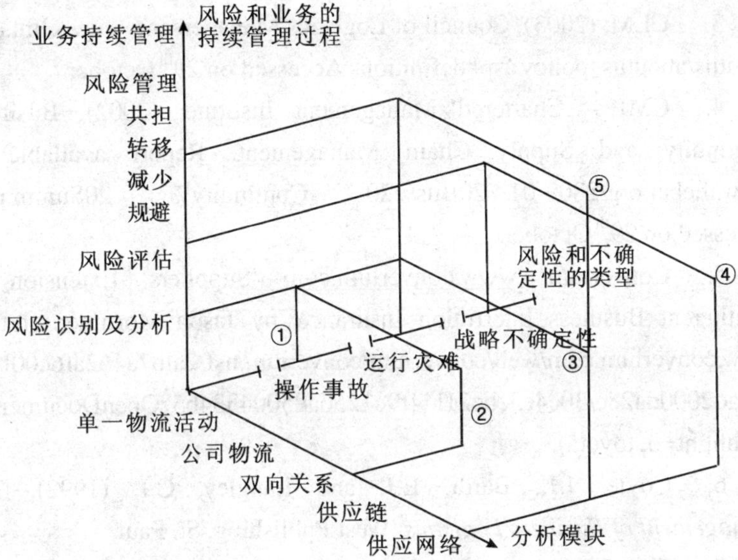

1. 存在何种运输风险？
2. 如何评估供应商的风险特性？
3. 如果二级供应商发生火灾或地震，这会对客户产生什么样的冲击？
4. 如何与次级供应商共担风险？
5. 如何对供应链实施标准 BCM 以获得早期事故报告和制定应急方案？

图 2.5　对不同的管理活动的分类

参考文献

1. Charters, I. (2001), 'Risk evaluation and control: II. Practical guidelines for risk assessment' in Hiles, A. Barnes, P. (eds) (2001), *The Definitive Handbook of Business Continuity Management,* J. Wiley and

Sons, Chichester. pp.131-138.

2. Christopher, M., McKinnon, A., Sharp, J., Wilding, R., Peck, H., Chapman, P., Jüttner, U. and Bolumole, Y. (2002), *Supply Chain Vulnerability,* Cranfield University.

3. CLM, (2003), Council of Logistics Management, www.clml.org/aboutus/aboutus_policy.asp#definitions Accessed on 29th October.

4. CMI – Chartered Management Institute, (2002), Business Continuity and Supply Chain Management. Report available at www.thebci.org/2809-01%20Bus%20 Continuity% 20Summ.pdf. Accessed on 29th October.

5. Converium: www.converium.com 'Suppliers' Extension or Contingent Business Interrution Insurance' by Jason Mortimer. (http://www.converium.com/web/converium/converium.nsf/2alb7a462af6c00l85256ad2000da28c/30c4e3ebc21ld4f9c1256ad5004334b5?OpenDocument&Highlight=0, toyota).

6. Coyle, J.J., Bardi, E.J. and Langley, C.J. (1992), *The Management of Business Logistics,* West Publishing, St. Paul.

7. Cranfield School of Management, (2003), http://www.som.cranfield.ac.uk/som/executive/conferences/content.asp?id=52. Accessed on 29th October.

8. Deloach, J. W. (2000), 'Enterprise-wide Risk Management', *Strategies for linking risk and opportunities,* Financial Times/Prentice Hall, London.

9. Doherty, N.A. (2000), 'Integrated Risk Management – Techniques and Strategies for Managing Corporate Risk', McGraw-Hill, New York, USA.

10. Ellis, J. (2002), 'Risk in Dangerous Goods Transport: An Analysis of Risk in Road, Rail, and Marine Transport', *Chalmers University of Technology,* Göteborg, Sweden.

11. Hallikas, J., Virolainen, V-M., and Tuominen, M. (2000), 'Risk

analysis and Assessment in Network Environment – a Dyadic Case Study', *Preprints of 11th International Working Seminar on Production Economics*, pp.255-270.

12. Hiles, A. and Barnes, P. (eds), (2001), *The Definitive Handbook of Business Continuity Management*, J. Wiley and Sons, Chichester.

13. Houlihan, J.B. (1985), 'International Supply Chain Management', *International Journal of Physical Distribution and Materials Management*, Vol.15, No.1, pp.22-38.

14. Johnson, M.E. (2001), 'Learning from Toys: Lessons in Managing Supply Chain Risk from the Toy Industry', *California Management Review*, Vol.43, No.3, pp.106-124.

15. Jones, T.C. and Riley, D.W. (1985), 'Using inventory for competitive advantage through Supply Chain Management', *International Journal of Physical Distribution and Materials Management*, Vol.l5, No.5, pp.16-26.

16. Jüttner, U., Peck, H. and Christopher, M. (2002), 'Supply Chain Risk Management: Outlining an Agenda for Future Research', in Griffiths J., Hewitt, F. and Ireland, P. (eds) *Proceedings of the Logistics Research Network 7th Annual Conference*, pp.443-450.

17. Lambert, D.M. and Cooper, M.C. (2000), 'Issues in Supply Chain Management', *Industrial Marketing Management*, No.29, pp.65-83.

18. Lamming, R.C., Caldwell, N.D., Harrison, D.A. and Phillips, W. (2001), 'Transparency in supply relationships: Concept and practice', *Journal of Supply Chain Management*, Fall 2001, Vol.37, No.4, pp.4-10.

19. Lindroth, R. and Norrman, A. (2001), 'Supply Chain Risks and Risk Sharing Instruments – An Illustration from the Telecommunication Industry', *Proceedings of the Logistics Research Network 6th Annual Conference*, Heriot-Watt University, 13th-14th September, pp.297-307.

20. Lonsdale, C. (1999), 'Effectively managing vertical relationships: a risk management model for outsouring', *Supply Chain*

Management: An International Journal, Vol.4, No.4, pp.176-183.

21. Mentzer, J.T., DeWitt, W., Keebler, J.S., Min, S., Nix, N.W., Smith, C.D. and Zacharia, Z.G. (2001), 'Defining Supply Chain Management', *Journal of Business Logistics*, Vol.22, No.2, pp.1-25.

22. Mullai, A. and Paulsson, U. (2002), 'Oil Spills in Öresund – Hazardous Events, Causes and Claims', *Lund University*.

23. Musson, M. (2001), 'Business continuity strategies for manufacturing and logistics', in Hiles, A., Barnes, P. (eds). *The Definitive Handbook of Business Continuity Management*, J. Wiley and Sons, Chichester, pp.163-169.

24. Norrman, A. and Lindroth, R. (2002), 'Supply Chain Risk Management: Purchasers' vs. Planners' Views on Sharing Capacity Investment Risks in the Telecom Industry', *Proceedings of the 11th International Annual IPSERA Conference,* Twente University, 25th-27th March, pp.577-595.

25. Ritchie R., Brindley C.S., Morris J. and Peet S. (2000), 'Managing risk within the supply chain', *The 3rd Worldwide Research Symposium on Purchasing & Supply Chain Management/9th International IPSERA Conference Proceedings*, Canada, 24th-26th May 2000, pp.606-617.

26. Smeltzer, L.R. and Siferd, S.P. (1998), 'Proactive supply management: the management of risk', *International Journal of Purchasing and Materials Management*, Vol.34, No.1, pp.38-45.

27. Souter, G. (2000), 'Risks from Supply chain also demand attention', *Business Insurance*, Vol.34, No.20, pp.26-28.

28. Svensson, G. (2000), 'A conceptual framework for the analysis of vulnerability in supply chains', *International Journal of Physical Distribution and Logistics Management,* Vol.30, No.9, pp.731-750.

29. The Royal Society, (1992), 'Risk: Analysis, Perception and Management', *The Royal Society,* London.

30. Walker, G. (1988), 'Strategic Sourcing, Vertical Integration, and Transaction Costs', *Interfaces,* Vol. 18, No.3, May-June, pp.62-73.

31. Zsidisin, G. and Ellram, L.M. (1999), 'Supply Risk Assessment Analysis', Practix, *Best Practices in Purchasing and Supply Chain Management,* June, pp.9-12.

第三章　基于权变框架的供应链风险属性分析

3.1　导言

风险在我们的生活中无处不在，无论是个人生活还是工作领域。在日常生活中，我们都或多或少会遇到一些风险，并通过风险管理实现不同程度的成功。每次遇到不同的风险，我们可能需要采取不同的方法来解决。然而，现在我们可以认为，有一些可以遵循的一般规则或步骤来处理这些问题，这个规则往往基于我们以往类似的经验，也就是“权变理论”（Contingency Approach）。在供应链的许多领域也会存在风险，这需要依赖个人决策者或决策团队来代表供应链中的其他合作伙伴来采取适当的决策，以有效管理这些风险。供应链中的风险并不是新现象，企业常常会因为供货商无法以约定的价格和质量、在适当的时间、运送适当数量的货物而导致风险的产生。不同的企业制定不同的策略来应对这些风险，虽然没有普遍像美国安然公司（Enron）所展示的商业案例那样，但通常这么做都很成功。那么是什么改变使得供应链风险管理吸引了更多关注呢？我们认为有三方面的发展使得业界对供应链风险的关注度有所提升。

1.　为了寻求竞争优势的提升，供应链相关的结构和战略变化得更加迅速。

2.　技术变革改变了供应链成员的关系和供应链形态。

3.　在不断增加的全球竞争压力下，相对于以往而言，企业面临着变化更迅速、后果更严重的许多新风险。

无可置疑的是，每条供应链在某一特定方面的具体属性都是独特的。这种独特性也相应地需要用独特的方法来管理有关风险。本章所采用的方法是，尽管每条供应链是独特的，面临着独特的风险，需要采取独特的解决方法，但将其共同和共有的属性在一个总体框架上进行定位还是非常有价值的。本章试图证明和建立这样一种“权变框架”（Contingency Framework）。

首先，我们需要研究影响供应链风险的关键因素，以向供应链的合作伙伴说明这些因素影响是如何导致风险产生的。文中所指的供应链术语“风险”和“不确定性”的具体内涵，需要进行具体评估，以构成这一具体框架。分析文中提出的“权变框架”的属性和内涵，可以说明相关因素可能产生的影响。本章以下的内容将会确定供应链风险管理框架，并详细讨论其主要内容。

3.2　供应链演化

关于风险和风险管理的讨论往往并不能使得人们全面认识风险以及相关决策过程的动态和相互作用的属性，具体见 Ritchie 和 Brindley（2000）的相关研究。此外，近年来技术、业务结构和竞争行为的发展也倾向于提升这种动态性，使相关演变的速度进一步提升，并使得所导致商业后果的严重性加大，具体见 Mentzer 等（2001）的相关研究。对供应链风险的充分理解有助于深入把握企业各领域业务活动所面临风险的动态性及其影响后果，可以为之提供良好的范例。

供应链中的风险可以根据供应链的延续过程进行分类（见图 3.1 所示）。Paulsson 和 Norrman（2003）对这个延续过程确认了三个方面，即运行障碍、战术中断和战略不确定性。在本质上，这三个方面与风险类型的不同有关，并非意味着一个比另一个更为显著或普遍。与此研究相类似，Kleindorfer 和 Wassenhove（2003）将风险划分为两种类型：供需协调风险和中断风险。在实质上，相关研究处理的是供应链风险的不同类型以及需要不同处理方法和管理方案的问题，这些也是本章后面内容所要具体探讨的命题。

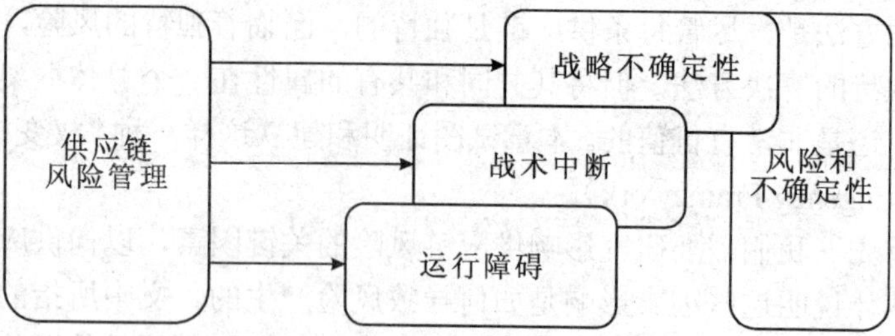

图 3.1 供应链风险持续性

区分不同种类的供应链风险是很有意义的，然而，我们更需要认识到现实中这些不同类型的风险的相互依赖性。例如，采取单一供应商采购的决策可以使得运行障碍风险最小化，但有可能增加战术中断的风险。与此类似，采取使供应链更简洁、更灵活从而改善其绩效的行动（例如提高效率和盈利能力），其结果可能会增大战术中断和战略不确定性的风险。今天，相关领域已经有了较大发展，这些发展也将不断继续下去，从而将对图表 3.1 所概括的三个方面的供应链风险管理产生影响。供应链领域这些发展的主要特点以及所涉及风险主要包括以下几个方面。

1．与产品或服务的供应商所进行的商业谈判实质上就是一个双方就价格、质量、交货等方面达成一致的交互过程。尽管有一个达成一致的终极愿望，但各方都致力于实现自身的目标，这样就会改变对方所面临的风险。例如，如果客户要求更低的价格、更高的最低质量标准和更短的时间，那么供应商就面临着更高的风险。相应地，如果客户对供应商按约定的质量和时间供货的能力缺乏信心的话，他们所面临的风险也会上升，见 Nix（2001）的相关研究。可以说，这些方面的问题总会出现在商业交易中。然而，逐步提高的竞争压力使得企业注意力集中于能够产生新的或维持现有竞争优势的交易方面，其结果就是双方所面临的风险都会增加。

2．供应链成员关于某一提议的预期反应也很可能会改变双方所面临的风险。提前评估对方可能的反应一直是商业谈判过程中必不可少的一部分，参见 Ward 和 Smith（2003）、Min（2001）的相关研究。

这种谈判本身是不断变化的。对于双方来说，获取大量高质量信息的能力可以确保谈判不仅是信息充分的，更会对问题本身所涉及的相关知识和对问题的理解更加深刻。尽管这可能改变有关各方的风险认知，但我们很难就此认定对各方是否有利，参见 Ritchie 和 Brindley（2001）的研究。

3. 无论是在供应链内部还是外部，成员之间的互动和反应都会对风险产生较大影响。在供应链内部，位于上游的供应商很可能因下游客户所签订的协议而受到冲击。市场上的最终客户在价格、有效性、质量和设计等方面带来的竞争压力会通过供应链的各个环节而依次反馈回来。面对巨大的市场变化，至少在初期，供应链中的每个成员会试图在实现商业目标方面维持或恢复其利益，并同时降低其所面临的风险，这是毋庸置疑的。在使所有合作伙伴的要求都得以满足的新平衡局势形成之前，这种对系统的干扰会导致供应链成员间的关系和协议的短期错位。另一方面，这些局部的干扰可能会对整个供应链的结构和成员关系模式产生放大和长期的影响。在当前技术变化和全球竞争环境下，许多研究者认为后一种局面出现的可能性会更大一些。例如，Kleindorfer 和 Wassenhove（2003）将供应链风险分为两类：供需协调性风险和中断风险，他们认为前者所对应的风险管理方法与供应链设计和契约安排有关，而后者对应的风险管理方法则是为了将中断的风险和风险发生所产生的后果最小化。除了对供应链现有合作成员的冲击外，供应链各层级的对手很可能会观察到这种结构和关系的错位，从而寻求提供变通的解决方案，例如，以同样或更低的价格提供更好的服务和保障。

4. 上述风险管理方法的可持续性问题正在逐渐地得到关注。像“维持安全库存”、“内部的交货时间延迟”和“利用超额利润补偿次品退货”等传统风险管理方法，现在世界上契约安排里满是 JIT、MRP 和 ISO9000，这些传统方法已经不太可行了。

5. 关于供应链风险的最后一个特性是：风险管理的决策环境是不断发展变化的。上面提到的许多变化都是基础性的技术变化。信息技术（ICTs）的冲击已经并将继续给供应链带来显著的变化。这些变化并不仅仅限于基本的产品和服务，更有可能的是会给供应链的结构和其中的关系(包括 B2B 和 B2C 这类联系)带来更明显的改变,(Ritchie 和 Brindley，2000)。通常，在许多全球性的市场上，人们可能会认为信息技术能够降低进入壁垒和退出壁垒。它们可能会改变与最终客户之间的沟通方法、营销渠道、客户的订购和采购方法、产品或服务的供货渠道，以及维持客户关系的过程。所有的这些变化不仅会对整个供应链的结构和过程产生潜在影响，而且会对企业所承担的风险（例如，增大了不利于企业的变化发生及其负面影响扩大的可能性）产生潜在的影响，并会影响到对意外事件的风险感知。

前面所描述的是许多商业活动和谈判都会一直经历的情形。然而，我们即将见证在这些方面所发生的根本性变化，这些变化既有可以用来支持谈判的信息质量方面的，又有寻求可提供竞争优势的解决方案方面的，即使在全球化的市场下，相关竞争优势也会很短暂。这些谈判程序的发展,发生在供应链结构和关系的更剧烈变化的背景下，主要用以应对由于新技术给供应链成员所带来的机遇和压力。对于这些迅速发生的变化所产生的不断增加的脆弱感很可能会增强企业对风险的感知。然而，要抵消这些风险，需要认识到这些变化同时也可以为企业创造机会，亦即勇于冒险是因为风险所带来的商业利益要高于风险可能带来的损失，Ritchie 和 Marshall（1993）的研究强调这种观点是任何风险管理方法的基础所在。

3.3 供应链中的不确定性和风险

供应链过程的管理应当包含不确定因素和风险因素，这是一个很少会有人反驳的合理观点。对于这两个术语之间的区别已经有公认的观点：不确定性反映的是决策环境存在着对可能结果的信息、知识以及理解的匮乏，包括相关的可能性和后果（Rowe，1977）。在极端的情形下，可能表现出对决策环境的完全无知或忽视。另一方面，风险则可以定义为完全认识到某种特定情形的可能结果、每种结果发生的概率及其影响，见 Knight（1921）和 Warren（1992）的相关研究。风险的这个定义将决策过程简化为基于决策者效用偏好的对给定结果的选择。然而，这种对供应链管理中的风险和其行为模式的表现是过于简单化的。

不考虑供应链的环节问题，事实上，决策者所面临的是由许多不确定因素组成的复杂的决策环境。这种不确定性不仅仅包括市场上的可能结果，而且包括供应链本身其他合作伙伴的可能的反应，可能更重要的是那些在平行供应链中的竞争性行为。风险这个术语一般用来描述包含不确定性以及对结果有一定了解的决策环境。简而言之，决策者所面对的是由风险和不确定性所表达的一系列决策环境，不确定性的程度会随环境的不同而不同，通常也没有较好的方法能够提前确定这种不确定性的程度。

抛开组织其他方面的绩效因素而单独考察风险问题，这会歪曲我们对决策环境的认识。图 3.2 概括地阐明了一些直接或者间接有助于利润绩效的主要绩效因素。与比较具体的绩效因素并行的是与这些绩效相关的风险或普遍性风险。这些单个风险会汇总成企业的总风险，从而影响到总体绩效。

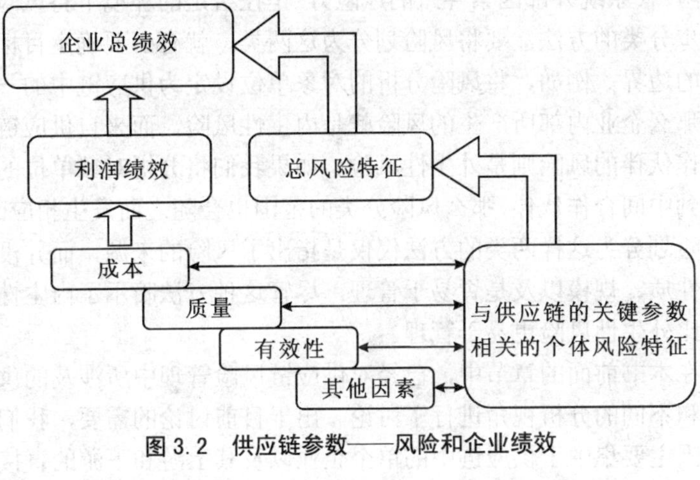

图 3.2　供应链参数——风险和企业绩效

供应链、风险和不确定性之间的关系可以概括成下面所述方程的形式：

企业总绩效=f(利润)×(风险)=f(质量、有效性、成本……)×(与质量、有效性、成本……相关的风险)

在本质上，我们可以用许多不同的方式来定义企业绩效，例如“效率”和“盈利能力”（Child，1975）、员工的满意度（Dewar和Werbel，1979）等。“效益”和“效率”这两个术语包括了这些不同的定义，并反映了企业的绩效。“企业的盈利能力”用在这里是作为一个既包括效益又包括效率的度量尺度。然而，我们应当认识到的是，企业的总绩效不单单与利润绩效有关，也与达到这样的利润所要承担的风险管理水平有关。短期内出色的盈利水平常常会以增大长期的风险为代价，例如，价格上的大幅折扣可能会增加短期内的销售量和总利润，但结果也可能会因为长期客户对价格折扣形成预期而使得企业承担的风险增大。在典型的供应链中，风险源主要与一些主要的因素或参数（如“质量”、“产品/服务的有效性”、“成本”等）有关，实际上，在某些特定的部门可能存在其他更为重要的因素。

将风险分为“内生性风险”（系统本身所固有的风险）和“外生性风险”（系统外部因素导致的风险），是在给定的环境下将风险进行进一步分类的方法。要将风险划分为这两类，就有必要确定目标决策环境的边界。例如，将风险分析的对象单位设定为供应链中的一家企业，那么企业内部所产生的风险就是内生性风险，而来自供应链的其他合作伙伴的风险则是外生性风险。如果我们将分析对象单位的范围扩大到中间合作伙伴，那么风险分类的范围也会随之而发生相应改变。将风险划分为这样两类的方法仅仅是指出了风险的来源，而并没有说明其性质、规模以及是否易于管理，尽管这种方法暗示了内生性风险可能比外生性风险更易于管理。

在本书前面的章节中，已经对供应链风险管理中所涉及的供应链定义和不同的分析视角进行了讨论。出于目前讨论的需要，我们分析的范围主要集中于供应链中的单个企业以及其上游和下游的直接合作伙伴。

企业总绩效=f(风险管理)=f(与质量、有效性、成本……相关

的风险)

其中，风险管理包括：风险评估、诊断、评价、规避和缓解等管理活动最后一个方面，我们可以通过采取诸如事前风险识别和规避、化解风险等活动，来推测和分析供应链的内生性风险和风险管理所起的作用之间的关系。风险管理活动的质量会通过改变财务绩效以及与其相关的风险水平，来直接影响到总体企业绩效。

3.4 建立权变框架的原因

关于风险的决策可以根据风险的具体特殊性来进行分类。例如，避免被淋湿的风险，可以选择带雨伞的决策和开车上班的决策，其所需的一系列决策提示、信息来源和过程安排都是不同的。尽管这两种情形的本质特征会有所不同，它们或许还有一些共同的特征（例如，决策提示、信息搜集、信息处理、有效性评估以及结果评价等）。带雨伞决策的时间结构与开车决策不同，决策失败的后果也不同。在提出问题的时候我们会面临一个进退两难的困境：在给定的情形下，是否每一个决策都包含着唯一的风险，因此寻求一个共同的特征和行为依据，并给出建议是否便显得没有价值了？与之相对应，纷繁复杂的决策情形中，我们是否能够找到足够的共性对现象进行归类，概括其特征，并提出一般性意见指导如何去应对这些情况？这两种极端的情形可以分别视为情景方法和通用方法。任何一种方法都对风险的各方面和相关的决策过程有不同的观点。

然而，从研究视角来说，这两种方法都有局限性。第三种可供选择的方法是权变方法，这种方法位于前两种方法之间，并认为决策情形具有一系列特征。权变方法承认特定决策情形之间有区别，换句话说，也就是说决策特征和决策行为是权变的。本书这一章针对供应链和供应链管理的内在风险，开发并采取了权变的方法。更明确地说，这一章为供应链和供应链管理中的风险决策建立起了一个关于背景、过程、支持系统和行为特征的权变框架。

建立任何框架，试图对特殊行业现象的特征进行分类或分组，都需要预先界定建立框架目的。我们假定有三种框架，即情景框架、权变框架和通用框架。构建情景框架的前提是背景、变量、参与者、结构和过程方面每个决策情形都是唯一的。因此，一个决策情形的经验、知识以及专门技术可应用到另一个决策情形范围是有限的，其收益也不明显。另一个极端情形是，通用框架中每个决策的变量和参数都是共同的。因此，把来自于一种决策情形的经验、知识和专门技术应用到另一种决策情形是有价值的。即使在非常简单的条件中，这些框架也无法更加深入解释供应链环境中的风险。情景方法只能在很小的范围内传递知识，通用方法对于如何在特定环境下应用通用的原理和规则方面束手无策。权变框架则在诸多框架中处于折中的位置，并且可以为决策者提供更大的效用。在这个框架中所采取的方法是，"当一些特定的变量或参数发生或出现时，决策者可以采取预先设定好的策略去解决所存在的风险。"在供应链背景下采取这种方法的主要原因在上一节对供应链风险的描述中已经列出了。供应链成员伙伴关系之间动态、相互作用的本质特征表明：相对于通用方法试图建立通用的风险特征和应对措施，以及情景方法认为每条供应链间都存在差异、每次决策都是唯一的这两种观点，采用权变方法构建风险框架会更为适合。Mentzer 等（2001，p.7）强调了供应链的复杂性，认为"潜在的无数可供选择的供应链结构"以及"任何一个企业都可能是众多供应链中的一部分"。

3.5 权变框架的维度

构建任何用以描述特殊情形的框架结构，都需要确定特定的维度。与供应链风险有关的是，需要一套关键的特征属性或维度能决定所包含风险的本质，这些属性或维度能够为这些风险怎样被定义、衡量以及化解提供指导。这套关键的特征属性因素包括背景、结构/过程、决策支持、参与人等。

通常认为这四个维度（如图 3.3 所示）可以对供应链风险管理中的大多数决策情形进行分类。在把这四个维度整合起来之前，需要对每一种维度的本质都进行阐述。

图 3.3　供应链风险——权变框架

3.6　背景特征

背景特征是用以定义决策背景下的本源变量，这些变量有可能对给定情形下的内在风险和风险感知产生影响。这个维度的子集是：外部环境、供应链背景、内部环境。

外部环境代表了供应链运作以及决策制定的一般环境。在这样的背景下，国际、国内、地方和二级区域水平上的政治、社会、经济和科学技术的一般发展趋势都能表现出所有业务以及供应链运营所面临风险的本质特征。有些维度可能会对个别的供应链和供应链中的特殊成员产生更大的影响，例如，在某些特殊的国家进行运营可能会增加政治风险。Makhija 和 Stewart（2002）认为在计划经济体制下，管理者不用面对自由市场经济体制中的人为因素（例如失业或者收入减少等），而自由市场经济体制下则要准备承担这种风险。在外部环境这种更加广阔的领域中，在特定供应链背景下的风险可变范围会更大。一个构建良好、运作高效的供应链，比起那些刚刚构建的并且正致力寻找有效的和高效的运作模式或还没准备好适应或改革的供应链，所面临的变革压力是远远不同的。这些外部变量仅仅代表这个背景环境的一个方面，内部环境诸如组织、战略、资源和文化等都是影响风险预期的因素，也是影响相关风险管理和具体决策制定的重要因素。

3.7 结构和过程特征

供应链结构及其组成要素是决策风险特征影响因素的主要代表。在很多方面，这涉及到结构、过程以及伙伴关系的稳定程度。众多例子表明，很多行业的供应链前景处于不稳定和激烈变革状态，或是新形成的伙伴关系，参照 Mentzer 等（2001）、Ritchie 和 Brindley（2000）的相关研究。供应链结构变化反应的本质以及供应链成员间的合作过程和行为都代表着一系列重要的变量，这些变量将反映出风险的本质特征以及进行风险识别和管理的潜在方法。经常和快速的变化会对良好的伙伴关系和合作过程的形成产生影响，从而导致不稳定和不信任局面的产生，这样可能会面临更多的风险。这些结构和过程特征的例子包括：

1．供应链成员之间交流渠道的稳定性和持续性如何？

2．相关部门在放弃多源采购策略，而选择单一采购策略所面临的压力是什么？

3．为了提高效能和效率而减少中间过程是否存在压力？也就是说除去供应链中一些特殊环节，例如减少仓储功能或者降低存储量（Ritchie and Brindley，2000）。

4．与现有供应链合作者或新的合作者建立新的业务，让其提供新产品或新服务的压力是什么？

5．运作过程中是否包含团体或者个人决策者？他们之间的关系如何以及相互之间的信心和信任程度如何？

6．所采用的方法仅仅关注于当前的单一决策，还是会更具战略性和全局性地考虑这个决策对当前和未来其他决策的影响？

7．运作过程是否在一个开放的系统中进行？成员之间的信息是否共享？

8．是否期待供应链其他成员的决策合理性和逻辑性？在可供选择的模式下运行的结果如何？

9．在现有的伙伴关系中转变新的方式，例如技术变化、新的伙伴关系、关键成员的变动，以上这些决策过程以及相关参与成员的任务是什么状况？

10．决策结构和决策过程是否能够适应经常发生的、越来越涉及本质的变化？

11．决策过程是否是一系列缺乏一致性、缺乏成员间凝聚力或者超过时效的互不关联、功能紊乱的活动？

这一系列问题举例说明了供应链结构和过程特征的多样性。事实上，大多数关于供应链和供应链管理的案例资料主要都与其结构和过程发展有关。

3.8　决策支持

与外部环境相同，供应链环境和内部环境都表明决策制定的背景，企业中待解决的特殊问题将会表现为决策。描述决策特征的方式对风险认知、决策过程以及承担风险的准备都有很重要的意义。例如，对决策过程和负责评估风险、承担风险的人来说，不同的决策水平或决策意义（例如是战略层面的或是运作层面的）会导致采取不同的方法。与决策水平联系非常紧密的是结果的意义，无论是积极的还是消极的。例如，有可能把公司至于生存边缘的风险和提升供应链的效益、效率的综合战略利益等。

这种重要性与决策的时间相关性以及决策对未来决策的潜在影响有关（例如供应商选择和价格决策可能影响未来的选择和价格变化）。有证据表明（Ritchie 和 Marshall，1993），未来结果的潜在影响越深远，风险认知就越肤浅并且决策者承担风险所做出的准备就越多。

组织和外部参与者诸多决策之间的关联程度，是引发风险以及决策的更多内部关联的另外一个主要方面。在很多情形下，决策是由供应链上游或下游的其他组织执行的，在这种情形下组织可能经历了较高程度的风险，并对化解任何风险缺乏影响力，与后者相关的是推动决策过程的事件和渊源。举例来说，在这一背景下，一个组织是否更具应变性，是否更易受其他组织影响，组织本身是否更加主动等。这个决策行为的发起人通常被认为是对风险认知程度比其他被决策影响的人要低。决策强制性的属性或紧急性以及是否有延迟的余地是影响风险认知的另外一个重要因素，要相信这种延迟有可能提高可得信息的质量，因此可能会更好地解决所感知到的问题。可以把决策分解为离散部分，这些部分可以在不同时间或者在不同团体中得以相对独立地处理，这是处理风险和决策复杂性的另一个方法。

与决策支持机制本质相关的一系列特征以及决策者可以应用的工具，可以用以增加决策者识别、衡量、化解和管理风险的能力。这方面的工具和特征包括以下几个方面。

1. 实用的特殊工具，可以帮助决策者构建合理的、概念性的关于决策情形的模型（例如电子数据表格或其他模型软件可以用以检测可供选择的解决方案）。

2. 应用度量或测度系统可结合风险维度评定所有可能方案的结果。

3. 信息挖掘和搜索引擎及其质量。

4. 组织间（供应链成员间）或组织内部（同一组织内部成员间）信息交换的可得性以及知识的传播程度。

5. 供应链以及供应链组织的基础结构整体认知供应链的能力。

3.9 人员特征

早期关于风险的研究主要关注于个体风险决策行为，例如 Kogan 和 Wallach（1964）的研究，此外还有 Slovic（1972）的相关研究，虽然这与组织环境下的决策行为是不同的。研究者越来越关注于组织决策背景下的风险行为。有关个体、团体承担风险和制定决策行为的研究包括以下几个方面。

1. 风险洞察力和风险准备（Appelbaum 等，1998，p.120）

例如，鉴别个体风险认知和准备的四个方面是“对失败的恐惧、对成功的恐惧、对其他人想法的恐惧以及对不确定性的恐惧”。Appelbaum 等推断组织中的多数人更加关注于他们会失去什么而不是获取什么。

2. 性别和年龄的影响（如 MacCrimmon 和 Wehrung，1990；Forlani 和 Mullins，2000）

基于性别和年龄的不同，决策者在风险感知和承担风险的准备方面是不同的，虽然需要指明的是数据的研究结果并没有全部支持这个结论。

3. 群体影响（March，1994，p.45）

March 认为作为一个整体的组织可能会提供一种环境，“在这种环境下评估风险、承担风险并且转化为行动”。因此，组织中的团队可能会在他们的决策中反映出这一点，在制定特殊决策方面会有一些不同，例如研发投资等。

这些例子显示出权变框架在这些方面的潜在价值，在这里我们不再做更进一步的讨论。

3.10　度量

我们认为供应链背景下的风险管理所关心的是在消除内在风险、减少内在风险和解决内在风险之间寻求一个平衡，并运用绩效参数予以表达，这种情形表现在图 3.4 中。从中可以得出的结论是，没有有效的风险管理，供应链就会有恶化的倾向——风险增加并伴有绩效下降。上文中的公式表明绩效衡量应该基于利润收入和组织的内在风险，如下所示：

企业总绩效=f(利润)×(风险)＝f(质量、有效性、成本……)×(与质量、有效性、成本……相关的风险)

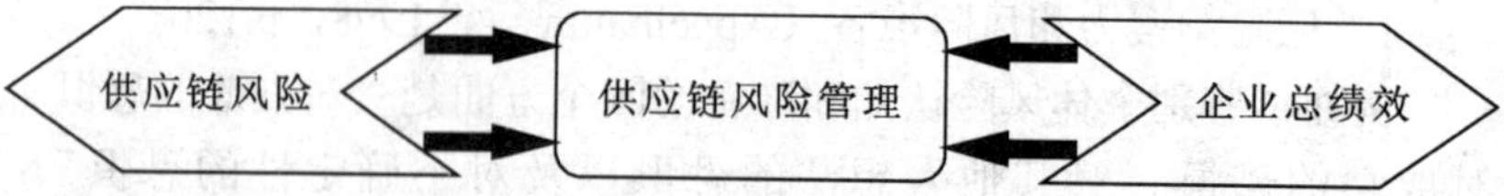

图 3.4 管理供应链风险和绩效

3.11 结论

这一章研究了供应链环境下风险管理权变框架的发展。我们认识到这种权变框架在描绘这个领域的研究结论方面带来了一系列好处，并且阐述了影响现有风险或在给定决策情形下所感知到的现有风险的关键影响因素或者可能的相关变量。在更加实际的情形下，权变框架的吸引力可能不比通用框架，因为它为从业者提供的公式或说明型的建议较少。然而，事实上决策者在更多环境中所运用的普通工具，被证实在决策科学领域的几乎所有方面都是被误导的。公平地说，情景方法为决策者提供的转移先前决策中学到的知识和经验的机会较少。

上述权变框架的最大贡献是在学术研究领域。可以证明的是，在这个最初的框架中定位研究结论或者确证个体参数和偶然性变量，在某种意义上增加了框架的研究范围。认识到最初的框架中存在一些缺陷，因此应该立即采取措施填补这些缺陷同时要结合邻近的或者互补的领域（例如人员风险和决策行为）进行研究。

这个框架的另外一个方面应该引起我们思考，这就是度量。目前关于度量的研究（例如营销度量，Ambler，2003）在风险管理领域也有所涉及。决策者寻求为解决风险并增加商业绩效的有效决策制定的衡量方法，涉及到早期的观点，从业者更应注重能够提供实际指导、提供高质量以及决策有效性的衡量方法的框架。

参考文献

1. Ambler, T. (2000), Marketing and the bottom line, Prentice Hall,

UK.

2. Appelbaum, S.H., Bregman, M. and Moroz, P. (1998), 'Fear as a Strategy: Effects and Impact within the Organization', *Journal of European Industrial Training,* Vol.23, No.3, pp.113-127.

3. Brindley, C.S. and Ritchie, R.L. (2001), 'The Information-risk Conundrum', *Marketing Intelligence and Planning,* Vol.19, No.1, pp.29-37.

4. Child, J. (1975), 'Managerial and Organizational Factors Associated with Company Performance', Part 2: A Contingency Analysis, *Journal of Management Studies,* Vol.12, pp.12-27.

5. Dewar, R. and Werbel, (1979), 'Universalistic and Contingency Predictions of Employee Satisfaction and Conflict', *Administrative Science Quarterly,* Vol.24, pp.426-448.

6. Forlani, D. and Mullins J.W. (2000), 'Perceived risks and choices in entrepreneurs' new venture decisions', *Journal of Business Venturing,* Vol.15, No.4, pp.305-322.

7. Kleindorfer, P.R. and Wassenhove, L.K. (2003), 'Managing Risk in Global Supply Chains', Paper presented to *Wharton Insurance and Risk Management Department Seminar,* 27th February 2003, Wharton University.

8. Knight, F.H. (1921), *Risk Uncertainty and Profit,* Houghton and Mifflin, Boston and New York.

9. Kogan, N. and Wallach, M.A. (1964), *Risk Taking: A Study in Cognition and Personality*, Holt Reinhart and Winston, New York.

10. MacCrimmon, K.R. and Wehrung D.A. (1986). *Taking Risks: The Management of Uncertainty,* Free Press, New York.

11. Makhija, M.V. and Stewart, A.C. (2002), 'The Effect of National Context on Perceptions of Risk: A Comparison of Planned Versus Free-Market Managers', *Journal of International Business Studies,* Vol.33, No.4, pp.737-756.

12. March, J.G. (1994), *A Primer on Decision Making,* The Free Press, New York.

13. Mentzer, J.T. (editor), De Witt, W., Keebler, J.S., Min, S., Nix, N.W., Smith, C.D. and Zacharia, Z.G. (2001), *Supply Chain Management,* Sage Publications Ltd., USA.

14. Min, S. (2001), 'Inter-corporate cooperation in Supply Chain Management', in Mentzer, J.T. (editor), *Supply Chain Management,* pp.391-410, Sage Publications Ltd, US.

15. Nix, W.N. (2001), 'The consequences of Supply Chain Management: Creating value, satisfaction and differential advantage', in Mentzer, J.T. (editor), *Supply Chain Management,* pp.61-76, Sage Publications Ltd, US.

16. Paulsson, U. and Norrman, A. (2003), 'Supply Chain Risk Management Articles – external characteristics and contents', Working Paper presented at International *Supply Chain Risk Management Conference,* Manchester Metropolitan University, 13-15 October 2003.

17. Ritchie, R.L. and Brindley, C.S. (2000), 'Disintermediation, Disintegration and Risks in the SME Global Supply Chain', *Management Decision,* Vol.38, No.8, pp.575-583.

18. Ritchie, R.L. and Marshall, D.V. (1993), *Business Risk Management,* Chapman Hall, London.

19. Rowe, W.D. (1977), *Anatomy of Risk,* Wiley, New York.

20. Slovic, P. (1972), 'Information processing, situation specificity and the generality of risk taking behavior', *Journal of Personality and Social Psychology,* Vol.11, pp.128-134.

21. Ward, A. and Smith, J. (2003), *Trust and Mistrust,* Wiley, UK.

22. Warren, F. (1992), *Introduction in: Royal Society Study Group, Risk Analysis, Perception and Management,* The Royal Society, London.

第四章　供应商关系和网络的风险管理

4.1　导言

本章主要内容是考察与供应商网络有关的风险问题。风险管理和网络采购是两个不同的话题，而人们并没有将这两个话题放在一起讨论过。供应商网络的发展和管理是工业企业最重要的职能之一。

对于供应商而言，网络布局近来被视为其保护目标客户，从而达到其业务所依赖的终端市场的战略性武器，其重要性对于中小企业来说尤甚，因为许多客户为了追求精益管理理念，减少了其供应商群体的数量而逐步转向单一的供应来源。

商业关系在最近的 20 年里已经发生了很大的变化。由于不断增加的外包和公司网络化的发展，供应商关系变得比以前更为重要。传统的供应商关系评估是以买方企业的角度来分析供应商的绩效，而很少考虑供应商所面临的问题。然而，合作的风险却不仅仅依赖于一个企业的宗旨和目标，尽管在许多合作关系中有主导的一方渴望负责对整个供应网络的管理。不断增加的责任分担和合作关系的动态性要求双向评估这种合作关系。

在本章的第一部分，我们将重点讨论网络和风险管理的相关理论。该部分将通过构建一个交易成本理论模型来从理论上阐明一个典型的分包决策的关键因素，并重点说明与技术有关的因素，例如资产专用性、专有性知识、互补性资产在供应链中的作用、创新的性质等等。本章接下来的内容主要讨论不同类型供应商关系的风险问题，因为我们认为不同类型的供应商关系会影响各方所承担的风险。此外，我们还提出了在供应商网络中的一些主要的风险类别及其在采购策略发展中的作用。最后，我们以图例阐述了一个供应商网络风险管理的框架。

4.2 关于网络

在商业环境下，企业不再是各自行动的独立实体。要想在市场上取得成功，一个企业必须要与其他的企业或组织相互作用。一种比较成功的相互作用的类型就是网络化。一个供应网络可以定义为一组供应链的集合，描述了货物或服务从来源地到最终客户的流动过程。供应网络还可以定义为将一组确定的人、物或事联系在一起的一组特定的关系（Harland，1996）。按照 Håkansson 和 Johanson（1993）的说法，网络由参与者、资源和行动组成。在真实的商业环境下，这三者之间有着很强的相互依赖性。网络的另一个重要方面是它的结构，Nishiguchi（1994）描述了日本企业如何对供应商进行分层管理：第一层或主要供应商提供的是系统而不是零部件，这样就减少了第一层供应商的数量，并使得买方企业更加依赖于供应商。

网络化对企业战略的制定产生了较大的影响。专注于核心竞争力与业务并将其他业务活动外包的趋向使得企业外部能力和资源的重要性大大增加。这种划分企业内部和外部边界的研究来自于交易成本分析（Williamson，1979）。在这里，术语“资产专用性”用于决定关系的特性。从战略管理的角度来看，Reve（1990）也同样强调战略决策的重要之处在于决定哪些产品由企业自己生产，哪些从外面采购。Reve（1990）建议一个企业应该专注于核心竞争力和技术，这样才能应对不断变化的环境。这就强调了更加深入地思考供应网络关系发展动态性的必要性。企业不得不根据其内部和外部条件与所处环境的变化来制定连续的战略采购决策。

Gadde 和 Håkansson（2001）区分了高介入度和低介入度两类“关系”。他们认为，低介入度的关系可能导致隐性成本增加，并且降低获取成本和收入方面的收益的机会。相反，高介入度的关系可以带来显著的成本和收入方面的收益。然而，由于协调、配合和交互的增加会导致关系处理费用的提高。Doz 和 Hamel（1998）表述过战略关系和连续关系发展的重要性。他们认为，由于全球化市场带来的更多机会和新技术需要更广泛的技术支撑，企业不得不与其他企业进行战略合作和联盟，这样才能获取资源和生产力从而抓住新的市场机会。另外，企业利用外部知识的能力是一种重要的创新能力，因此，也是一种重要的企业利润增长点。

日本人在进行供应商协调和发展具体供应商时，所采用的最首要的工具就是在买方和供应商之间进行员工的互换以及一对一的供应商管理。能够使得供应商按照客户制定的政策进行密切合作的最重要的工具就是供应商协会（见 Hines，1996）。网络采购的另一个重要特性是分层供应，处在不同供应层的企业实施最大化的购买策略。

此外，Pfohl 和 Buse（2000，p.391）建议应当注意战略网络和虚拟企业，在性质上，它们都是动态的和无分层的。虚拟企业代表了动态网络，而在性质上可以代表着战略网络更稳定。网络中不同层的存在使得协调更加困难，因为责任必须由第一级供应商和多级供应商来分担。除此之外，在买方和第一级供应商之间的物流和其他服务提供者使得网络结构更加复杂。在一个虚拟企业中，公司不再在隔离的工厂中生产完整的产品。相反，它们是作为一个由客户、供应商、服务提供者和其他专业参与者组成的网络中的一个节点来运作。虚拟企业的主要目标是使得大量企业能够迅速建立一个共同的运行环境。虚拟企业出现的主要原因是客户导向。虚拟企业结构的多样性是由不同类型的需求和商业环境导致的，导致公司加入虚拟企业的其他动机如下所述。

1．使公司应对环境保护的灵活性和适应性实现最大化
2．能力和资源的快速发展
3．为了与市场约束相一致而达到临界规模
4．全球供应链的最优化

虚拟企业的结构是高度动态化的，其生命周期可能非常短暂。反应速度快和较高的灵活性是虚拟企业所具有的主要优势。虚拟企业这一组织结构的主要目标是连接不同的企业组织，使它们能够一起进行

协同工作。我们有必要认识到虚拟企业这一组织结构是以信息系统为中心的，因此我们必须建立一种能够与不同企业相匹配的信息机制。

根据 Martinez 等（2001）的观点，社会中存在大量不同的虚拟企业组织，可以将其划分为三类：短期虚拟企业、扩展的虚拟企业及联合的虚拟企业。沿循生命周期的发展，一个虚拟企业可以由一种结构类型演化为另一种结构类型。创造一个短期的虚拟企业常常是基于单一的市场机会。在虚拟企业项目生命周期开始阶段，它包括了所有的组织结构形态。扩展的虚拟企业跨越了公司边界，包括了公司、合作伙伴、客户、供应商和市场之间的复杂关系。虚拟企业长期合作的另一个可能的演化结果是联合的虚拟企业，这是一种内部灵活性很高的合作伙伴关系。

一般来讲，企业通过网络化来降低其财务和技术风险，而通过加深专业化程度来提高其竞争优势。不断增加的挑战来自于逐渐缩短的营销和供货时间、快速发展的科技和全球化的趋势。因此，战略性网络和虚拟企业成为新兴的商业概念。

4.3 有关风险管理研究的相关出发点

我们对商业风险的认知和对风险管理的思考正在不断变化。新兴市场的开放、技术的快速发展，以及激烈的全球化竞争仍然是我们经常会遭遇的威胁。不确定性貌似是有序生活的干扰因素，持续不断的变化也像是社会生活和经济的威胁。然而，对商业环境产生重大影响的因素可能是企业集团的形成、企业的网络化、不断增加的相互依赖、零库存、JIT 方法的引入、法律法规的变化、生产和贸易中国际交换的增加、客户意识的提高，以及服务业重要性的快速提升等等（Kuusela 和 Ollikainen，1997）。

按照 Herz 和 Thomas（1983）的观点，在管理学文献中对风险的一种很普遍看法是将风险视作“变异性”或“不确定性”，尽管后面这两个术语可能并不精确。另一方面，在保险行业中，“风险”是一个被保险的精确的条款。在这个分类中，作者试图区别两类不同的风险，即“纯风险”和“投机性风险”。接下来我们将使用与商业风险相关的概念，根据不同的企业活动引入不同类别的风险。

第一类风险由与人员有关的因素构成，即直接或间接妨碍企业目标实现的风险，例如错误的人员选择、低效率工作的员工、关键人员选择失误风险，以及缺乏熟练的员工等。

第二类风险来源是不断发展变化和不断增多的法规，企业必须考虑这些变化才能避免不必要的损失。Sadgove（1996）认为对风险评估的需求在增加。欧盟已经要求企业在健康和安全方面、在产品责任和金融方面都对风险进行评估。与法律风险紧密相关的是责任风险和索赔准备金的相关问题。

风险管理需求增加的动机也可能是其他方面，如客户态度的改变（企业客户常常企图将法律责任都推卸给供应商，并且喜欢投诉的客户接受有缺陷产品的可能性更低）；对风险有较高意识的客户可能会寻求与公司风险有关的相关信息；期望更高标准企业的公众等。信息技术更加广泛的使用也产生了新的风险。数据安全的目标包括：保密性、完整性、有效性和责任性。另外，还有与财务活动相关的风险，可以将它们分为：偿付能力风险、信用风险和市场风险。其中，市场风险包括由股票投资、利率、货币和物价导致的风险（Uusi-Rauva，1998）。

4.4　基于交易成本的网络风险分析框架

为了以更准确的方式来分析与网络化决策有关的风险，有必要引入一个基于交易成本理论的研究框架。交易成本这个概念是用来解释企业本身所参与的活动（交易）的范围的。交易成本理论提供了一种分析工具，这有助于理解企业在获取组织高效供应链所需的能力时，为什么会自营、外包和进行网络化（有关问题，更多见 Kyläheiko，1999）。依据科斯（1937）的理论，当利用市场手段的边际成本（即交易成本）要高于企业内部生产的成本（管理成本）时，那么这个交易就应当在企业内部组织；反之亦然。Williamson（1991）将交易成本看做是环境（不确定性、资产专用性和较少的潜在交易伙伴）和人为

（有限理性、机会主义和信息不对称）等决策因素导致的组织失灵。资产专用性是指一项资产可以移作他用的便利程度。一个企业对其采购方或供应商的依赖性越高，那么交易成本就越高；反之亦然。

科斯（1937）最初的想法是在没有交易成本的情况下，企业会更青睐市场途径（即外包），因为这样企业可以更充分地利用规模经济和范围经济（专业化的结果），并使用更加有效的高强度的激励手段。

后来，Teece（1984，1988）也考察了一些与技术有关的交易成本决策变量，这些变量与我们的产业背景相关。要了解他的思想，将一个企业阐述为由毗连的交易（活动）所组成的“波特式”价值链（Porterian value chain）是有用的。他们可以按照不同的治理机制组合在一起，即通过外包、不同类型的网络以及自营。战略问题是要找出合适的治理结构以节约交易费用和管理费用的总和。

Teece（1986）提出了另外两个与专享程度和互补能力相关的交易成本决定变量。前者指的是使得从创新中获利成为可能的因素。这些重要的因素是技术知识本身的性质（法定知识和成文化的）和现存的法律保护机制（即专利、商标和版权）。新知识越法定（或受到越有效的法律保护），相应的交易费用越低，从而外包或松散的网络选择也就越好；反之亦然。

基于上面的讨论，引入使得企业更偏向于网络选择的条件成为可能。网络化总是包含以市场为主的外包和自营这些典型因素。市场和技术的不确定性相当高，知识通用程度也比较高，因此很难做到独自专享市场和技术发展的好处。由于专业化分工而存在有规模经济，互补能力的市场竞争不是很激烈等情况下，网络是非常有用的。通常，高强度的激励措施也非常亟需。在这些情况下，企业很可能会通过网络而结合在一起。

与单纯的市场解决方案相比，网络可以更好地协调相互关联的能力，并且可以降低被互补能力垄断者所俘获的风险。另外，网络给了合作伙伴更多的制定战略决策的权利，而不必恐惧机会主义。相对于选择自己生产，网络使得分担沉没成本的财务风险、利用规模经济和范围经济、使用更高强度的激励手段以及通过普通的方法和能力来降低复杂性和不确定性成为可能。而且，更加紧密的合作和巨大的普通知识库，使得相互学习和将外部能力内在化更加容易，从而使得网络拥有了一些“垂直集成”的传统优势。

为了与现代交易成本理论（Teece，1988；Williamson，1991；Kyläheiko，1995）保持一致，对网络背景下出现的主要风险来源评价如下：

1．与资产专用性相关的“套牢”（Hold UP）风险。

关于这类风险，我们假设，资产专用性和不确定性越高，机会主义的危险越大，那么与外包和松散网络相关的“套牢”风险就越高，较好的选择就是自营或紧密网络（例如，合营企业）；反之亦然。详细分析见 Williamson（1991）的相关研究。

2．与互补能力相关的“无效率”风险

我们假设，互补能力的市场竞争越激烈，则潜在的买者和供应商就越多，交易风险就越低，详见 Teece（1988）的相关研究。

3．与知识性质有关的“溢出”或“专享”风险

我们假设，新知识的专享性越强，则与外包或松散网络相关的风险越小；反之亦然。

4．与时间跨度有关的“时机”风险

我们假设，买方（通常比较短视）和供应商（通常比较有耐心）之间规划时间的差异越大，则网络化的风险就越高；反之亦然。

图 4.1 描述了涉及买方和卖方的基于交易成本理论的风险结构。在图 4.1 中，“战略”是指供应商拥有的“战略性”（具体企业）互补能力；“非战略”是指供应商拥有的“非战略性”（普通的）互补能力；“高资产”是指较高程度的资产专用性投资；“低资产”是指较低程度的资产专用性投资；L 表示宽松的独享性；T 是指严格的独享性。

按照图 4.1 所示，与网络环境相关联的风险可以列示如下：

1. 供应商会有“套牢”风险，这个位置对卖方企业稍微有利；

2. 供应商会有“套牢”和“溢出”风险，这个位置对买方企业相对有利；

3. 供应商的绝佳机会，这时双方的风险都低；

4. 供应商会有“溢出”风险，这对双方来说都是相当有利的；

5. 供应商会有“套牢”和“时机”风险，这是一个对买方企业相当有利的位置；

6. 供应商会有“套牢”、“溢出”和“时机”风险，这个位置对买方企业有利；

7. 对双方来说都是好机会，但会给供应商带来一些“时机”风险；

8. 供应商会有“溢出”和“时机”风险，这个位置对买方企业相当有利；

9. 供应商会有“高套牢”风险，这个位置对买方企业有利；

10. 供应商会有高风险，这个位置对买方企业有利；

11. 对于供应商来说存在一些机会，这个位置对买方企业稍微有利；

12. 这个位置对于供应商来说，机会和竞争风险都不大，是一个对买方企业有利的位置；

13. 供应商在此位置面临很高的竞争风险，是一个对买方企业非常有利的位置；

14. 供应商在此位置的风险非常高，这个是一个对买方极端有利的位置；

15. 供应商在此位置有一些机会，这个是一个对买方相当有利的位置；

16. 供应商在此位置的机会很少，这个是一个对买方有利的位置。

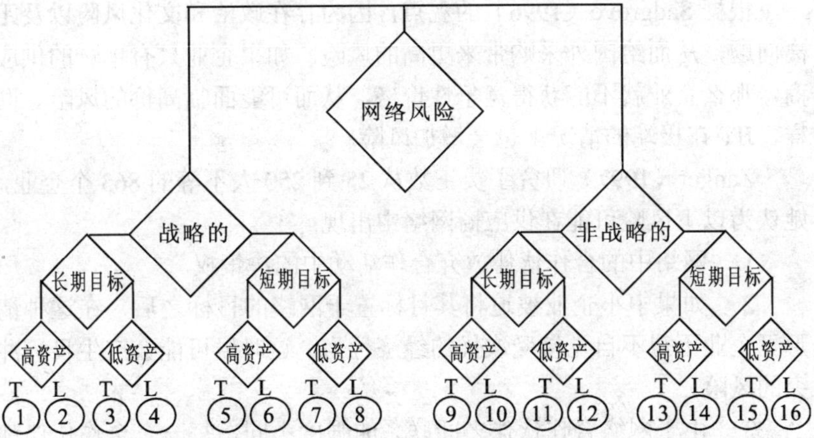

图 4.1 涉及买方和卖方的基于交易成本理论的风险拓扑图

资料来源：Huttunen 等，2000

4.5 供应商网络风险

由网络化的发展，企业的目标是在商业环境不断变化的今天，降低风险的同时并增强竞争力。今天，不断增加的挑战来自于像周转时间的缩短、快速发展的技术和全球化这些因素。网络化引起的风险，是诸如与网络形成和变化的障碍相关的风险。这些因素主要与网络对变化、新技术、新实践和新成员的抵制有关，这和在风险管理或设定合适的发展活动中所产生的风险问题一样。同样，交流与合作需求的增加也增加了对信息系统、开放、信任和生产系统的需求。

Sadgrove（1996）已经介绍了一些由供应及供应商所导致的问题。不适当的规划和供应链的延长会使交付承诺无法兑现。同样，一个只有很少几个供应商的市场也会带来问题，例如，主要供应商发生火灾或生产故障会导致供应的延迟。减少供应商的数量会使得供应链在面对供应中断时更加脆弱。

根据 Sadgrove（1996）的观点，因为存在政治和文化风险以及距离问题，从而给国外采购带来更高的风险。如果企业只有单一的供应商，那么企业就不能获得竞争性价格，从而可能面临高价的风险。同样，JIT 在极端的情况下也会增加风险。

Zanger（1997）研究了员工数从 25 到 250 人不等的 863 个企业，她认为以下风险可能在供应商网络中出现：

1. 网络中的合作伙伴放弃合作活动中的决策权。

2. 如果中小企业被迫将其目标置于网络的目标之后，在这种情形下企业不得不自觉接受次优的经济行为，这时候可能会产生目标冲突的风险。

3. 由于网络合作伙伴之间联系的强度不同，每一个合作伙伴都面临丧失其灵活性的风险。

4. 如果网络中的单个合作伙伴采取机会主义行动，那么就存在丧失专有技术优势和信息误用的风险。

5. 合作伙伴之间合作背景文化的显著差异会对网络中合作关系的信任氛围产生不利影响。这些差异可能导致来自内部的管理层和员工对合作的反对。

采购活动中的具体风险与供应商网络紧密相关。Treleven 和 Schwaikhart（1988）的“风险/收益”分类模型引入了五种类型：供应中断的风险、价格风险、库存和调度风险、技术风险和质量风险。Virolainen 和 Tuominen（1998）提到的其他风险包括可用性风险、配置风险和货币风险，其中，配置风险包括适当的购买总额和质量规定。

下面的模型是基于 Treleven 和 Schwaikhart（1988）的研究，他们所提出的决策过程的基本思路是分别评价所有的风险/收益类型。所有这些风险/收益类型从概率和风险/收益的程度两个方面进行评估。Treleven 和 Schwaikhart（1988）建议用一个从+10 到－10 的评价表来评价每一个类别的影响，并采用权重因素来代表每一类别的重要性。

$$I_T = P_{ds} \times I_{ds} + P_{pe} \times I_{pe} + P_{is} \times I_{is} + P_{ta} \times I_{ta} + P_q \times I_q$$

其中，

I_T 表示采购策略的总影响；

P_i 表示第 i 类风险/收益产生影响的概率；

I_i 表示第 i 类风险/收益因素产生的影响；

$P_i * I_i$ 表示第 i 类风险/收益产生影响的期望值；

ds 表示供应中断风险/收益；

pe 表示价格风险/收益；

is 表示库存和调度风险/收益；

ta 表示技术风险/收益；

q 表示质量风险/收益；

资料来源：Treleven 和 Schwaikhart（1988）

这个风险评价的概念模型的构建目标是帮助经理层制定采购战略决策。由于理解上面所提及的各类风险对经理层制定采购策略很有必要，下面我们将对这些内容进行进一步的阐述和分析。

4.5.1　供应中断风险

这类风险常常被作为证据用来反驳单一供货商的采购策略。不管是火灾、罢工、自然灾害还是其他原因，人们都会关注当供应发生中断时可能会发生什么结果。这种关注的程度会发生变化，这不仅取决于事件发生的可能性，也取决于事件给企业带来的冲击。在实践中，合作伙伴关系的发展经常会配合着 JIT 管理方式。在这种 JIT 的管理方式下，即使是短暂的供应中断也是不可接受的。

企业有很多不同的方式来化解这些风险。现今，最合适的方式之一就是“伙伴式供应商关系”。通常在达成这样的合作关系之前要有一段类似“资格认证”的时期。也就是说，在成为“伙伴式供应商”之前，采购方要求供应商已经与其进行了规定时间的业务合作关系（见 Treleven 和 Schwaikhart，1988，p.97）。另一种经常用于应对这种风险的方法是对供应商的业务进行加强检查，包括能力和财务记录，从而制定应急方案，指出在供应发生中断的情况下所应该采取的措施。这种应急方案可以有不同的形式。可能最普通的一种情形是，企业选择维持“双重供应源”这种方式来抵消供应风险。在这种情况下，需求的大部分由一个供应商来供应，而另一个供应商供应的数量仅仅能够维持这种供应关系。

4.5.2 价格上涨风险

这是除了供应中断风险外，另一种最常用来反驳单一供货商的采购策略的风险类别。它指的是当供应商一旦成为采购方企业某种产品或服务的唯一供应者时就提高价格的风险。在传统的买卖关系中，采购方与多个供应商交易以获取最优（最低）的价格。采购方的目标是“榨取到”可能的最低购买价格（见 Virolainen，1998）。传统观点认为，在单一供应商的情况下，不存在采购方压低供应价格的威胁。然而，“伙伴式供应商关系”可能导致供应商的价格降低。合作就意味着双方都努力降低真正的成本。其中，最核心的问题是：哪种采购策略会导致更大的价格上涨风险？现在，人们非常相信“伙伴式供应商关系”是一种能够降低采购相关交易费用的方法。

4.5.3 存货和调度风险

这一风险类别是指由于采购策略（存货管理和货物的调度）的变化所导致的收益或风险。在这些方面，单一供应商采购的影响常常与 JIT 的影响联系在一起。在将供应商群逐渐减少到“伙伴式供应商”时，商品和服务的运送调度能力得到了提高。很有典型意义的是，由单一供应商发展而来的长期的、信任的合作关系会伴随着产品调度信息的共享。

从库存管理的角度来看，配送调度的改善使得采购方对每种产品可以保持较低的库存。简而言之，在调度能精确配合的情况下，可以实现原材料和零部件的零库存（可比作 JIT 方式）。

4.5.4　技术风险

如果将单一供应商采购包括在内的话，那么“伙伴式供应商关系”在“技术取得”方面对采购方既有益处也有风险。在风险方面，采购方只能在满足其对某一种产品所有要求的最后一刻才能选定供应商。但在这种方式下，采购方能够接触大量不同的潜在的最新技术，从而更有可能避免“套牢”在某种“老”技术上。“伙伴式供应商关系”给采购方带来的潜在收益是使得其比在“多个供应商采购策略”下更能接触到供应商的技术知识。在这种合作关系下，采购方更有可能积极地与供应商进行联合开发。

“伙伴式供应商关系”使得采购方易于接触到其供应商全面的技术信息，而“多重采购方式”却覆盖了更广泛的（在行业水平上的）技术变化来源，尽管可能并不全面深入。按照 Treleven 和 Schwaikhart（1988）的观点，采购方可以通过多重采购的方式保持与行业中多种潜在新技术的接触，并仍能从单一供应商采购中获得收益。

4.5.5　质量风险

企业常常将这类风险看作是与供应商达成合作关系的主要原因。“伙伴式供应商关系”可以通过很多方式改进质量。在这种关系下，交流变得更容易、更频繁、更完整和更精确。采购企业将时间用于确保供应商能完全理解其需求，也包括供应商产品的使用过程。这样的交流可以导致对双方都有益的产品和设计工艺的变化。从质量的角度来讲，“伙伴式供应商关系”比“多个供应商采购策略”能显著地降低采购方的风险。

4.5.6　供应商的机会主义风险

所有交易都包含供应商机会主义的风险（Smeltzer 和 Siferd，1998，p.38）。降低交易的数量可以降低这种机会主义风险。采购中的风险会威胁到供应的保障、增大选择不合适供应商的几率、引起环境约束问题、增加公司的负责和导致交货时间的不确定性等。大量风险的发生都是由于没有将采购纳入到战略规划过程之中。联合作为主动采购中的一部分是不错的风险管理方式。

4.6 基于风险的供应商关系评估

4.6.1 专用性投资

专用性投资在买卖关系中是不可避免的。Bensaou（1999）根据投资专用程度不同，将合作关系分类。在图4.2的矩阵中，纵轴代表买方的投资，横轴代表合作关系中供应商的专用投资。

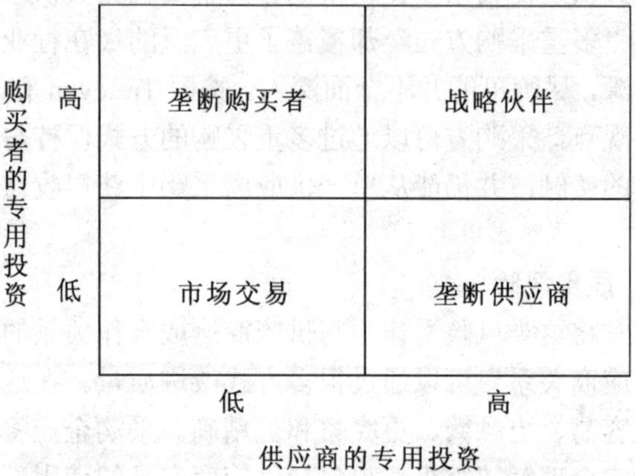

图4.2 合作关系类型

资料来源：Bensaou，1999

当购买者和供应商的专用性投资都很高时，他们之间的合作关系就被称为战略伙伴关系。这种合作关系强调高度的相互承诺以及长期目标。当前与未来的资源和能力的需求作为互补的基础进行计划。根据Teece（1986）的研究，互补能力强调以企业的外部能力来完善内部能力。在合作关系中，一般各方都会从开发过程的早期阶段开始参与进来。例如参与研发活动、知识共享以及业务流程的共同发展等。

虽然合作关系有许多优势和成功因素，但在合作关系中也存在一些确定的风险。如果双方在合作关系中的投资都非常多，那么他们就会相互依赖对方，显然双方在出售他们的信任给对方，这样产生的信任就会发生偏见。其中一个风险就涉及到合作关系的无效率，其结果是高投资不一定会带来利润。Gadde 和 Hakansson（2001）指出高投资关系可能会带来实质性的收益，同时也会有实质性的成本。因此，问题的关键是持续性的控制和评估关系中的成本和收益。在变化的环境中动态的调整投资也是非常重要的。

当买方与卖方在合作中的专用性资产投资不平衡即买方或卖方的投资过高时，就会有“套牢”风险。如果一方的投资依赖性较低，那么可以不需太高的转换成本转向其他的客户或者供应商，并拥有更多的优势以及产生机会主义行为的可能性。这种关系中的时间风险与双方不平衡的专用性投资相关。如果供应商或者客户从不同的时间跨度来考虑这种关系周围的问题，如果关系中的一方不能持续下去，那么这种关系在一定的运营状况下就不大可能承受激烈的变化。更进一步说，如果一方必须承担全部责任和投资风险，那么双方就不能公平地分担投资风险。在这种不对称关系中，投资风险管理战略可能包含风险共担以及这样一种情形:客户承担供应商专用性投资的所有责任，反之亦然。

在市场交易关系中，参与方的关系专用性投资比较低，因此转换成本和投资风险也比较低。交易成本、质量以及时间是市场交易关系成功和风险的三大关键推动因素。如果专用性投资很低，参与双方对关系的时间选择就会有一致的理解。这样的结果就是双方的预期会是相似的，并且关系的感知风险相对容易识别和控制。在市场交易或者比较疏远的关系中具有挑战性的任务就是增强联系，因此组织在新形势中能够理解风险、挑战以及责任。

4.6.2 组织性锁定

在商务关系中有许多情形会导致组织性锁定。这意味着这种组织依赖于其他组织，可供选择和决定的余地不多。Heijden 等（2002）指出“锁定”是反馈系统的一种特征，因此很难觉察到以及进行管理。动态的组织反馈系统的内在特征是，随着时间的过去组织没有能力发现系统中复杂的因果关系。因此应该关注于减少一定数量的活动以提高组织系统反馈的有效性。同时组织对变化的反应能力削弱了，这是因为组织过多关注于特定领域。因此，企业在系统里面临着锁定风险。

这可以用来解释为什么很多内部的组织关系失败，要归因于客户或者供应商的锁定。根据 Bensaou（1999）所说，资产专用性投资使改变关系变得困难并且昂贵，或者这些投资在组织关系外部会失去它们原有的价值。

关系中双方的不对称性导致较高的不确定性和风险。即使组织的承诺和依赖性在合作中非常关键，如果供应商和客户之间的关系专用性投资的平衡性越高，这样的关系就有锁定的风险。如果专用资产投资在关系中是平衡的，因此客户和供应商之间的依赖性是相当的，那么关系中的内在风险就能很好地获悉并进行管理。为了有效减少锁定风险，企业应该同时参与到其他组织网络中去。

4.6.3 关系动态性

没有任何的商业关系在本质上就是静态的，这是很显然的。供应商关系会随着时间动态性而发生变化，这强调了各方的需求和目标。动态能力的观点为企业资源基础的发展提供了一个战略性的解释。Teece 等（1997）把动态能力定义为企业整合、建立以及组合内部和外部的竞争力去应对快速变化的环境的能力。更进一步说，他们认为动态能力是指企业随着时间推移更新、扩张以及运用核心竞争力的能力。Gadde 和 Hakansson（2001）指出企业需要不同类型的关系，因为供应商为买方企业提供不同类型的能力和资源。由此得出结论：企业之间的关系应得到持续控制和调整，以适应环境的变化。他们同样也认为过度设计的企业间关系不仅昂贵而且是有风险的，因为这些专用性投资可能会失去它们应有的价值。

关系中的双方是基于不确定的未来而投资的，在未来的需求极有可能发生变化。参与度是基于关于现在和未来情形的最优的可得信息，但继续选择行动过程这种情形存在着显著风险。改变方向的决策情形会使企业面临失去对需求变化反应能力的风险。据 Baerman（1998）的研究，决策中一个很重要的偏差就是关于沉没成本的，也就是已经投入的时间和费用。沉没成本是一些历史性成本以及一些在未来活动过程中不予考虑的成本。更进一步地说，行动的参考点应该在当前的状态中，并且所有可选择的行为过程都应该评价未来的成本和收益。在这个意义下的业务关系，就像 Gadde 和 Hakansson（2001）指出，企业应该能根据变化的形势以及不同关系的潜在收益，动态地改变他的参与度。由此可得出，参与度的增加和减少都应当作为战略性的选择。

4.7 供应商网络中的风险管理方法

企业中典型的风险管理过程包括：

1. 风险识别
2. 风险评估
3. 降低风险的识别和实施方法
4. 风险监控

基本上，网络环境下的风险管理过程可以有着相同的阶段。单一企业和供应网络风险管理过程的最重要区别在于，供应网络中企业之间相互联系以及对部分风险管理过程分担的可能性。接下来我们会从网络角度简要地讨论风险管理过程。下面将应用 Hallikas 等（2002）的框架进行进一步分析。

4.7.1 风险识别

风险识别可以认为是风险管理实践的基础阶段。因此，通过识别风险，决策者或者决策群体会对可能引发不确定性的事件有一清醒的认识。风险识别最主要关注的是识别未来的不确定性，并能够预先对这些情形进行管理。在网络环境中，由于对其他企业的依赖，风险识别变得更加困难。中断、质量缺陷以及配送波动都是生产系统中常见的风险预警信号。然而，并不是所有的风险都容易识别。相关事件的反馈回路和反馈链条结构都对风险识别提出了挑战。

有一类风险事件可以被用做风险识别的基础。沿着风险树的分支，与企业相关的事件可以追溯到其根源。这个阶段的结果就是经过严密的检验得出一系列分类的风险事件。表 4.1 列出了一个检验事件网络中识别阶段的输出列表。这个例子表明了在“完成客户配送中的风险”中随机选择的风险方案。

表 4.1 风险识别阶段的输出列表

类 别	完成客户配送过程中可能导致的风险
内部流程	生产计划问题
	配送绩效计划的失败
	企业资源计划系统可用性低或存在缺陷
	库存不足
	由于过长的设置时间导致的重复中断
	过长或不确定的生产提前期
	过广的产品范围
	质量缺陷
	库存报废
跨组织流程	顾客要求缩短配送时间
	预测失效
	信息传递失真
	产品畅销/滞销问题
	产品规格缺陷
	关键原料成分不足
	不确定或过长的供应商配送时间

信息收集、传递以及过滤都是风险识别阶段中很重要的特征。当信息得以有效共享时，风险可以更加容易地识别。在网络环境中，业务联系在很大程度上基于组织间的合作关系，组织间有效的信息共享是减少外部和内部不确定性的关键因素。风险识别阶段对于理解当前以及未来的客户需求和不确定性来说是很重要的。如果网络参与者之

间能有效地分享和理解未来的需求和目标，那么极有可能用更好的方式管理风险。

4.7.2 风险评估

除了风险识别之外，还需要能够自我保护，以免受已识别风险的危害，并且在企业和组织网络水平上根据情形选择合适的管理活动。因此，能够评估风险以及对风险区分出先后次序是非常重要的。在以下内容我们将要介绍一种简单的风险评估方法。这种方法的主要目的是根据风险的结果和概率辨别出最重要的单个风险事件，这可以帮助有效分配风险管理资源。风险排序仅当对风险进行评定的时候才有可能。在这里，风险的两个关键组成部分（风险事件的概率和结果），需要在五个层次范围内分别进行评估。语言评估是最简单的，因为它不需要太多概率风险评估方法这方面的知识。

评估方法最主要的目的就是了解和认识环境，同时也会对必要活动的管理提供帮助。对于初步的风险评定，这种方法识别风险是为了进行进一步研究的需要而不是采取减少风险的行动。

当评估风险事件的主观概率时，企业自身的经验以及其他企业的绩效都有可能给评估指明方向。另外，关注环境因素也是非常必要的。运作环境包括客户、供应商、合伙人以及竞争者，这些因素组成了评估的基础。同样，潜在环境（潜在的客户、供应商、竞争者以及合伙人）也是风险评估阶段的一部分。对于趋势以及特殊征兆的评估也同样会对风险评估带来有价值的信息和方案。趋势和影响会根据企业在网络中所处的位置，而存在显著的不同。

4.7.3 风险管理活动的优先次序

当对已经识别的风险进行评估时，把这些风险记录在风险图中是很有用的（见图 4.3 所示）。图 4.3 所示的这个风险图给出了所有风险的一个整体视角，并且识别出了需要关注的一些最重要的风险。此外，图 4.3 也指出了两种方案，它们分别是通过降低概率减少风险或是直接削弱风险的结果影响。

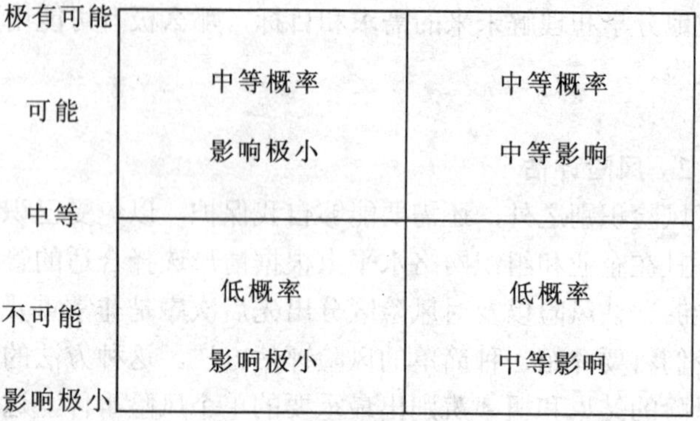

图 4.3 风险图

在识别和评估风险之后，有必要再认真考虑管理模式可能的策略。通常使用的策略包括以下几种。

1．风险转移
2．风险承担
3．风险消除
4．降低风险
5．对个别风险的进一步分析

4.7.4 网络环境中的风险管理过程

在网络环境中，风险还可以通过建立一种通用的网络战略、最佳行动方案以及契约策略来予以管理。风险可以被联合起来分析，一致的发展目标有可能带来最佳的结果。网络协作的基本原则是避免单个企业间的相互依赖。网络成员中有效的信息共享可以有助于优化成本管理、定价、缩短提前期、降低库存，并减少由于错误或信息缺失所带来的负面影响。

在网络中一些风险会需要企业自身的控制策略，而其他的风险则需要共同努力来控制。然而，为了将来的成功，企业需要坚持不懈地发展并健全外部业务流程以及建设组织间的信息系统。这需要一致的计划程序、目标以及对双赢关系的深刻理解，所依据的就是风险共担和机会共享。在这一点上，部分风险管理流程可以与合作伙伴共同执行。这意味着单个企业的风险管理过程被连接在一起。在图4.4的例子中，两个企业都有单个风险管理流程，包含了上面提到的所有阶段。企业在相互作用的风险和不确定性这种环境下运作。

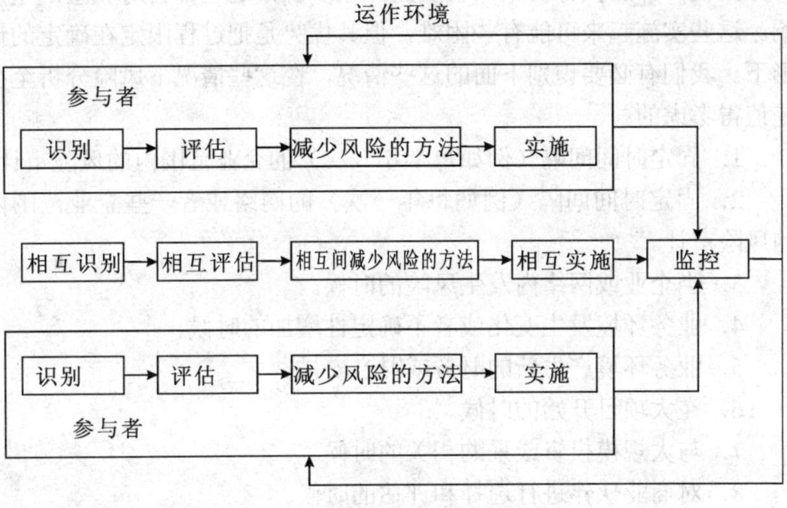

图4.4　网络关系中风险管理流程

在网络关系中，企业可以分别比较所识别的风险并且评估这些风险的重要性。企业的部分风险可以被认作是共同的，但是另一方面，一些风险虽然存在于单个企业中，但会对其他企业的业务产生影响。合作风险的识别以及对风险控制和管理活动的共同考虑是区分网络风险管理方法和传统风险管理方法的一个特征。因此，网络关系预示着更多先进的管理活动方式，可以帮助监控来自于整个网络的干扰和不确定性。

风险分析发生在风险管理或决策会议中，在这里会评价共同的目标。借助于共同的审计有可能识别并降低环境的不确定性。组织间的风险分析可以帮助企业比较和分享关于风险和不确定性来源和影响的知识。在识别、评估以及比较之后，对一些已经识别的风险和不确定性，可能会采取共同的行动或者包含于企业自身的计划和决策过程中去。

风险管理的一个重要方面就是管理活动的时间选择。原则上，企业或者网络的风险管理流程应该是连续的。企业观察他们的运作环境、业务流程，并且执行决策以及实施计划步骤，这些都会对风险产生影响。这些实施起来可能有些困难，但其优势是把过程限定在确定的情形下。我们有必要识别下面的这些情况，在这些情况下风险分析至少是值得考虑的：

1．固定时间间隔（例如每半年一次）的企业范围内的风险审计。

2．固定时间间隔（例如每年一次）的网络或者一些企业范围内的风险审计。

3．当企业或网络内发生风险的时候。

4．业务环境发生变化或者不确定性增加的时候。

5．业务环境产生新的财务或财产安排。

6．在大项目开始的时候。

7．与大规模投资或采购相关的时候。

8．对商业伙伴进行选择和评估的时候。

9．不论何时商业伙伴提出要求的情况。

风险管理流程的激活与新出现的、会引发不确定性的情形以及事件显著相关。这些情形涉及到建立一个新的网络以及网络关系中的变化。大宗采购或者大的项目、外部信号（例如客户或者产品专用投资以及工艺决策）都会引发不确定性。对企业内部信号的识别有些时候可能是分析业务环境中不确定性更加方便的方式。例如，企业内部业务流程出现障碍可能是由组织间流程的缺陷引起的。

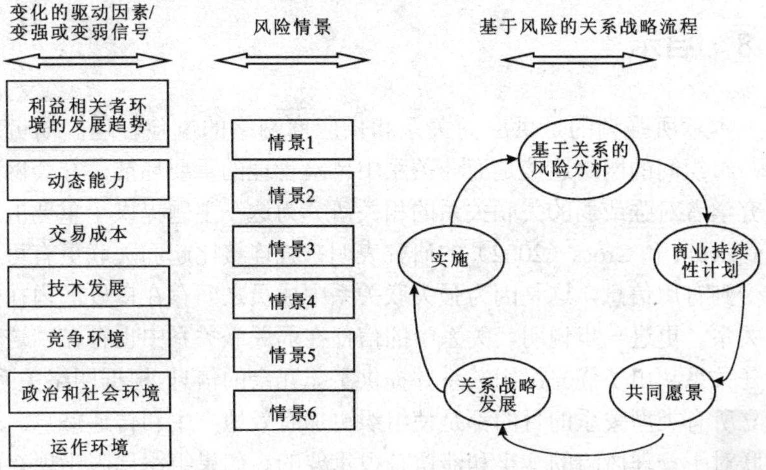

图 4.5　基于风险的关系评估的一般框架

图 4.5 表明了我们在一般框架中要素间系统关系的观点，这个框架用于评估基于风险的供应商关系。由于基于关系的风险管理过程是一个复杂的问题，并且很难为这段过程建立一个通用的框架，因此我们认为很有必要根据变化的、强的或弱的信号、不同的风险情形以及基于风险的关系策略流程的驱动因素来了解管理流程。在这个框架中，第一步是识别可能引发关系中变化和风险的不同的环境趋势以及相关信号。这些因素可能与以下这些特征相联系：利益相关者环境、动态能力、交易成本、技术发展、竞争环境、政治和社会环境以及运作环境等。这些驱动因素明确表述了对未来可能的风险情形的理解，这可能会对供应商/客户关系产生确定的影响。风险分析就是根据风险情景的影响或者可能性去揭示最重要的基于关系的风险因素。建立组织以及组织间的连续计划的目的是防止或减少较大风险情景的发生。基于风险情景的风险分析和业务持续发展规划，与目前和未来关系状况远景有关。这个流程的目的就是形成基于网络关系战略的动态性的和可供选择的方案，并且可以根据风险情景的发展检测这些方案。最好的战略方式是依照相关的组织目标、风险和收益来选择并实施的。

4.8 启示

本章所强调的是供应商关系和供应商网络的风险管理。研究表明，组织间的网络连接是商业关系中风险管理的重要环节。社会网络研究学者对强或弱的关联关系的相关研究为这一主题提供了重要的观点。Levin 和 Cross（2002）的研究表明，强连接比起弱关联更有可能接受到有用信息，这是因为强关联关系中成员之间存在良好的内在信任关系。更进一步说明，关系中的信任在弱关联关系中也存在，这种信任关系超出了优先组织关系并提供了无冗余的信息。根据网络关系，建立所有类型关系的目的都是使组织更加有效地产生和传递信息。弱关联对于管理风险的套牢和滞留是很重要的。如果组织局限于现存的关系（强关联）就无法从更全面的角度审视环境中出现的发展趋势、驱动因素以及相关情景，因此就无法有效地响应变化的需求。

由于变幻莫测的商业环境，虚拟企业已经出现并得以快速发展。这个概念代表着动态的网络。由于需要在不同层级的供应商之间分担责任，层次结构使网络中的协调变得愈加困难，这种商业模式同样也包含了较多的风险。因此，涉及到供应商管理的供应策略以及风险管理，应该被视为企业业务战略的一个重要组成部分。

参考文献

1. Bazerman, M. (1998), *Judgement in Managerial Decision Making,* John Wiley & Sons, New York.

2. Bensaou, M. (1999), 'Portfolios of Buyer-supplier Relationships' *Sloan Management Review,* Summer, pp.35-44.

3. Coase, R.H. (1937), 'The Nature of the Firm', *Economica,* Vol.4, pp.386-405.

4. Cox, A. (1996), 'Relational Competence and Strategic Procurement Management: Towards an Entrepreneurial and Contractual

Theory of The Firm' *European Journal of Purchasing and Supply Management,* Vol.2, No.1, pp.57-70.

5. Doz, Y, Hamel G. (1998), *Alliance Advantage: The Art of Creating Value Through Partnering*, Harvard Business School Press.

6. Gadde, L-E. and Håkansson, H. (2001), *Supply Network Strategies,* John Wiley & Sons, Chichester.

7. Håkansson, H. and Johanson, J. (1993), 'The Network as a Governance Structure. Interfirm Cooperation beyond Markets and Hierarchies' in: Grabher, G. (ed.) *The Embedded Firm,* Routledge, London.

8. Hallikas, J., Karvonen, I, Pulkkinen, U., Virolainen, V-M. and Tuominen, M. (2002), 'Risk Management Processes in a Network Environment', *Proceedings of 12th International Working Seminar on Production Economics,* February 18th-22nd, 2002. Igls, Austria.

9. Harland, C.M. (1996), 'Supply Chain Management: Relationship, Chains and Networks', *British Journal of Management,* March, pp.63-80.

10. Heijden, K., Bradfield, R., Burt, G., Cairns, G., and Wright, G. (2002), *The Sixth Sense: Accelerating Organizational Learning with Scenarios,* John Wiley & Sons, Chichester.

11. Hertz, D. and Thomas, H. (1983), *Risk Analysis and its Applications* John Wiley & Sons, Chichester.

12. Hines, P. (1996), 'Network Sourcing in Japan', *The International Journal of Logistics Management,* Vol.7, pp.13-28.

13. Huttunen, A., Kyläheiko, K. and Virolainen, V-M. (2000), 'Identifying and Avoiding Risk in the Advanced Internet Technology Partnership', *Proceedings of the 5th International Symposium on Logistics,* Japan.

14. Kuusela, H. and Ollikainen, R. (1998), 'Riskit ja riskienhallinta-ajattelu' in: Kuusela, H. and 011ikainen, R. (eds.) (1998)

Riskit ja Riskienhallinta. Tampere University Press. Tampere, pp.15-56.

15. Kyläheiko, K. (1995), 'Coping with Technologies: A Study on Economic Methodology and Strategic Management of Technology', Dissertation Thesis. Lappeenranta University of Technology.

16. Kyläheiko, K. (1999), 'Strategic Management of technology: An Economist's View' in: Ichimura, T., Tuominen, M. and Piippo, P. (eds.) *New Methods, Theories and Practices for Management of Technology,* (1999), Lappeenranta University of Technology, Studies in Industrial Engineering and Management, No.3, Lappeenranta.

17. Kyläheiko, K. and Miettinen, A. (1996), 'Technology Management and Entrepreneuship: Critical View', in Birley, S. and MacMillan, I. (eds.) *International Entrepreneurship,* Routledge, London, pp.39-58.

18. Levin, D.Z. and Cross, R. (2002), 'The Strength of Weak Ties You Can Trust: The Mediating Role of Trust in Effective Knowledge Transfer'. Best Papers *Proceedings of the Academy of Management.*

19. Martinez, M.T., Fouletier, P., Park, K.H., and Favler, J. (2001), 'Virtual Enterprise – Organization, Evolution, and Control' *International Journal of Production Economics.* Vol.74, pp.225-238.

20. Nishiguchi, T. (1994), *Strategic Industrial Sourcing,* Oxford University Press, Oxford.

21. Pfohl, H.C. and Buse, P. (2000), 'Inter-Organizational Logistics Systems in Flexible Production Networks. An Organizational Capabilities Perspective' *International Journal of Production & Logistics Management,* Vol.30, No.5, pp.388-401.

22. Reve, T. (1990), 'The Firm as a Nexus of Internal and External Contracts' in: Aoki, M, Gustafsson, B. Williamson, O. (eds.) *The Firm as a Nexus of Treaties.* Sage, London.

23. Sadgrove, K. (1997), *The Complete Guide to Business Risk Management,* Gower Publishing Limited, Aldershot.

24. Smeltzer, L.R. and Siferd, S.P. (1998), 'Proactive Supply Management: the Management of Risk'. *Journal of Purchasing and Materials Management,* Vol.34. No. 1, pp.38-45.

25. Teece, D.J. (1984), 'Economic Analysis and Strategic Management' *California Management Review,* Vol.26, pp.87-110.

26. Teece, D.J. (1986), 'Profiting from Technological Innovation', *Research Policy,* Vol.18, pp.285-305.

27. Teece, D.J. (1988), 'Technological Change and the Nature of the Firm', in Dosi, G. et al, (eds.) *Technical Change and Economic Theory,* Pinter Publishers. London, pp.256-281.

28. Teece, D.J., Pisano, G. and Shuen, A. (1997), 'Dynamic Capabilities and Strategic Management', *Strategic Management Journal,* Vol.18, No.7, pp.509-533.

29. Treleven, M. and Schweikhart, S.B. (1988), 'A Risk/Benefit Analysis of Sourcing Strategies: Single vs. Multiple Sourcing', *Journal of Operations Management,* Vol.4, pp.93-114.

30. Uusi-Rauva, E. (1998), 'Rahoituksen Riskit' in: Kuusela, H. and Ollikainen, R. (eds.) (1998), *Riskit ja Riskienhallinta.* Tampere University Press, Tampere. pp. 201-222.

31. Virolainen, V-M. (1998), 'Motives, and Success Factors in Partnership Sourcing', Dissertation Thesis. Lappeenranta University of Technology.

32. Virolainen, V-M. and Tuominen, M. (1998), 'Hankintatoimeen Liittyvät Riskit Teollisuusyrityksessiiä' in: Kuusela, H. and Ollikainen, R. (eds.) (1998), *Riskit ja Riskienhallinta.* Tampere University Press, Tampere, pp.164-178.

33. Williamson, O.E. (1979), 'Transaction-Cost Economics: The Governance of Contractual Relations', *Journal of Law and Economies,* Vol.22, pp.232-261.

34. Williamson, O.E. (1991), 'Strategizing, Economizing, and

Economic Organization', *Strategic Management Journal,* Vol.12, pp.75-94.

35. Zanger, C. (1997), 'Opportunities and Risk of Network Arrangements among Small and Large Firms within Supply Chain', *Proceedings of the* 6th *IPSERA conference,* Naples, Italy.

第五章 重视客户的风险

5.1 导言

客户是每条供应链的终点，现今社会有三大发展要求我们必须重视客户。第一，大多数产品或服务市场正在发生剧烈变化，这包括更加激烈的竞争和市场的全球化。第二，在信息获得越来越便利以及与供应商直接沟通的情况下，与市场上无数的供应商相比，客户的力量正在不断增加。因此，顾客正在寻找和获取有利地位去获得实现价值的增加，这包括最终产品和服务价格的降低。第三，越来越多的供应链发展和创新都是由市场上客户需求所推动的。与供应链对应的“价值链”是一个在文献中被广泛接受的概念。供应链每一环节的成员会对这些发展做出反应。例如，正同单一采购协议一样，创建精益和敏捷供应链的激励来自于对提高效率和降低典型成本的要求。其结果便是，供应链将面临着多样化的结构、快速的变化、创新和新的合作伙伴关系，以及由此带来的对未来更加无法预测和更加不确定的变化。在现存供应链中不断出现的“取消中间商”现象给所有供应链中的企业（不论其规模和位置）都带来了更大的威胁、不确定性和风险。考虑到权变维度（见本书第三章所述）和大多数部门的变动性，描述和界定一条“合适的”供应链已经非常复杂。这不仅导致了风险的增加，而且由于市场上存在着多重关系和多重渠道等，因此需要建立更加紧密的关系和一个新的模型——模糊供应链模型（Amorphous Supply Chain Model）。这种“模糊供应链模型”的特征如下所述。

1．内在的不稳定性：供应链成员都不能依赖供应链的结构和关系在任意时间内保持稳定，从这种意义上说，它具有内在的不稳定性。

供应链的这种对日益频繁的、重大的冲击的脆弱性由 Christoper 等提出（2002）。

2．不可预测性：这是考虑到企业与其供应链的潜在影响因素很多，例如全球通讯的冲击与其所导致的竞争。

3．竞争优势的变化性：企业间竞争的基础以及竞争优势具有动态性和根本性变化，例如制造技术的变化和通过因特网金融交易的变化。

以上所概述的模型的关键特征是——客户成为供应链的一部分，因此可以降低风险，也可能导致特定风险的发生。本章讨论了“以客户为中心的供应链”所面临的挑战，以及在这种情形下所应采用的风险管理技巧。有专家认为，信息通讯技术的发展导致了供应链更大范围的整合、商品和服务营销的融合以及权利平衡向客户的转移，其结果就是要发展新的方法来管理供应链中的风险。

5.2 信息通讯技术对供应链的冲击

关于信息通讯技术的发展和在供应链中应用的基本假设是：用户可以获得信息，这些信息可以降低他们在采购时的风险以及相关认知的不一致。因此，采购企业获得的信息以及利用这些信息影响消费者行为的方式在决定市场绩效中发挥着越来越重要的作用。事实上，正如 Sheth 和 Sisodia（1997）所强调的，技术进步使得消费者在交易过程中掌握着比以前更多的信息通讯工具。由于客户可以获取的信息的范围更广，所以通常可以用以降低与采购决策相关的风险，例如对于商品和服务而言，他们可以检查产品的功能、对比价格、交货时间、保证等。

相反，有专家认为在信息通讯技术发展的冲击下，由于在这种虚拟供应链关系中缺乏内在的信任，因此会使风险扩大化。信息通讯技术本身固然不具备建立信任的能力，而且在很多情况下，考虑到人与人之间距离的遥远和非人员的交互，信息通讯技术更多的是被视为一种威慑。所以通过采用“提供服务”的方式创造一种人与人之间的交互，进而赢得客户的信赖与信任，是供应链战略的一个重要方面。因此，企业需要以信任作为成功关系的先决条件来制定策略。有证据显示，尽管当客户的信赖随着使用新技术进行交易建立起来以后，B2B 的作用会越来越重要，但最初的关注重点仍应该优先指向 B2C 关系，而不是 B2B 关系。利用和保持品牌忠诚度的重要作用被视为是消除现有和新客户的疑虑，建立信任，从而降低风险的关键策略。

要想回答客户的重要性是如何影响供应链及其风险的，那么要先回答以下问题：采购企业是如何确定要搜寻的信息的？是什么因素推动或限制了搜寻过程？信息是如何影响购买决策的？信息及其后续的处理能改变在竞争性服务之间的选择吗？

由信息通讯技术驱动的供应链可以通过“取消中间商”这个概念来加以说明。信息通讯技术的突飞猛进意味着在供应链中可以建立新的联系和关系。例如，一个企业可以利用网络直接向国内外的潜在客户推销和销售其产品。这样可以有效地将销售商和推销商之类的中间机构排除在外，而现在支撑着企业向市场销售的正是这些中间机构。这种发展同样使得企业可以直接将其产品或服务供应市场，而不是优先考虑建立代表机构的最初进入成本在商业上的可行性。因此，企业不是与单一的中间机构保持唯一的关系，而是同时与多个中介机构协商，从而加强竞争，降低对特定的合作伙伴的依赖。同时，用户和客户可以要求供应链的成员以某种特定的方式运送其产品或服务。

Graham 和 Hardaker（2000）认为，因特网的冲击及其对竞争结构的影响要求我们发展在商业上可行的新的供应链。他们强调，供应链应当包括供应商、制造商、分销商和零售商。通过因特网，一个基于网络的供应链可以以一种新的方式将供应商、客户、中间商和市场结合在一起。相应地，Sarker 等（1995）认为因特网并不会使中间商组织在营销渠道中成为多余。他们认为，并不是电子商务将中间商驱逐，而是网络中间商成为这种电子市场上的普遍角色（Sarker 等，1995）。然而，Jeavons 和 Gabbott（2000，p.620）指出，有证据显示在某些部门（特别是服务业），确实存在中间商消失的现象。他们继而认为，由于环境变得更加混乱，中间商应被排除到渠道之外，或者在“取消中间商”的情形下，与渠道商展开竞争（Jeavons 和 Gabbott，2000，p.621）。

Berthon 等（1999）在评价因特网给配送渠道结构带来的冲击时，也得出结论，他们认为，传统的配送渠道会被“配送媒介”所取代，并且“商品化”和“取消中间商”会上升。正如 Weber（2000，p.162）所说，“新的因特网媒介是一种市场环境”，并且需要与市场参与者组成广泛的网络合作。市场参与者组成的这种网络包含着更强大的客户群体。在虚拟供应链中，仍存在这个问题，即“是谁创造出了客户”。就他们与供应链的联系来说，他们是自生的吗？亦即，是他们寻找供应商而不是被供应商寻找？现在市场知识不再只是掌握在供应商手中，也掌握在潜在的购买者手中。

Glimour（1999）考察了技术在供应链中作为一种整合手段的运用。Graham 和 Hardaker（2000，p.289）认为，在信息成为供应链的新价值来源时，可能存在“正式和松散的整合机制”。与此类似，van Hoek（1998）描述了供应链日益增加的复杂性。他认为，信息通讯技术的发展在加强供应链合作伙伴关系的同时也使得供应链变得愈加复杂。在虚拟供应链中，“整合与控制不是基于直接的所有权，而是信息流中的互联”（van Hoek 1998，p.509）。那么问题就成为：客户是如何获取信息的，当获取信息后他们会怎么办？

“模糊供应链模型”是对 De Kare-Silver（1997）呼吁建立一种新供应链管理方法的回应。本章假设供应链是一个多学科的概念，包含了关系、网络、渠道和合作伙伴等问题。因此这与 van Hoek（1998）所说的“供应链管理以基于跨越不同功能、不同位置、不同企业界面的整合和网络互联的控制为特征”相一致。传统的营销配送渠道是有局限性的，在互联网时代的供应链包含了由信息和客户推动的上下游关系。因而，供应链包含了商品和服务从生产到消费的所有联系，但与营销渠道概念不同的是，供应链被视为一种非线性的关系。另外，供应链是以客户为中心的。

5.3 供应链管理、关系营销和风险管理

风险管理主要关注的是降低与任务环境和特定决策变量有关的

模糊性和不确定性的程度。决策者也通过确保决策的正确性来使风险实现最小化，因为正确的决策在降低风险的同时，能使负面影响产生的可能性及其规模最小化，或实现可能的正面产出最大化。人们越来越关注企业以这种方式管理风险时所采取的策略和行动。Mitchell（1995）以降低风险的程度为依据将与采购有关的活动进行分类，而 Croue（1997）建议将策略与供应链的风险管理联系在一起。Ritchie 和 Marshall（1993）认为，一种强调管理层更深入理解其处境的策略应当确保企业能更有效地学习，并拥有获取经验和专门知识的能力。

然而，由于信息通讯技术的出现和供应链的模糊性，可以将决策者视为一种"客户"。从决策者到客户，这是一种内生的转变。信息通讯技术通过其交互性因素将客户包含在内，从而使得客户的力量更加强大。在供应链中，信息不再掌握在特定参与者手中，其权力也已经从传统的企业手中"转移"到客户手中。

在不断发展的关系营销领域，Gronroos（1994，p.4）将此分类为"模式转变"，它代表了一些可能有助于风险管理的概念、主题和倡议。关系营销在营销文献中受到了相当程度的关注。Tynan（1997）简要概述了 Gronroos（1994）对关系营销的定义，总结了关系营销中的重要因素，即关系发展、合作伙伴识别、参与、互惠互利问题、交换过程的性质、守约以及时间等。Morgan 和 Hunt（1994）认为，可以将关系营销中强调的关系分为四类：

- 采购商关系
- 供应商关系
- 横向关系
- 内部关系

这个分类模型与 Payne（1993）的"六市场"模型类似。Payne 的模型将关系营销的六个维度确定为供应商市场、影响者市场、中介市场、招聘市场、内部市场和客户市场。本质上，前五个市场及其相关的活动会对最后一个市场——客户市场产生影响，Tynan（1997，p.698）将此称之为"主要关系"。与关系营销相关的因素可以很容易地应用到供应链管理领域，尽管关系营销主要是指向客户和市场，而在供应链中它更关注其关系，因为这些关系对于提高客户获取的总增加值而言非常有帮助。与此相反的是，尽管衡量成功的最终尺度是终端最终客户所获得的增加值，但供应链管理领域更关注整体供应链的效率与效益。

供应链管理和关系营销的原则是通过改善关系、降低负面影响的可能性和严重性，进而降低不确定性和模糊性，以这样的方式来处理风险。同样，关系营销和供应链管理将产品质量、客户服务和企业形象推广等因素结合在一起来降低企业的风险。

5.4 以客户为中心

在目标和实现目标的方法方面，供应链管理和关系营销拥有很多的共同点。例如降低不确定性、识别潜在风险以及评价风险级别等目标。制定风险管理策略的目的是通过获得更高质量的信息和更深入地分析竞争环境，从而改善对知识和信息的理解，并解决不确定性和风险。在这方面，供应链管理和关系营销对于风险确定和管理等非常有帮助。互补性的更深层次是指风险管理的方法。风险和危机管理试图制定策略将企业定位，进而最有效地实现目标。这些策略可能涉及到供应链合作伙伴关系、长期的财物保障或者产品和市场组合的发展。这些策略发展涵盖供应链的每一环节和关系营销策略，运用这些策略可以建立供应商市场、影响者市场和客户市场之间的有效关系。

随着信息通讯技术的发展，供应链所受冲击逐步增大，不确定性和风险程度也与日俱增，而合作安排、合作伙伴关系等关系的发展就是应对这些不确定性和风险的方法，即一种风险管理的形式。在大多数供应链所形成的复杂格局下，任何一个企业都可能同时参与到多重关系中，这种关系常常涉及到不同程度的伙伴关系和信任。Cox（1999, p.170）通过对比现在传统的供应链思想及其在新环境下所需要的思想和实践，从而强化了相关结论。Cox 认为应该与供应商发展紧密、协作、互惠和信任的关系（双赢关系），而不是松散式和对抗式的关系（赢输关系）。

供应链的内涵现在包含了以客户为中心、增加值的非线性流程以及到客户的多渠道等多个维度。我们不能再将供应链视为一个线性的投入产出模型。供应链目前可能呈现多种不同的形态。Butz 和 Goodstein（1996）预测，商业正进入一个服务业的时代。在这个时代，竞争优势集中于客户的价值构建，以及发展与客户的“情感”关系。要在设计、技术、服务水平和定价等方面将市场划分为不同的部分变得愈加困难。Engel 等（1995）与 Lapersonner 等（1995）确信，环境影响不仅会改变客户的行为，有时候不自觉地会迫使想生存下来的企业做出反应。Parkinson（1999）回顾了“敏捷制造组织”（Agile Manufacturing Organization），他认为制造过程会变得更加以消费者主导，而不是以制造商主导，而且更加依赖于供应链中包括客户在内的所有参与者之间的交流和信息共享。Goldman 等（1995）将此趋势定义为虚拟合作伙伴关系（virtual partnerships）的规定过程，这将是“敏捷制造”的显著特征。

Ali 和 Birly（1998）回顾了在企业家创业背景下营销活动中信任的作用。他们识别了信任的四个构成因素：热忱、伙伴关系、共同目标和宽容。这些因素都可应用于企业建立新的供应链关系，开发新市场以及处理对产品、服务和制造过程的信息通讯技术需求。关系的强度取决于供应链合作伙伴的共同目标；发展和维持这种关系的热忱程度；这种合作伙伴关系和信息共享的性质；另外，还有对这种关系轻微违反的宽容。事实上，Ali 和 Birly（1998）认为关系的强度可以通过合作伙伴宽恕的意愿来衡量。

5.5　一个新模型：模糊供应链

有关文献阐述了风险管理、关系营销以及供应链管理这些领域之间的互补性。尽管关系营销主要指向客户和市场，见 Berry（1987）、Gronroos（1994）和 Gummesson（1994）的研究，而在供应链中它更关注其他关系，因为这些关系有助于提升客户的总增加值。与此相反，尽管衡量成功的最终尺度是最终终端客户所获得的增加值，但供应链管理领域更关注整个供应链的效率与效益（Bailey 等，1998）。从本质上来说，这两种方法的演化和发展都使人们认识到需要在最广阔的背景下来解决供应链的风险问题，以及供应链成员在风险管理中所需要的相互支持。

随着“模糊模型”所指出的供应链的发展变化，建立基于风险管理、关系营销和供应链管理领域协同作用的新模型是很重要的。通过这种考察，企业就有能力更有效地处理由信息通讯技术发展所带来的内部风险和外部风险，并且有方法与其他商业伙伴和客户发展更有效的关系。

考察任何部门的供应链都离需要分析供应链的运行环境以及那些阻碍或有利于相关发展变化的因素。图 5.1 说明了供应链运行环境所涉及的主要方面。

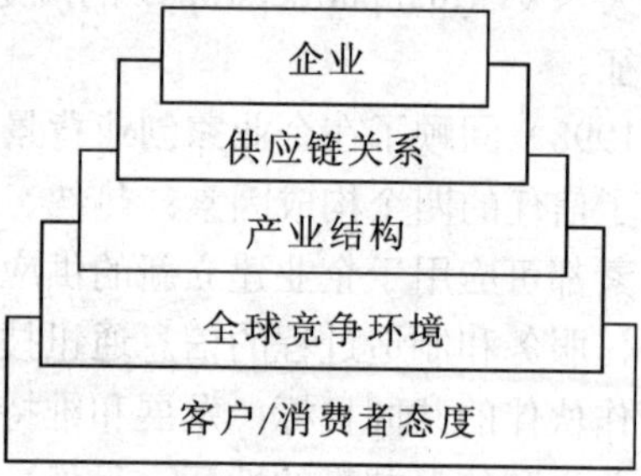

图 5.1 供应链的运行环境

1. 消费者的态度

客户和消费者的态度和购买行为既是影响“模糊供应链”环境变量的潜在决定因素，同时它们也由这些环境变量所决定。更广泛的社会、政治、经济趋势会影响消费者的态度，因此，它们也会不同程度地影响到供应链。供应链的改变也可能会给特定的与供应链交互的客户群带来影响。

2. 全球竞争环境

以前，全球竞争只会影响到那些全国范围或国际范围的大企业，很少冲击到中小企业。随着信息通讯技术的发展，国际竞争的壁垒不断降低，多数政府也鼓励国际贸易，这就为大多数企业（不论其规模和本地市场的性质）带来了机会和威胁。

3．产业结构

在过去的十年中，在大多数行业（即使不是全部行业）中，产业结构已经以日益迅速的步伐发生着变化。导致这种变化的影响因素包括全球竞争环境的变化、技术发展、产品创新以及消费者的态度和采购模式的变化。人们常常用“动态的”、“流动的”、“混乱的”这些术语来描述这些产业结构方面发生的迅速变化，一些产业面临的变化可能比其他产业更加迅速和激烈。Abecassis（2000，p.428）在考察法国和美国的企业由于信息技术的发展导致的影响时，注意到“一项操作技术带来的变化可能会影响到整个链条，甚至会改变创新者在市场上的位置”。因此，过程的某一环节或部分的变化会对整条供应链和已存在的商业合作伙伴关系产生显著的影响。

4．供应链关系

在全球竞争环境发展和产业结构变革的大背景下，人们对于这种变化在供应链结构及其所依赖的商业关系上的影响不会感到意外。现在研究的重点是深入研究这种变化，特别是由信息通讯技术的发展导致的相关变化。本章的剩余部分会对这些变化及其对供应链的策略、结构、关系以及操作的影响做出详细的探讨。

5．企业

很明显，企业必须适应这种快速变化的环境。在全球和产业的高度上认识到这种发展，并做出适当的反应，对于一个试图长期生存的企业来说同样重要。更关键的是，要对供应链可能的发展做出快速反应，因为这会冲击到所有的企业，不论其规模、规模和区位。这些变化的另一方面暗示着企业可能要承担的风险。在这种新情形下，风险的来源、等级、发生的可能性、后果的规模以及有效的风险管理方法等均会发生变化。制订合适的战略、管理新的业务关系、改变与现有客户的关系，同时引入新产品并进行过程创新，需要新的结构、信息数据库、管理技巧和能力。运用于这个主题进行实证研究所需要的案例将考察这些问题的本质以及处理的方式。

环境因素的这些变化暗示着我们应该更严谨地考察供应链特性的发展变化。很明显，产品和服务市场上的消费者不仅受到供应链结构变化的影响，同样也受到结构变化关系的影响。例如，供应链中已经与企业有联系的成员可能会提供新的增值服务（例如，金融服务），或者从以前在供应链的远端成员接受新的增值服务（例如，电力供应和电器供应）。供应链的这些发展变化可以包含在两个概念模型中，即“线性供应链”和“模糊供应链”。

以上所说的环境因素发展变化的结果是供应链按线性方向的组织，这种线性关系指的是供应链成员在各阶段给客户提供的增加值方面。在图 5.2 所给出的例子中，旅游业各机构提供增加值给消费者，而各机构是通过一个中间“渠道”将这些增加值传送给消费者，这个中间“渠道”在这里就是旅行社这个中介机构。这个模型的一个典型特征就是消费者购买的是一个复合式的产品和服务，而对组成这种复合产品的各部分选择非常有限。这个供应链运行环境的变化，特别是信息通讯技术的发展，为消费者提供了对这种复合产品的一系列截然不同的选择。

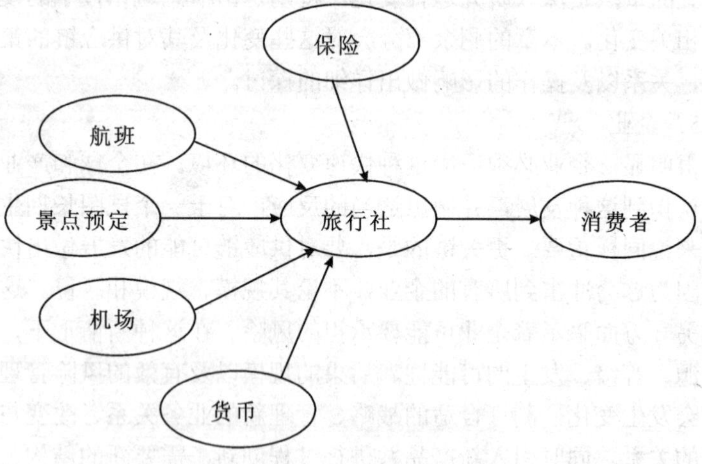

图 5.2 线性供应链模型：旅游业

在图 5.3 中，消费者可以单独选择旅游服务的各个组成部分，也仍然可以选择旅行社作为其主要的服务提供者，或者选择与单个服务提供商直接进行协商。这一系列的选择不仅改变了消费者与供应链各成员之间关系的性质，也改变了他们相互之间的关系。这就需要企业制定新的策略和协定、建立新的关系以确保其能在这种变化的供应链中生存下来。在某些部门中，这些变化可能比另一些部门更剧烈和更迅速。这些变化引起了更大的不确定性和风险，也对企业管理此类风险的水平提出了新的挑战。

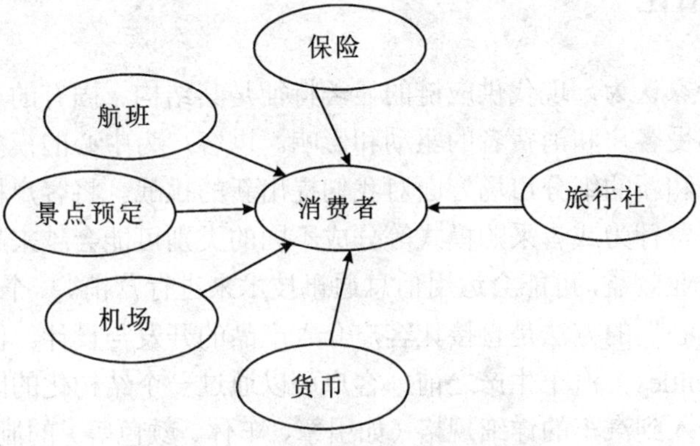

图 5.3　模糊供应链模型：旅游业

这些变化因素的性质及其对消费者态度和行为的影响，要视供应链模型以及当时所存在的市场上的关系而定，例如，“模糊供应链模型”。显而易见的是，选择信息通讯技术的发展作为发生重大变化的背景因素，其目的是评价新兴的应急变数以及不同市场上消费者的反应态度。简言之，同样的信息技术的发展会对消费者的态度产生不同的影响，这取决于介入的供应链的性质及其结构、关系、操作、与特定细分市场的联结。

与技术发展相关的环境变量群在特别强调信息通讯技术发展的同时也为我们指出了研究的焦点。人们将注意力转向这些变量以及它们对企业可能的战略意义与应对这些变化的方式。我们探讨了战略意义和反应关系的两个具体方面，讨论这些变化对已经建立的风险剖面和企业赖以运行的框架的改变程度，并详细探讨了对与供应链中的其他企业已经建立的关系的冲击。对风险管理和关系营销的发展领域我们从两方面进行了探索：如何有助于解决突出的战略问题以及目前所使用的风险管理和关系营销的方法。这种战略发展和反应过程的结果可以通过客户和消费者的态度和购买行为的改变以及企业业绩的改变来说明。

5.6 结论

有专家认为，现代供应链的显著特征是其结构、固有的过程和关系越来越受客户和消费者的驱动和影响。以客户为中心的模型在确定潜在客户和新的细分市场方面对我们提出新的挑战。将客户根据共同特点、消费行为或者采购模式等分成不同的类别可能会越来越困难。为确保企业效益，可能会运用信息通讯技术来进行营销。一个更加“以客户为中心”的方法是直接让客户介入产品的开发与设计。例如，在宾利（Bentley）汽车生产之前，客户可以通过一个结构化的因特网查询系统介入到汽车的详细规格（如引擎、车体、颜色等）的制定过程，这个系统同时也可以提供价格以及交货的详细信息。

信任的重要性在于它是风险和关系管理发展的基础，例如 Morgan 和 Hunt（1994）的相关研究。企业需要将取得客户的信任作为成功关系的先决条件来制定策略。有证据显示，尽管当客户的信赖随着使用新技术的交易建立起来以后，B2B 的作用会越来越重要，但最初的关注重点仍应该优先指向 B2C 关系，而不是 B2B。利用和保持品牌忠诚度的重要作用被视为是消除现有和新客户的疑虑，建立信任，从而降低风险的关键策略。信息通讯技术本身固然不具备建立信任的能力，并且在很多情况下，考虑到人与人之间距离的遥远和非人员的交互作用，信息通讯技术更多地是被视为一种威慑。所以，通过采用“提供服务”的方式创造一种人与人之间的交互关系，进而赢得客户的信赖与信任，是产品和服务营销策略的一个重要方面。其中，最重要的是需要与供应链中的合作伙伴和最终客户建立新的关系。这些新的关系或者合作安排对于许多企业来说正处在一个形成阶段，而对于其他企业可能更加成熟。将大量的学科整合在一起可以给企业提供更完整和稳健的对策建议。

参考文献

1. Abercassis, C., Caby, L. and Jaeger, C. (2000), 'IT and coordination modes: the case of the garment industry in France and US', *Journal of Marketing Management,* Vol.16, pp.425-447.

2. Ali, H. and Birley, S. (1998), 'The role of trust in the marketing activities of entrepreneurs establishing new ventures', *Journal of Marketing Management,* Vol.14, pp.749-763.

3. Anurit, J., Newman, K. and Chansarkar, B. (1999), 'Consumer behavior of luxury automobile: a comparative study between Thai and UK customers' perspectives', *Discussion Paper Series: Marketing* No.1 April 1999 Middlesex University Business School.

4. Bailey, P. Farmer, D., Jessop, D. and Jones, D. (1998), *Purchasing Principles and Management 8th* edition, Financial Times/ Pitman Publishing, London.

5. Berry, L. (1983), 'Relationship Marketing', in (eds.) Berry, L.L., Shostack, G.L. and Upsay, G., *Emerging Perspectives on Services Marketing,* AMA, Chicago pp.25-28.

6. Berthon, P., Lane, N., Pitt, L. and Watson, R.T. (1998), 'The world wide web as an industrial marketing communication tool; models for the identification and assessment of opportunities', *Journal of Marketing Management,* Vol.14, No.7, pp.691-704.

7. Butz, E. H. and Goodstein, D.L. (1996), 'Measuring customer value: gaining the strategic advantage', *Organizational Dynamics,* Vol.24, No.3, p.63.

8. Christopher, M., McKinnon, A., Sharp, J., Wilding, R., Peck, H., Chapman, P., Jüttner, U. and Bolumole, Y. (2002), *Supply Chain Vulnerability,* Cranfield University.

9. Cox, A. (1999), 'Power, value and Supply Chain Management', *Supply Chain Management*, Vol.4, No.4, pp.167-175.

10. Crone, C. (1997), 'Marketing international de I'achat contexte et mise en oeuvre: Le cas de la societe Wiggit Ltd', *Decisions Marketing* No.11, Mai-Aout, pp.51-60.

11. De Kare-Silver, M. (1999), *e-Shock 2000,* Palgrave, Basingstoke.

12. Engel, J.F, Blackwell, R.D. and Miniard, P. (1990), *Consumer Behavior* 8th Edition, Dryden Press, London.

13. Gilmour, P. (1999), 'A strategic audit framework to improve supply chain performance', *Journal of Business and Industrial Marketing,* Vol.14, No.5/6, pp.355-363.

14. Goldman, S. Nagel, R. and Preiss, K. (1995), *Agile competitors and virtual organizations*, Van Nostrand Reinhold, New York, NY.

15. Graham, G. and Hardaker, G. (2000), 'Supply-chain management across the internet', *International Journal of Physical Distribution and Logistics Management,* Vol.30, No.3/4, pp.286-295.

16. Gronroos, C. (1994), 'From marketing mix to relationship marketing: towards a paradigm shift in marketing', *Management Decision,* Vol.32, No.2, pp.4-20.

17. Gummeson, E. (1994), 'Is relationship marketing operational?', *Proceedings of 23rd EMAC Conference,* Maastricht.

18. Jeavons, C. and Gabbott, M. (2000), 'Trust, brand equity and brand reality in internet business relationships: an interdisciplinary approach', *Journal of Marketing Management,* Vol. 16, No.6, pp.619-634.

19. Kotler, P. (1992), 'Marketing's new paradigm: what's really happening out there?', *Planning Review,* Vol.20, No.5, pp.50-52.

20. Lapersonne, E., Laurent, G. and Le Goff, J. (1995), 'Consideration sets of size one: an empirical investigation of automobile purchases', *International Journal of Research in Marketing,* Vol.12, pp.55-66.

21. Mitchell, V.W. (1995), 'Organizational risk perception and reduction: a literature review', *British Journal of Management,* Vol.6, pp.115-133.

22. Morgan, R.M. and Hunt, S.D. (1994), 'The commitment-trust theory of relationship marketing', *Journal of Marketing,* Vol.58, July, pp.20-38.

23. Parkinson, S. (1999), 'Agile Manufacturing' *Work Study,* Vol.48, No.4, pp.134-137.

24. Payne, A. (1993), *The Essence of Services Marketing,* Prentice-Hall International, Hemel Hempstead, U.K.

25. Ritchie R.L. and Marshall D.V. (1993), *Business Risk Management,* Chapman and Hall, London.

26. Sarker, M., Butler, B. and Steinfeld, C. (1995), 'Intermediaries and cybermediaries: a continuing role for mediating players in the electronic marketplace', *Journal of Computer-Mediated Communication,* Vol.1, No.3.

27. Sheth, J.N. (1995), 'Searching for a definition of relationship marketing', *3rd International Colloqium in Relationship Marketing,* Monash University, Melbourne, Australia, Proceedings, pp.105-111.

28. Tynan, C. (1997), 'A review of the marriage analogy in relationship marketing', *Journal of Marketing Management,* Vol.13, No.7, pp.695-703.

29. van Hoek, R.I. (1998), 'Logistics and virtual integration, postponement, outsourcing and the flow of information', *International Journal of Physical Distribution and Logistics Management,* Vol.28, No.7, pp.508-523.

第六章　供应链风险管理

6.1　背景

近年来，由一级供应商到最终消费者之间的运输和仓储活动链的特点已经发生了改变，逐渐地由物流链转变为供应链（Cooper 等，1997）。这种发展产生了一系列后果，而供应链中新的、发生变化的风险正是本书研究的重点。风险的数量和特点，以及总体风险管理会随着供应链的变化而发生改变。由于供应链是由许多节点组成的，而每一个节点通常代表一个独立的企业，因而企业的风险也在不断变化着。

在过去的十年中，新闻媒体和学术研究领域对不同类型的企业风险越来越关注（Simons，1999）。在一些国家的新近立法中还强制性地规定将风险评估信息加入到年度报告中。"9.11"事件作为一个例证表明了现代社会及其物流和信息流还存在很多弊端（Greenberg，2002）。有一种常见的观点认为，作为一个整体，组织同社会一样在未来需要更多的知识，并且在解决风险的时候需要更加积极主动（Rasmussen 和 Svedung，2000）。

英国皇家学会（the Royal Society）对风险的定义是：风险是在某一特定时期或者由于一个特殊的变化而引起某一突发的不利事件发生的可能性（The Royal Society，1992，p.2）。换句话说，风险即是具有负面效果的事件发生的概率。为了应对风险就需要进行风险管理。该学会对风险管理的定义是：风险管理是做出接受已知的或已估计的风险并采取行动以降低影响的过程（The Royal Society，1995，p.5）。另一种观点是，风险管理是采取谨慎的行动使得结果更加倾向于自己的意愿（Borge，2001）。

在过去十年，有许多发展趋势影响着供应链的风险情形。第一个趋势是供应链变得更加精益化；第二个趋势则是供应链能够实现快速反应，见 Christopher，Towill（2000）和 Mason-Jones 等（2000）的相关研究；第三个趋势是外包导致供应链上拥有更多的成员。单一采购来源是一个早年就出现的趋势，当然还有全球化等趋势。所有这些都导致了供应链中不确定性越来越大，见 Juetttner 等（2002）和 Kajuter（2003）的相关研究，例如：通过减少缓冲性库存可以使供应链更加精益化，这固然可以提高生产效率，但如果不同时采取其他的措施，企业处理突发事件的能力就会变弱。越来越多的研究者和从业者开始关注供应链中新风险情形的存在，见 Juttner 等（2003）和 Kajuter（2003）的相关研究。

6.2　供应链风险管理：一个新的研究领域

十多年前，供应链管理的研究就已经形成了比较完整的体系，学术界对风险管理研究的时间更长。从本书前一部分对供应链发展的描述可以看出，有必要寻求契机以找出应对供应链不确定性的新方法，而风险管理就是产生这个灵感的重要领域。这样，所谓的供应链风险管理这一新的研究领域就产生了。

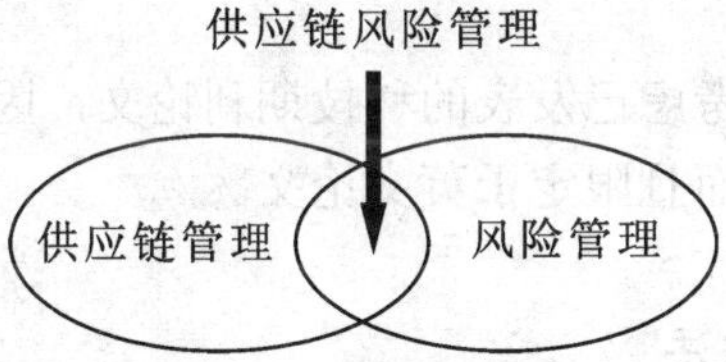

图 6.1　供应链风险管理：供应链管理和风险管理的交叉领域

至今，对供应链风险管理还没有一个统一的定义。Norrman 和 Lindroth（2002，p.7）的定义是：供应链风险管理是指与供应链上的成员联合起来应用风险管理工具来处理由相关物流的各种活动和资源所引起的或对它们产生影响的风险和不确定性。这一在协作前提下所做出的定义不包括供应链只有单一节点企业存在风险管理问题的情形。对于此种情况应该做出相应补充，于是可以做出如下定义并以它作为本章的指导：

> 供应链风险管理是指与供应链中的成员合作或企业自身应用风险管理工具来处理由物流的相关活动和供应链中的资源所引起的或对它们产生影响的风险和不确定性。

有关供应链风险管理的文献包括科技论文、会议论文以及一些书籍、报告和学位论文。现有的新的、质量控制相关文章的主要来源是科技类期刊，所以相关研究也基本限定于这类期刊论文中。

6.2.1 研究目的

为了更好地理解和描述科技期刊中供应链风险管理领域的现有文献，需要从外部特点和内容两个方面对相关的论文进行识别和分类，因此本章的目的是体现在以下三个方面。

1. 查找现有的科技期刊文献
2. 根据它们的外在特征进行分类
3. 根据它们的内容进行分类

6.2.2 界定

我们在这里只考虑已发表的科技期刊论文，因为它们经过了期刊杂志编辑的审核，而且限定于英文论文。

6.2.3 研究方法

- 文献检索

文献检索可采用以下几种不同的方法：

1. 数据库检索

这项工作是在2003年的七月和八月进行的。

①在 ELIN@Lund[1]上检索，选择“所有领域”，即检索项可以出现在题目、期刊名、国际标准刊号、作者、关键字和摘要中，没有时间限制（即所有年份）。在所有的数据库中搜索，包括：e-Journals 电子期刊数据库、Ebsco 数据库、IEE/IEEE 电气电子工程师学会（IEEE）和英国电气工程师学会（IEE）出版的会议录全文、e-Print 电子打印文档、ABI/Inform 数据库（商业信息数据库）和 IEE/IEEE 标准全文。所使用的关键字为：

Supply chain risk management（供应链风险管理）（1 篇）*

以及其他的组合关键字如下：

Supply chain management +Risk management（供应链管理+风险管理）（20 篇）*

Supply chain + Risk management（供应链+风险管理）（55 篇）*

Supply chains + Risk management（供应链+风险管理）（28 篇）*

Supply chain + Risk（供应链+风险）（260 篇）

Supply chains + Risk（供应链+风险）（156 篇）

Logistics + Risk（物流+风险）（336 篇）

Supply chain + Risks（供应链+风险）（116 篇）

Supply chains + Risks（供应链+风险）(67 篇)

Logistics + Risks（物流+风险）(123 篇)

Business continuity management +Supply chain（业务持续性管理+供应链）（0 篇）

Business continuity management +Logistics（业务持续性管理+物流）（0 篇）

Business continuity planning +Supply chain（业务持续性计划+供应链）（1 篇）*

Business continuity planning+ Logistics（业务持续性计划+物流）（0 篇）

ABI/Inform 数据库是最相关的数据库，检索词为“Supply chain”

1 注：Elin@Lund 是瑞典 Lund 大学的电子图书馆数据库。从 2003 年 4 月起，其在大量出版商和其他信息资源提供者的支持下，积累了大约 1000 万个数据记录。

和“Risk management”共搜索到42篇。

在*ScienceDirect*（限于研究性期刊的Elsevier数据库）以“Supply chain”和“Risk management”作为关键词共搜索到31篇论文。

检索词为“Supply chain”和“Risk management”，限定为期刊论文并且是精确匹配，在*Scirus*（只涵盖科技信息的Elsevier数据库）共搜索到143篇论文。

2003年9月初开始，作者就上述五个标*的研究方领域申请“我的EIIN数据库”，也就是说上述五个研究方面的最新更新文献会自动发送到作者的E-mail。

在不同数据库上参阅文献是在2003年10月进行的，共搜集到1200篇论文，许多是复印本。

2．通过期刊检索

对供应链管理、物流和采购领域的五大核心期刊的检索从1990年开始（如果期刊的出版年比1990年晚就从创刊年开始），一直到2003年8月为止，所选的期刊包括以下几种。

欧洲采购和供应管理（European Journal of Purchasing and Supply Management）（1994年开始）

商业物流期刊（Journal of Business Logistics）（1990年开始）

国际物流期刊（International Journal of Logistics）（1998年开始）

国际实物配送和物流管理（International Journal of Physical Distribution and Logistics Management）（1990年开始）

供应链管理：国际期刊（Supply chain management: An International Journal）（1990年开始）

3．通过ISCRIM网络检索

在国际供应链风险管理（International Supply Chain Risk Management，ISCRIM）网络论坛上检索，部分文献是通过其研讨会得到，部分在一年发行四次的实时通讯上，还有一部分是通过网络与个人联系获得的。2003年10月共搜到约400篇不同的论文。

- 对论文进行筛选

第一步：排除纯商业性期刊，而且只选择有明确作者的论文。

第二步：首先查看论文的题目是否和“供应链风险管理”有关，如果是的话再看其摘要，如果摘要也相关的话，最后看论文全文是否能够打印出来。第二步完成后共有141篇论文相关，其中131篇打印全文。还有10篇未打印全文。

第三步：从两个方面对131篇全文文献进行评估。

1. 必须与供应链风险管理的定义（在前文中提到的）相符，即论文必须涉及与物流相关的活动和资源。

2. 供应链风险管理必须是论文的中心或相对中心的内容，而不能仅仅是论文的边缘问题。

没有满足以上两点的论文要排除掉。

第四步：如果同一篇论文在不止一个期刊上发表时，只选择最早的版本，经过这样的筛选后还剩下80篇不同的论文。作者对这80篇论文进行了文献回顾。

- 未查到的论文

由于论文的搜集主要是基于数据库方法的，而数据库所收集的文献都有时间限制，可能一些比较老的论文就被漏掉了。在检索时根据特殊词以及特殊词的组合在题目或摘要中是否出现，或者作为关键字检索，来判断论文是否符合，可是如果作者使用的是其他类似词的话，论文就会被漏选，比如，作者使用“成本”替代“风险”。此外，搜集只是在主要的数据库上进行，还有很多其他的包含相关论文的数据库没有搜集到。

- 分类的标准

从论文的外部特征和内容两方面分类，外部的特征包括：出版年份、期刊名、作者以及作者的国籍。

要描述供应链风险管理领域内论文内容的特点，需从以下三个维度考虑：供应链、风险和管理。Robert Lindroth 和 Andreas Norrman 在本书第二章中的“供应链风险问题评估和定位框架”中提出了包含这三个维度的模型，见图6.2所示。

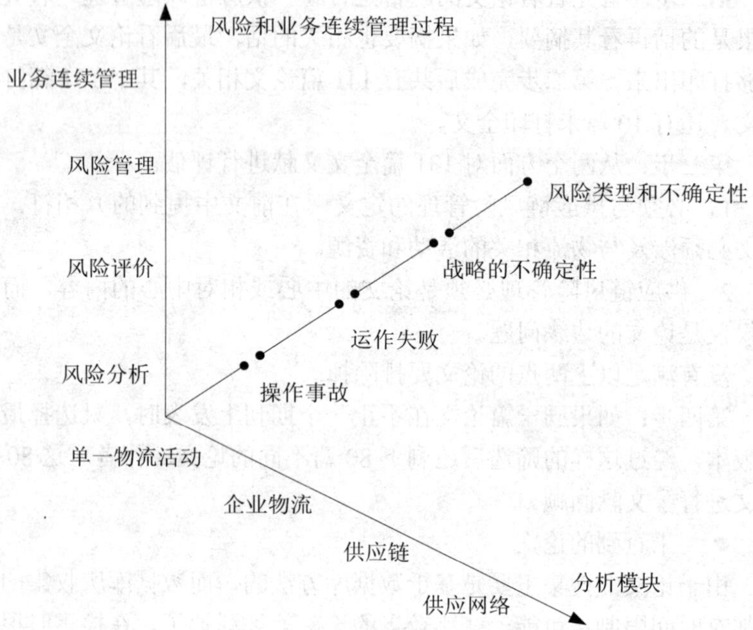

图 6.2　评估和定位供应链风险的框架（见第二章）

模型中每一维度又包含若干要素，如风险的类型和不确定性的维度，这包括操作事故、运作失败以及战略不确定性三个要素。

在模型中还应再加一个维度即供应链中利益的定位。考察关注的是上游还是下游？或者说，如果从供应链单个企业的角度看供应链：考虑的是供应方、企业内部还是需求方？这一维度所包括的要素是：上游、下游、供方、企业内部和需求方。

6.3　论文的外部特征

6.3.1　出版年份

最早的论文是 1983 年发表的，其次是 1987 年，然后就跳到了 1995

年，从 1995 到 2003 年发表的论文情况见图 6.3 所示。

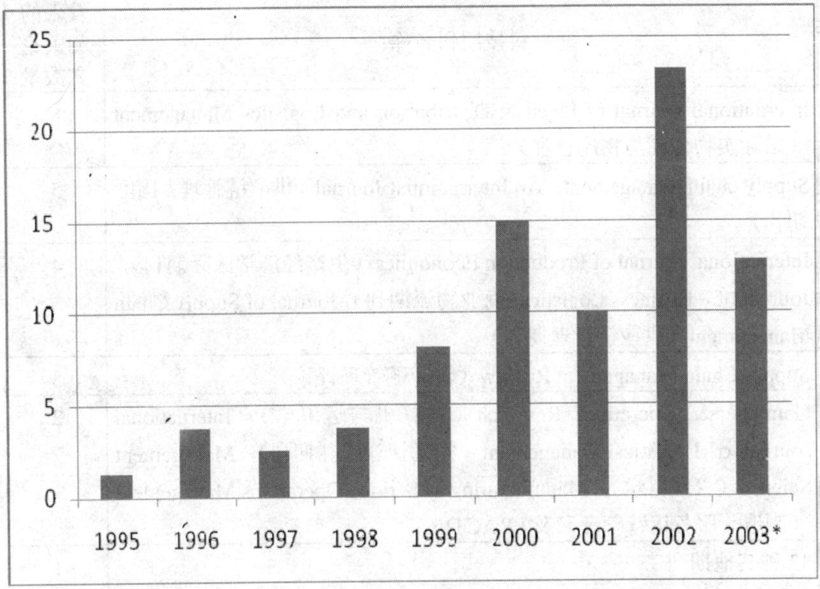

图 6.3 1995-2003 年发表的供应链风险管理领域的科技论文

注：*代表 2003 年仅有一部分

供应链风险管理问题是一个新的研究领域。随着时间的推移，论文数量在不断地增加，这一现象表明所研究的领域正在扩展。当然，不可忽视的是世界各国期刊论文的总量每年也呈上升的趋势。

6.3.2 科技期刊

这 80 篇论文是由 53 种不同的期刊出版的，其中有 42 种期刊只包含其中的一篇，其余的 11 种期刊包含一篇以上。国际实物分销与物流管理期刊（International Journal of Physical Distribution and Logistics Management）所涵盖的相关论文最多，共有 8 篇，其中 4 篇是由同一个人（Goran Svensson）所撰写，见表 6.1 所示。

表 6.1 科技期刊和供应链风险管理领域的论文数量

科技期刊名称	发表的相关论文数量
International Journal of Physical Distribution and Logistics Management（国际实物分销与物流管理）	8
Supply chain management：An International Journal（供应链管理：国际期刊）	5
International Journal of Production Economics（生产经济学国际期刊），Journal of Business Logistics（商业物流期刊），Journal of Supply Chain Management（供应链管理期刊）	4
Supply Chain Management Review（供应链管理评论）	3
Computers& Operations Research（计算机与运筹学），International Journal of Logistics Management（物流管理国际期刊），Management Science（管理科学），Manufacturing & Service Operations Management（制造与服务运营管理）及 PRACTIX	2
42 种其他期刊	1
总计：53 种不同期刊	80

6.3.3 作者和国籍

这 80 篇论文是由 133 个作者所撰写，其中一位学者撰写了 7 篇论文，另一学者撰写了 5 篇论文，有 7 个学者分别撰写 2 篇，另有 124 个学者各撰写一篇，见表 6.2 所示。

表 6.2 不同作者撰写的论文数量

作者	论文的数量
Goran Svensson	7
George Zsidisin	5
Vipul Agrawal，Clare Brindley，Lisa Ellram，Eric Johnson，Hau Lee，Bob Ritchie 和 Andy Tsay	2
另外 124 个学者	1
总计：133 个作者	150

由表 6.2 可知，平均每篇论文有 1.88 个（150/80=1.88）作者，其中 28 篇论文只有 1 个作者，有 38 篇有 2 个作者，10 篇有 3 个作者，最后 4 篇有 4 个作者，没有一篇论文的作者多于四个的，见表 6.3 所示。

由表 6.3 可知，这些文献来自于 19 个不同的国家，但主要是美国或英国，作者基本上是在大学或企业工作。

表 6.3　不同国家作者的文献数量

国家	论文的数量
美国	72
英国	23
瑞典	9
中国和芬兰	7
加拿大	6
德国和台湾	4
比利时，荷兰和韩国	3
澳大利亚	2
另外 7 个国家	1
总计：19 个国家	150 篇论文

6.3.4　论文内容的特点

按图 6.2 的模型对 80 篇论文进行分类，模型分为 3 个维度：分析模块、风险类型和不确定性，风险和商业连续管理过程（简称管理过程）。另外加上第四维度——定位。每一维度又包含若干个各有特点的要素，按照这四个维度的不同要素将这些论文进行分类，大多数论文只包括某个维度里的一个要素，也有论文含有两个或者更多的要素。

6.3.5　分析模块

分析模块包含五个要素：单一物流活动、企业物流、动态关系、供应链和供应网络。供应链要素是指使用整合的方法对供应链中至少三个节点进行研究。供应网络是高度复杂的供应链，见表 6.4 所示。

表 6.4 80 篇论文中分析模块要素的数量和比重

分析模块要素	论文数量	占论文总数比重
单一物流活动	0	0
企业物流	1	1.3%
动态关系	33	41.3%
供应链	49	61.3%
供应网络	8	10.0%
总分类数	91	

由表 6.4 可知，平均每篇论文包括 1.14（91/80=1.14）个要素。没有一篇论文研究单一物流活动，只有 1 篇研究企业物流。因为所研究的是供应链的风险管理，这就不足为奇了。最主要的要素是供应链（适用于前面对供应链风险管理的定义）和供应网络，令人惊讶的是研究动态关系的论文超过 40%。

6.3.6 风险的类型

风险类型这一维度有三个要素：操作事故、运作失败和战略的不确定性。

表 6.5 80 篇论文中风险类型要素的数量和比重

风险类型要素	论文数量	占论文总数比重
操作事故	30	37.5%
运作失败	32	40.0%
战略的不确定性	54	67.5%
总计	116	

由表 6.5 所示，战略不确定性是最常见的风险类型，其次是运作失败和操作事故，平均每篇论文包含 1.45 个风险类型要素。

6.3.7 管理过程

风险和业务连续性管理过程包括四个要素：风险识别/风险分析，

风险评估，风险管理和业务连续性管理。

表 6.6　80 篇论文中管理过程要素的数量和比重

管理过程要素	论文数	占论文总数比重
风险识别/风险分析	10	12.5%
风险评估	14	17.5%
风险管理	77	96.3%
业务连续性管理	6	7.5%
总计	107	

由表 6.6 可知，风险管理是最常见，所占的比重最大的要素，只有 3 篇论文不属于风险管理。原因之一是风险管理涵盖了许多不同种类的风险活动，另外许多论文的目的都在于建立新的使管理过程更有效率的模型或理论。

6.4　定位

供应链成员的利益定位维度分为 5 个要素：上游企业、下游企业、供应方、企业内部和需求方。当从单一企业的角度研究供应链问题时使用后三者，而当将整个供应链看做一个整体，而不考虑具体的节点时使用前两个要素。

表 6.7　在 80 篇论文中各定位要素的数量和比重

定位要素	论文数	占论文总数比重
上游企业	9	11.3%
下游企业	16	20.0%
供应方	50	62.5%
企业内部	8	10.0%
需求方	39	48.85%
总分类数量:	122	

由表 6.7 可知，供应方和需求方是使用最多的要素，这表明多数论文从单一企业的角度看待供应链问题。由于供应方的研究占主体，这说明供应方存在的问题要比需求方更大，并且这类问题的解决可能性也更大。

6.5 结论

6.5.1 风险来源及相关文献

通过回顾这些文献可以将不同的风险归为五类，将它们与前面所述的三种风险类型联系起来（如图 6.4 所示），每种风险来源都有相应的论文来研究。

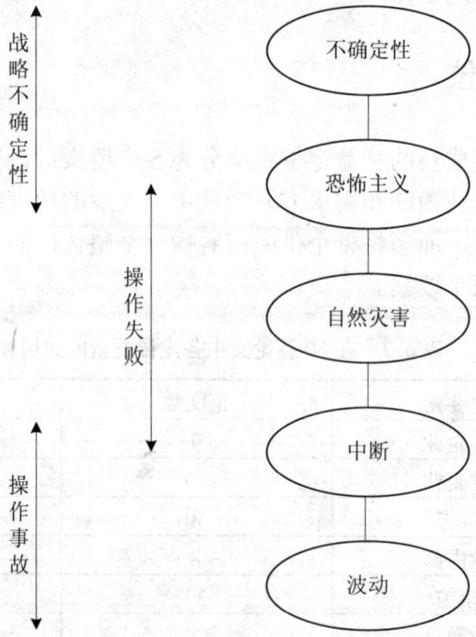

图 6.4 各种风险资源及其与三种类型风险要素的关系模型

很多领域都存在着不确定性。上述论文中更多的是研究如何应对供应方的不确定性，其中典型的是 Kraljic（1983）建立的用于管理供应风险的四暗箱模型（four-box-model）。研究供应方不确定性的论文通常集中于动态关系，见 Svensson（2000）和 Zsidisin（2001）的相关研究，所使用的方法有风险共担（Tagaras，1999）、契约模型（Eppen，1997；Agrell，2003），也有采用数学模型的，如 Agrawal（2000）和 Arcelus（2002）的相关研究。

也有许多研究需求方不确定性的论文，如 Cohen（2002）和 Christopher（2000）等。与研究供应方不确定性的论文类似，这些论文也集中在动态关系上并采用数学模型，见 Applequist（2000）和 Kevin（1999）的相关研究。还有同时研究两者的论文，见 Ritchie 和 Brindley（2000）、Johnson（2001）和 Harland 等（2003）的相关研究。有的论文还提到天气是不确定性的来源之一（Luc，1997），政治不确定性是重要因素（Umali-Deininger，2001；Tsai，2002）等观点。

恐怖主义是新的风险来源，至少在供应链风险管理的论文中是新出现的。在 2001 年 9 月 11 日之前并没有明确地谈到应对恐怖主义的论文，之后出现了一些研究恐怖主义及其对供应链传递性威胁的论文，见 Sheffi（2001）和 Lee（2003）的相关论文。

典型的传统自然灾害有洪水、地震和飓风等。上述论文中还提到新型自然灾害，如肆虐全球感染人和动物的疾病 SARS 和 BSE（Martha，2002）。因此质量控制和信息追溯能力十分重要，尤其是在食品供应链中（Ropkins，2000；Fearne，2001；Schroeder，2002）。

很多论文研究供应链中断和如何应对中断的问题。严重的供应链中断会导致破产（Warren,2000；Rice，2003），甚至大灾难（Burrage，1995）。

也有一部分论文研究波动的问题，研究范围从每天的微小波动（Boronico，1997；Owens，2002）到“2000 年”问题（Jones，1999）。

6.5.2　供应链风险管理：一个复杂的扩展中的领域

这些论文的研究表明，供应链风险管理是一个复杂的领域，存在许多不同的问题和解决方案。这一领域可以细分为许多小的子领域，这些子领域有一个共同点，即它们对供应链中的风险传递进行管理。

本章的开始提到了许多使供应链出现更多问题的趋势变化，通过对文献的回顾我们又发现了其他一些因素，如自然灾害、恐怖威胁、快速变化的客户需求、产品周期的缩短等，另外，供应链还面临着比以往更加复杂的社会问题。这表明，由于各种内部和外部的原因，供应链以及供应链中的各节点将面临着更多的新风险，同时也表明未来供应链风险管理问题（包括实践应用和理论领域）会吸引更多的学者来进行研究。

检索到的文献

1. Abernathy, F.H. et al, (2000), 'Retailing and supply chains in the information age', *Technology in Society,* Vol.22, No.1.

2. Agrawal, V. and Seshadri, S. (2000a), 'Impact of Uncertainty and Risk Aversion on Price and Order Quantity in the Newsvendor Problem', *Manufacturing and Service Operations Management,* Vol.2, No.4.

3. Agrawal, V. and Seshadri, S. (2000b), 'Risk intermediation in supply chains', *IIE Transactions,* (September).

4. Agrell, P.J., Lindroth, R. and Norrman, A. (2003), 'Risk, information and incentives in telecom supply chains', *International Journal of Production Economics,* In Press.

5. Applequist, G.E., Pekny, J.F. and Reklaitis, G.V. (2000), 'Risk and uncertainty in managing chemical manufacturing supply chains', *Computers and Chemical Engineering,* Vol.24, No.9-10.

6. Arcelus, F.J., Pakkala, T.P.M. and Srinivasan, G. (2002), 'A purchasing framework for B2B pricing decisons and risk-sharing in supply chains', *Decision Sciences,* Vol.33, No.4.

7. Boronico, J.S. and Bland, D.J. (1996), 'Customer service: the

distribution of seasonal food products under risk', *International Journal of Physical Distribution and Logistics Management,* Vol.26, No.1.

8. Bowersox, D.J., Stank, T.P., and Daugherty, P.J. (1999), 'Lean launch: managing product introduction risk through response-based logistics', *Journal of Product Innovation Management,* Vol.16, No. 6.

9. Burrage, K. (1995), 'Risk management in safety critical areas', *International Journal of Pressure Vessels and Piping,* Vol.61, No.2-3.

10. Christopher, M. (2000), 'The agile supply chain', *Industrial Marketing Management,* Vol.29, No.1.

11. Cohen, M.A. et al, (2000), 'Saturn's supply-chain innovation: High value in after-sales service', *Sloan Management Review,* Vol.41, No.4.

12. Eppen, G.D. and Ananth. V.I. (1997), 'Backup Agreements in Fahion Buying – The Value of Upstream Flexibility', *Management Science,* Vol.43, No.11.

13. Fearne, A., Hornibrook, S. and Dedman, S. (2001), 'The management of perceived risk in the food supply chain: a comparative study of retailer-led beef quality assurance schemes in Germany and Italy', *The International Food and Agribusiness Management Review,* Vol.4, No.1.

14. Fisher, M. and Ananth, R. (1996), 'Reducing the cost of demand uncertainty through accurate response to early sales', *Operations Research,* Vol.44, No.1.

15. Gerard, J.L. and Brian, H. (2001), 'Perceived Environmental Uncertainty: The Extension of Miller's Scale to the Natural Environment', *Journal of Management Studies,* Vol.38, No.2.

16. Hall, R. (1999), 'Rearranging Risks and Rewards in a Supply Chain', *Journal of General Management,* Vol.24, No.3.

17. Hallikas, J., Virolainen, V.M. and Tuominen, M. (2002), 'Risk analysis and assessment in network environments: A dyadic case study',

International Journal of Production Economics, Vol.78, No.1.

18. Harland, C., Brenchley, R. and Walker, H. (2003), 'Risk in supply networks', *Journal of Purchasing and Supply Management,* Vol.9, No.2.

19. Helbing, D. (2003), 'Modelling supply networks and business cycles as unstable transport phenomena', *New Journal of Physics,* Vol.5, No.1.

20. Hollister, K., Killmer, A. (2002), 'A risk/cost framework for logistics policy evaluation: Hazardous waste management', *The Journal of Business and Economic Studies,* Vol.8, No.1.

21. Huang, G.Q., Mak, K.L. and Humphreys, P.K. (2003), 'A new model of the customer-supplier partnership in new product development', *Journal of Materials Processing Technology,* Vol.138, No.1-3.

22. Iakovou, E.T. (2001), 'An interactive multiobjective model for the strategic maritime transportation of petroleum products: risk analysis and routing', *Safety Science,* Vol.39, No.1-2.

23. Johnson, M.E. (2001), 'Learning from toys: Lessons in managing supply chain risk from the toy industry', *California Management Review,* Vol.43, No.3.

24. Johnson, M.E. and Anderson E. (2000), 'Postponement strategies for channel derivatives', *International Journal of Logistics Management,* Vol.11, No.1, pp.19-35.

25. Jones, C. (1999), 'Possible damages from the year 2000 problem', *Logistics Information Management,* Vol. 12, No.3.

26. Korpela, J. et al. (2002), 'An analytic approach to production capacity allocation and supply chain design', *International Journal of Production Economics,* Vol.78, No.2.

27. Kraljic, P. (1983), 'Purchasing Must Become Supply Management', *Harvard Business Review,* Vol.61, No.5.

28. Le Heron, R. (2003), 'Creating food futures: reflections on food

governance issues in New Zealand's agri-food sector', *Journal of Rural Studies,* Vol.19, No.1.

29. Lee, H.L. and Wolfe, M. (2003), 'Supply chain security without tears', *Supply Chain Management Review,* 2003 (January/February).

30. Li, C-L. and Kouvelis, P. (1999), 'Flexible and Risk-Sharing Supply Contracts Under Price Uncertainty', *Management Science,* Vol.45, No.10, pp.1378-1398.

31. Lieb, R.C. and Randall, H.L. (1996), 'A comparison of the use of third-party logistics services by large American manufacturers, 1991.' *Journal of Business Logistics,* Vol.17, No.1.

32. Luc, L. and Carruth, J.S. (1997), 'Simulation of woodyard inventory variations using a stochastic model', *Forest Products Journal,* Vol.47, No.3.

33. Martha, J. and Subbakrishna S. (2002), 'Targeting a just-in-case supply chain for the inevitable next disaster', *Supply Chain Management Review,* 2002 (September/October 2002).

34. Owens, S.F. and Levary R.R. (2002), 'Evaluating the impact of electronic data interchange on the ingredient supply chain of a food processing company', *Supply Chain Management: An International Journal,* Vol.7. No.4.

35. Pagh, J.D. (1998), 'Supply Chain Postponement and Speculation Strategies: How to Choose the Right Strategy', *Journal of Business Logistics,* Vol.19, No.2.

36. Palaneeswaran, E. et al. (2003), 'Curing congenital construction industry disorders through relationally integrated supply chains', *Building and Environment,* Vol.38, No.4.

37. Peres, F. and Grenouilleau, J. (2002), 'Initial spare parts supply of an orbital system', *Aircraft Engineering and Aerospace Technology: An International Journal,* Vol.74, No.3.

38. Ramcharran, H. *(2001),* 'Inter-firm linkages and profitability in

the automobile industry: The implications for Supply Chain Management', *Journal of Supply Chain Management,* Vol.37, No.1.

39. Rice, J. and Caniato, F (2003), 'Building a secure and resilient supply network', *Supply Chain Management review,* (September/October 2003).

40. Ritchie, R. and Brindley, C. (2000), 'Disintermediation, disintegration and risk in the SME global supply chain', *Management Decision,* Vol.38, No.8, pp.575-583.

41. Ritchie, R. and Brindley, C. (2002), 'Reassessing the management of the global supply chain', *Integrated Manufacturing Systems,* Vol.13, No.2.

42. Ropkins, K. and Beck, A.J. (2000), 'HACCP in the home: a framework for improving awareness of hygiene and safe food handling with respect to chemical risk', *Trends in Food Science and Technology,* Vol.11, No.3.

43. Sabath, R. (1998), 'Volatile demand calls for quick response: The integrated supply chain', *International Journal of Physical Distribution and Logistics Management,* Vol.28, No.9.

44. Savage, M. (2002), 'Business continuity planning', *Work Study,* Vol.51, No.5.

45. Schroeder M.J.A. and McEachern, M.G. (2002), 'ISO 9001 as an audit frame for integrated quality management in meat supply chains: the example of Scottish beef,' *Managerial Auditing Journal,* Vol.17, No.1.

46. Schwarz, L.B. and Weng, Z.K. (2000), 'The design of a jit supply chain: The effect of leadtime uncertainty on safety stock', *Journal of Business Logistics,* Vol.21, No.2.

47. Seo, Y., Jung, S. and Hahm, J. (2002), 'Optimal reorder decision utilizing centralized stock information in a two-echelon distribution system', *Computers and Operations Research,* Vol.29, No.2.

48. Sharratt, P.N. and Choong, P.M. (2002), 'A life-cycle framework

to analyse business risk in process industry projects', *Journal of Cleaner Production,* Vol.10, No.5.

49. Sheffi, Y. (2001), 'Supply Chain Management under the threat of international terrorism', *International Journal of Logistics Management,* Vol.12, No.2.

50. Sislian, E. and Satir, A. (2000), 'Strategic sourcing: A framework and a case study', *Journal of Supply Chain Management,* Vol.36, No.3.

51. Smeltzer, L.R. and Siferd, S.P. (1998), 'Proactive supply management: The management of risk', *International Journal of Purchasing and Materials Management,* Vol.34, No. 1.

52. Snir, E.M. (2001), 'Liability as a catalyst for product stewardship', *Production and Operations Management,* Vol.10, No.2.

53. Svensson, G. (2000), 'A conceptual framework for the analysis of vulnerability in supply chains', *International Journal of Physical Distribution and Logistics Management,* Vol.30, No.9, pp.731-749.

54. Svensson, G. (2002a), 'A conceptual framework of vulnerability in firms' inbound and outbound logistics flows', *International Journal of Physical Distribution and Logistics Management,* Vol.32, No.2.

55. Svensson, G. (2002b), 'A typology of vulnerability scenarios towards suppliers and customers in supply chains based upon perceived time and relationship dependencies', *International Journal of Physical Distribution and Logistics Management,* Vol.32, No.3.

56. Svensson, G. (2002c), 'Dyadic Vulnerability in Companies' Inbound and Outbound Logistics Flows', *International Journal of Logistics,* Vol.5, No. 1.

57. Svensson, G. (2002d), 'Vulnerability scenarios in marketing channels', *Supply Chain Management: An International Journal,* Vol.7, No.5.

58. Svensson, G. (2003a), 'Sub-contractor and customer sourcing

and the occurrence of disturbances in firms' inbound and outbound logistics flows', *Supply Chain Management: An International Journal,* Vol.8, No.1.

59. Svensson, G. (2003b), 'The principle of balance between companies' inventories and disturbances in logistics flows: Empirical illustration and conceptualisation', *International Journal of Physical Distribution and Logistics Management,* Vol.33, No.9.

60. Tagaras, G. (1999), 'Pooling in multi-location periodic inventory distribution systems', *Omega,* Vol.27, No. 1.

61. Tah, J.H.M. and Carr, V. (2001), 'Towards a framework for project risk knowledge management in the construction supply chain', *Advances in Engineering Software,* Vol.32, No.10-11.

62. Thonemann, U.W. and Bradley, J.R. (2002), 'The effect of product variety on supply-chain performance', *European Journal of Operational Research,* Vol.143, No.3.

63. Thuong, L.T. and Ho, C. (1987), 'Coping with international freight rate volatility', *Journal of Purchasing and Materials Management,* Vol.23, No.3.

64. Tsai, M.C. and Su, Y.S. (2002), 'Political risk assessment on air logistics hub developments in Taiwan', *Journal of Air Transport Management,* Vol.8, No.6.

65. Tsay, A.A. (2002), 'Risk sensitivity in distribution channel partnerships: implications for manufacturer return policies', *Journal of Retailing,* Vol.78, No.2.

66. Tsay, A.A. and Lovejoy, W.S. (1999), 'Quantity Flexibility Contracts and Supply Chain Performance', *Manufacturing and Service Operations Management,* Vol.1, No.2.

67. Tserng, H.P. and Lin, P.H. (2002), 'An accelerated subcontracting and procuring model for construction projects', *Automation in Construction,* Vol.11, No.1.

68. Umali-Deininger, D.L. and Deininger, K.W. (2001), 'Towards greater food security for India's poor: balancing government intervention and private competition', *Agricultural Economics,* Vol.25, No.2-3.

69. Van der Vorst, J. and Beulens Adrie, J.M. (2002), 'Identifying sources of uncertainty to generate supply chain redesign strategies', *International Journal of Physical Distribution and Logistics Management,* Vol.32, No.6.

70. Van Landeghem, H. and Vanmaele, H. (2002), 'Robust planning: a new paradigm for demand chain planning', *Journal of Operations Management,* Vol.20, No.6.

71. Vidal, C.J. and Goetschalckx, M. (2000), 'Modelling the effect of uncertainties on global logistics systems', *Journal of Business Logistics,* Vol.21, No.1.

72. Wang, Charles X. (2002), 'A general framework of supply chain contract models', *Supply Chain Management: An International Journal,* Vol.7, No.5.

73. Warren, M. and Hutchinson, W. (2000), 'Cyber attacks against Supply Chain Management systems: a short note', *International Journal of Physical Distribution and Logistics Management,* Vol.30, No.7-8.

74. Weng, K.Z. (1999), 'Risk-pooling over demand uncertainty in the presence of product modularity', *International Journal of Production Economics,* Vol.62, No.1-2.

75. Xu, K. and Evers, P.T. (2003), 'Managing single echelon inventories through demand aggregation and the feasibility of a correlation matrix', *Computers and Operations Research,* Vol.30, No.2.

76. Zsidisin, G.A. (2001), 'Measuring Supply Risk: An Example from Europe', *PRACTIX – Best Practices in Purchasing and Supply Chain Management,* (June).

77. Zsidisin, G.A. (2003), 'Managerial perceptions of supply risk', *Journal of Supply Chain Management,* Vol.39, No.1.

78. Zsidisin, G.A. and Ellram, L.M. (1999), 'Supply Risk Assessment Analysis', *PRACTIX – Best Practices in Purchasing and Supply Chain Management,* (June).

79. Zsidisin, G.A. and Ellram, L.M. (2003), 'An agency theory investigation of supply risk management', *Journal of Supply Chain Management,* Vol.39, No.3.

80. Zsidisin, G.A., Panelli, A. and Upton, R. (2000), 'Purchasing organization involvement in risk assessments, contingency plans, and risk management: an exploratory study', *Supply Chain Management: An International Journal,* Vol.5, No.4.

参考文献

1. Borge, D. (2001), *The Book of Risk,* John Wiley and Sons Inc, New York.

2. Christopher, M. and Towill, D. (2000), 'Supply chain migration from lean and functional to agile and customised'. *Supply Chain Management: An International Journal,* Vol.5, No.4, pp.206-213.

3. Cooper M., Lambert, D. and Pagh, J. (1997), 'Supply Chain Management: More Than a New Name for Logistics'. *The International Journal of Logistics Management,* Vol.8, No.1, pp.1-14.

4. Greenberg, J. (2002), 'September 11, 2001 – A CEO's Story'. *Harvard Business Review,* October 2002, pp.59-64.

5. Juettner, U., Peck, H. and Christopher, M. (2002), 'Supply chain risk management: Outlining an agenda for future research'. *LRN 2002. Conference proceedings.* Editors: Griffiths, Hewitt and Ireland, pp.443-450. The Institute of Logistics and Transport.

6. Kajülter, P. (2003), 'Risk Management in Supply Chains' in: Seuring, S., Müller, M., Goldbach, M., Schneidewind, U. (eds.) *'Strategy and Organization in Supply Chains',* Physics, Heidelberg, pp.321-336.

7. Mason-Jones, R., Naylor, B. and Towill, D. (2000), 'Engineering the agile supply chain', *International Journal of Agile Management Systems,* Vol.2/1, pp.54-61.

8. Norrman, A. and Lindroth, R. (2002), 'Supply Chain Risk Management: Purchasers' vs. Planners' Views on Sharing Capacity Investment Risks in the Telecom Industry', Paper presented at *the 11th International IPSERA conference,* Enschede, Netherlands, 2002.

9. Rasmussen, J. and Svedung, I. (2000), *Proactive Risk Management in a Dynamic Society.* Räddningsverket. Karlstad. ISBN 91-7253-084-7.

10. Simons, R. (1999) 'How risky is your company?', *Harvard Business Review,* May-June 1999, pp.85-94.

11. The Royal Society, (1992), Risk: Analysis, Perception and Management, *The Royal Society, London.*

第二篇　技术与应用

第七章　对英国建筑行业的风险检验和供应链合作研究

7.1　导言

本章的主要目的是揭示建筑业在英国产业中的重要性，并详细阐述供应链主要成员之间如何建立紧密的工作关系从而为建筑商自身及其客户、合作者带来成本节约和其他的利益。尽管供应链管理在很多其他行业的应用逐渐上升，重要性也日益明显，这尤其体现在零售和汽车行业，但对建筑行业来说，即使在内部自行分包的专门服务已经采用多年，而供应链管理还是一个新的概念。同时，由于合作的焦点是主要的承包人和客户组织的关系，随着一系列成功供应商合作关系的建立，从供应商到最终消费者的供应链管理的作用和重要性也会日益增强。本章通过研究影响建筑行业的内部和外部因素，指出与供应链方法相联系的风险。

如同英国其他行业一样，建筑业也经历了以追求最大利润和绩效为目的的发展阶段。其产生的根源主要是 20 世纪 80 年代的规模经济和市场化，以及之后 90 年代初期由于减小规模、延迟和重组所带来的人力资源管理和组织设计。从 90 年代中期开始，主要是受到 Latham 的报告（1994）影响，建筑业对改善供应链管理，尤其是“合作”的关注在增加。建筑业合作的概念最早于 20 年前由美国陆军工程兵团提出，随后在新西兰、澳大利亚和英国出现。Latham 的报告“构建团队（Constructing the Team）”（1994）无疑对英国建筑业采用供应链管理、在客户和主要的承包人间建立“伙伴关系”产生了极大的推动力。

有一种普遍的观点认为合作的目的是为了排除，至少是减少相互之间的对立关系，并代之以基于相互信任和互利互惠的长期合作关系，这不仅是形式上更协调的工作关系，还表现在传统项目风险的减少方面。合作是基于在两个企业之间存在着有重要意义且互补的合作机会的前提下的，但即使如此还是有很多的障碍使得合作无法实现。然而，如果是合适的企业通过有效的组织过程集合在一起，就可以有效地控制合作的风险，清除障碍，从而可以识别并抓住合作的适当机会。

本章首先对英国的建筑业及供应链管理在建筑业中的应用情况做一概述，然后研究与合作关系相关的风险问题，最后得出一系列相关结论。

7.2 英国建筑行业分析

建筑活动包括装备原材料和部件，由大量供应商进行设计和生产，在多种多样的规则和技术条件下进行工作，以创造“建筑环境”。这些活动包括计划、管理、设计、制造、建筑、维修，以及建筑物和其他一些建筑结构的最终拆除。它们的规模、复杂程度随环境而变，从“零星建造”到耗资几十亿英镑的单个或者多个大型城市工程项目，如发电站以及英国的海峡隧道（Channel Tunnel）和千禧穹顶（Millennium Dome）等大型典范建筑工程。

从价值链的观点来看，新的建筑或是生产和提供服务（如工厂、办公大楼）的手段；或是经济基础设施（铁路或公路）的附加或改进；或是社会的投资（如医院）；或是满足住房的直接需求。因而，建筑业是产品和服务在竞争性经济环境中的重要一环。此外，建筑业还会带动其他服务业的发展（如房地产经纪人、法律顾问等），并为其他产业（地毯、窗帘、家具等）提供支持。建筑业不仅对一个国家有着举足轻重的作用，而且也是一个全球性的产业。甚至在发展中国家，建筑业在国内生产总值中占有很大比重。从全球视角研究英国的建筑业，结果显示它是英国 GDP 的重要组成部分，比重约为 8%。即使如此，还是低于欧盟其他国家（比重超过 10%）。在日本，建筑业占 GDP 的比重则达到18%。英国的建筑业在欧盟排名第四，占欧盟建筑活动总额的10%还多，前三名是德国（占30%）、法国（占16%）和意大利（占16%）。除此之外，英国的建筑企业还承担着相当数量的海外业务，这部分业务通常由英国的建筑经纪人和建筑商来完成。其中从事海外业务的建筑商占到英国主要建筑商年度业务总额的10%～15%。

从20世纪90年代初期以来，建造业逐步衰落，劳动力技能也在减弱，学徒制以及其他的一些培训机制被大规模放弃，并且保持着充满冲突性的、竞争性的文化氛围，整条供应链中是一种对抗性的工作关系。当其他行业都在通过更紧密的供应链管理组织经营时，建筑企业却在要求供应商提供低价、延期支付以便获得投资利益。这会导致供应链中小企业停产或出于费用的压力而降低质量，从而带来较大的风险。十年前英国政府十分关注建筑业的行业规范问题，于是指派Michale Latham在政府基金支持下，开展了另一项对建筑业中采购和建筑安排的研究。Latham在他的报告"构建团队"（Latham，1994）中，建议对建筑业进行改革，并提出了一系列具体的措施，包括改变原有文化氛围以便消除在建筑业中盛行了很多年的传统的客户与供应商的敌对关系。这种方法已经在其他行业中推广应用，如DTI/CBI1992年的报告（Morris和Imrie，1993）对日本式分包活动的研究表明运作良好的供应链是"从敌对的关系变为高度信任的责任关系"的有效机制（Morris和Imrie，1993，p.53）。"构建团队"（Latham，1994）这一报告揭示了合作是客户、承包者、供应商长期战略合作的结果，并且进一步提出这也是建筑业提高成本效率、改进客户关系以及减少低绩效风险的技术之一。

在1994年Latham报告的基础上，在英国机场管理局（British Airports Authority，BAA）执行主席John Egan的领导下成立了建筑业专责小组，随之发布了"建筑业的再思考"的报告（Egan，1998）。该报告介绍了建筑业需要关注的一些领域，其关于合作伙伴关系的观点主要见以下所述。

建筑业供应链扮演着一个与其他供应链不尽相同的角色。在我们看来，供应链是促进创新、实现绩效持续增长和改进的关键。合作伙伴关系对于建筑者和供应商而言绝不是一个很容易的选择。有证据表明它比传统的投标方式要求要高，需要客户和建筑商之间相互信任、相互依赖，形成更加开放的合作关系，能够对绩效进行有效评价并承诺不断改进（建筑业圆桌会议报告，1998，p.24）。

对建筑业中不同部门的调查结果表明，建筑活动是一种临时性的活动，在有客户存在的前提下才可以实施，其目的是使客户能够进行其商务活动，如商品制造或提供服务等。然而，这些因素同时也使得建筑业产生许多内在的问题，如需求很低且不连续，与其他产业相比存在生产率低、利润率低、产业结构不稳定等特点。虽然建筑业的产业结构不稳定，但过去的几年中英国的建筑业在主要建筑商、客户、政府等方面也取得了长足的发展，主要体现在以下几个方面。

1. 出现了大量的用以识别供应链影响因素和促进产业运作模式更加有效运作的文献、报告和建议，如 Latham 的报告“构建团队”（1994）和 Egan 的“建筑业的再思考”（1998）等。

2. 出台了改进建筑业绩效的倡议书，如由英国政府部门的环境、交通和区域部门出台的建筑业最佳规划。

3. 提出了处理客户和供应商合作关系建立和解除的途径，如合作框架协议等，目前企业界正在越来越多地运用这种方式来取代传统的基于竞争的采购方式。

4. 通过学习其他产业的相关工具和技术来改进建筑业效率和质量的做法受到越来越多的关注，这些方法主要包括标杆法（Benchmarking）、价值管理（Value Management）、团队合作（Teamworking）、准时制（Just-In-Time）、并行工程（Concurrent Engineering）以及全面质量管理（Total Quality Management）等。

5. 许多标准形式的合同得以发展，使得供应链成员之间的合作更加易于协调，如 1995 年的新工程合同，以及最近由咨询建筑师协会（the Association of Consultant Architects）出台的 PPC2000，许多产业专家认为这是第一个工程合作合同的标准形式。

这些初期采取的措施，许多都是准政府（亦即半官方）支持的，其目的一方面是通过提高产品质量而获得更高的客户满意度来促进产业生产率的提高，另一方面是立足持续改进从而实现重大的和累积的进步，并建立政府和企业之间的良好关系。

然而，我们必须指出的是，由于建筑行业的业务活动涉及范围较大（从个体经营建筑者到数百万英镑资产规模的国有建筑公司等），上述措施的应用必须随企业规模的不同而有所变动。而且，由于建筑产业并没有进入壁垒限制，所以企业可以自由决定接受或拒绝采取这些建议或倡议。尽管上述措施和建议需要更高水平的投入、更广范围的客户挖掘、更高质量的服务、更高的货币价值和更高水平的成本利润率，但建筑业的客户和契约人仍倾向于拥护 Latham（1994）和 Egan（1998）的报告中所提出的建议。

虽然政府部门鼓励公共部门之间合作，但上届政府和本届执政者对伙伴关系的定义都与建筑业中的相关规定有所不同。政府认为伙伴关系就是使私人部门使用它的资源和资产来承担尽可能多的风险，包括取消和延迟的风险，几乎不会在意财政收益的多少。现在越来越多的工程采用合作的方法，这将激励业界加强在此方面的研究，并逐渐得出国际统一的界定。

7.3　英国建筑行业的供应链管理

有研究显示，许多采用战略性供应链管理方法的建筑企业可以减少其整体建筑成本，从而获得更大的价值，并能够维持较高的质量水平。在美国进行的一项研究表明，无论采用一次性工程合作协议还是长期战略合作协议，它们都可以促进成本的节约。建筑产业理事会（Construction Industry Board，1997）认为合作不但可以降低成本，减少与潜在的客户和供应商之间的冲突，而且可以改善服务质量、形成更优秀的设计、确保建筑物更安全、提前完成工程等，从而使每个成员获得更多利润。虽然合作协议可以为合作成员带来成本节约的益处，并给无冲突的合同关系和工作的持续性带来好处，但同时也必须认识到，在英国，企业间组成供应链合作关系要考虑包括欧盟竞争法案（EU Competitive Law）和英国相关法律法规的约束，并应选择适当的合同形式来确保合作的顺利进行。

从一定程度上说，很难具体研究建筑业是否能够从合作关系中获利（Burtonshaw—Gunn，2001）。其中大部分的因素表现在，与建筑业文献中的相关理论观点相比较，经验和发展在合作进程中的水平是参差不齐的。这并不是指企业不该参与合作，而是表明许多企业没有采用绩效测量、持续改进和目标设置。然而，有经验证据表明，很多企业认为在实践中持续改进的程度是难以量化的。Burtonshaw-Gunn和Ritchie（2003）的研究指出，建立成功的合作伙伴关系需要具备的关键因素包括以下几个方面。

1. 客户必须选择最优的承包商作为合作伙伴，通常客户会调查承包商以往的业绩（如质量标准、安全记录、以往的工程业绩、资源和财务状况等），同时还要考虑两个企业之间的企业文化是否相适应。虽然在合作前提下承接工程时，经验是很重要的，但是这种说法不一定总是奏效，因为当合作这一概念被一些建筑商作为“市场工具”时，就很难确定合作关系中承诺的可靠程度。同样，承包商需要与客户一起工作并理解客户的要求，因为要获得双赢利益，选择就应该是一个双向的过程。

2. 主要的承建商组织必须选择供应链，该供应链可以获得客户和主要供应商的合作关系，并同整个工程所形成的有形价值一起而得到发展。

3. 各方的管理风格必须具有非对抗的性质，有助于创造和促进开放式的交流。客户和建筑商的高级管理层要提供相关支持，以合作和工程项目发起者的角色在一个较高水平上进行交流，不必通过合同或诉诸法律即可解决突发的争议。更进一步分析，在合作关系的开始和进行中，进行专业化作坊式的交流是一个重要的因素。这一观点在新建筑合同中，尤其是建筑合作工程合同中经常采用。

4. 由于团队的选择和建立涉及到关系管理和个人行为，因而它是合作关系成功的关键因素。合作团队的发展鼓励工程的最终使用者、承包商和供应商的参与。

5. 为了更好地从可供选择的设计、可建造性、维修和可供选择的产品中获得利益，客户组织应该认识到在工程的概念性阶段便参与到供应链中的重要性。

6. 要公平、平等地对待任何通过风险共享而导致成本节约的激励机制。供应链中的所有成员只有接受统一的目标（包括建筑商和供应链成员共同建立一个公平合理的利润水平），才能实现成本节约和质量的提升。

7. 最终的风险定位必须与所从事工作的价值和参与者组织规模相匹配。

8. 一些“合作关系”支持者指出，考虑新的工作方式时，并不一定要用契约将双方企业连接在一起，这对于许多合作关系，包括一些成熟的合作关系来说并不适用。更确切地说，需要选择合适的契约形式，确保当最终一致问题的解决过程失败时仍有适当的机制存在。

9. 争议解决中，只有当没有可替代的方法时，才求助于契约的形式。这种模式可以使关系获得一定的修复，尤其是当双方希望在一段时期内共同工作或者连续完成大量重复或系列工程的时候，其作用表现得更加有效。

为了追求高投入和高回报，客户开始热衷于制订合作协议，随后越来越多地采取了主合同（Prime Contract）的方法，即契约者代表着整个供应链合同中的所有单独环节，而这在未来几年的建筑业中可能还会发生显著的改变。这一预测是因为在2000年之后，市场上逐渐意识到许多公众和私人部门的客户希望与建筑企业建立长期战略伙伴关系的愿望在逐步增强，因为他们深知建立伙伴关系可以节约成本、减少评估竞争对手所需要耗费的时间和精力、赢得与服务供应商更亲密的合作关系等。从合作关系到主合同的演化可以看作是具备必要认识和经验的企业的自然发展过程。当然，如果企业不具备这样的经验，实行主合同方式需要面临巨大的挑战。

7.4　英国建筑业合作关系中的相关风险

1997年建筑产业理事会工作组发表的“团队合作”一文明确地支

持 Michael Latham（构建团队，1994）所提出的在整个供应链中实行合作的相关建议。图 7.1 描述了这一合作关系以及对它有影响的 4 个方面的风险，并将它作为衡量英国建筑产业供应链协同工作风险的基础。

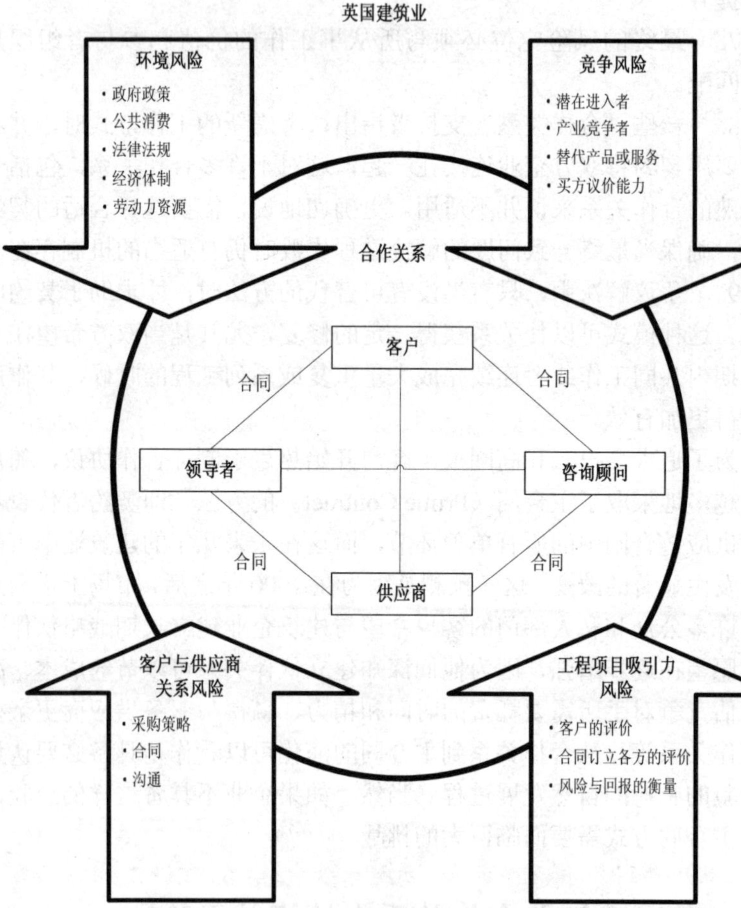

图 7.1 建筑业合作的风险

7.4.1 环境

从本质上讲，建筑产业是一个一体化的系统，被视为经济的加速器，可以推动经济和其他产业的发展。从宏观角度看，企业需要土地、劳动和资本这三个基本的生产要素，这三者都受各种政策的影响。从政治角度看，英国不是社会主义国家或国家计划经济，但也并不是政府完全不干预的自由经济国家。英国经济体制是在国民政府层面（通过税收、健康和安全立法、建筑管理立法以及一般的劳动法案等体现）有一定政府干预的混合经济体制。在地方政府层面，建筑工程的额外风险是由规划审批和发展计划来控制的，尤其是当建筑项目影响到周围环境时，建筑工程还需要满足当地需求并遵守其他一些法令规则。在过去几年中，为了缓解某些产业的衰落，政府颁布了一些激励企业家创业的政策，这一经济政策必然对建筑业产生一定影响，通常表现为鼓励企业在特定的地理区域投资建厂等。就政府对新建筑、基础设施、维修和住房工程干预的程度来说，市场需求较高的区域要比商业活动水平较低的区域显著得多。事实上，英国各地区（不仅仅是简单的“南北划分”）建筑业的发展趋势是截然不同的。

与其他行业不同，建筑产业存在一个特殊问题即工作需求的不确定性，这使得建筑业无论从质量上还是财务上都存在着低绩效的风险。由于需求的不确定性，使得企业难以进行科学的长期预测、制定长期的发展规划，因而企业不愿在工厂、设备和人员培训上进行投资。此外，为了获得承包工程，必须实行传统的“以成本取胜”的竞争策略，企业只有被迫通过减少自己的收入和牺牲投资能力来提供低价。

Parkinson（1996，P.1）指出，对于许多建筑企业而言，供应链管理战略是一个重要领域，它可以使企业在保持高质量的同时，降低建筑的总成本，并带来价值的增值。许多美国企业的例子均表明一次性工程合作和长期战略伙伴联盟都能带来成本节约，见 Bennett 和 Jayes（1995）的相关研究。除降低成本和减少冲突外，合作关系还可以改进服务质量、开发更好的设计、使建筑更安全、确保提前完工等，并可以增加合同各方的利润。

7.4.2 竞争

同其他产业一样，建筑业的运作符合 Michael Porter（1980）的竞争战略模型，该模型认为商业有 5 个关键的驱动力，它们分别为以下五个方面。

1. 潜在进入者——新进入者威胁
2. 产业竞争者——现存企业间的竞争
3. 替代者——替代产品或服务的威胁
4. 买方——买方的议价能力
5. 供应方——供应方的议价能力

前两个因素即潜在进入者和产业竞争者，从英国的建筑业总体上来看，竞争的主要来源是现有企业。这一点在非居住性建筑和基础设施部门体现得更为明显，这是由建筑业的运作与其他产业和经济部门运作的差异性所造成的。建筑企业不但需要人力资源、工厂、设备，而且需要健康和安全程序、各种各样的保险以及完善的以往业绩记录等才使得企业有资格参与投标。其结果就是，这些要求提高了建筑业市场的进入壁垒，使竞争几乎不会来自于国际企业或新的进入者，而只是局限于英国本土现有公司或那些在英国拥有分属公司的国际企业。第三个因素是产品或服务的替代品威胁，虽然目前建筑业的替代品带来的风险很小，但未来会越来越多地使用建筑物配件预制造和基于工厂车间的建筑技术。即便如此，包括地基、零部件装配和最终的完成修整等基础工作仍是必不可少的。

最后两个因素分别是买方的议价能力和供应商的议价能力，它们可以结合在一起，因为这两者都受到建筑企业集中度、英国市场的高端工程项目的数量以及为某一特定用户服务的意愿等因素的影响。这两个推动力因素及其相互之间的竞争在相当长的一段时间内影响着客户和承包商的关系，而且，它们主要是由供需水平驱动的。两者的协作减少了这种平衡的紧张感，并减少了敌对关系产生的风险。

7.4.3 客户和供应商关系风险

不管是私人部门还是公共部门，建筑企业之间传统的竞争模式主要取决于客户选择，并通过竞标实现等同于价值的最低成本，其根本原因是英国政府提倡的强制竞争投标过程。这一模式的结果通常是当议定的工作范围和相关的支付有任何变动时，都会引起企业与承包人的金融纠纷，从而形成对抗的关系，这无疑会延长工期、增加成本，对双方的行为活动都会产生直接的影响。客户只会将工作交给出价最低的承包人，相对地，承包人则提交一个低于实际运作成本的低价格，结果就是承包商还要花费时间和精力为额外的花费寻找借口。事实上，在竞争中提供低价是许多承包商的传统战略，他们相信通过合同外的额外收费、波动机会和金融债权等可以弥补低价带来的利润损失。据分析，建筑业不到 80%的工程能如期或按预算完工（Carlise，1998，p.1），而且，传统的采购系统以及将参与者联系在一起的契约和法律框架总是因为两者的抵触和冲突而产生争议。因此，一项工程必须排除这些麻烦才能使风险最小，因为具有法律约束力的合同，不仅要求当事人双方提供意见，而且需要双方均同意变更正在开展的工作范围或扩展原合同计划。双方都必须在承包商索赔和客户反索赔的敌对关系下进行沟通。Critchlow（1998）对这种关系做了更进一步的介绍，如下所述。

许多客户采用荷兰式拍卖的方式（开价很高然后逐渐降低的拍卖）签订合同，并且，许多承包商不顾利润以成本竞拍，有时甚至为了竞拍成功而以低于成本的价格出价。承包商而后再通过订约过程中的建筑索赔，以及扣押对分包商的支付额等手段作为二次融资的形式来弥补其利润差额（Critchlow，1998，p.1）。

一份关于建筑业的报告中提到，"据统计，通常每年可能有上千份诉讼，索赔额可达 5 亿英镑，其中 80%并不是通过法院解决的（Carlise,1998，p.1）"。对于建筑企业来说这是很正常的情况，因为众所周知的是建筑业内部冲突相当严重。在事实上，花费在诉讼方面的时间和金钱为相当数量的专业人员提供了工作机会，包括索赔咨询人员、数量调查员、建筑律师等，而他们更多地关注和参与的是工程成本的收回而不是实际的建筑过程。人们很早就认识到了建筑业冲突性强这一特点，英国政府也一直组织对建筑业进行调查，其中包括 Ernest

Simon（1994）、Harold Emmerson（1962）、Harold Banwell（1964）和Michael Latham（1994）等的报告都是研究类似问题的典型代表。多年来，由于客户和承包商的传统行业关系，形成了一系列前提条件（责任关系），成为在建筑业中实施合作关系的重要障碍。这些障碍不仅仅源于承包商和客户之间的态度，也是由客户和承包商的目标和关注的重点在本质上不一致而造成的。同样，由于错误的需求信息和预期所造成的风险在逐步上升，客户不得不求助于众多顾问来设计和监督建筑。每个项目都会聘用包括建筑师、结构工程师、机械师、电力工程师和质量检查员等在内的相关人员，客户会在这些顾问中任命一个来管理和协调整体的工作。客户顾虑的是，如此众多的专家参与到工程中，而他们很少就各自的进展进行沟通，而且几乎从不严格地控制建筑成本和工程完成的时间。客户会产生这样的顾虑：由于他们长期不能参与到过程的决策中，承包商总是隐瞒所有的技术问题，直到需要客户最后支付为止。

人们普遍认为建筑业与其客户的传统关系是：客户不了解建筑的过程，而建筑商却十分清楚客户需要什么。很明显，这些观点极大地增加了误解客户需求的风险，通常会导致额外的变动和重复工作，从而造成时间和成本的浪费。除了沟通不畅通，客户通常还对蹩脚的设计、缺乏监督、物料和方法选择太少而感到不满。这些问题阻碍了专家顾问、承包商和客户之间的有效协作，也会造成额外的成本和工期的延长。近年来，许多客户都在表达他们对这种"传统"方式的不满，同时客户的要求也在发生变化。为解决这些问题，包括英国政府在内的许多大型客户要求建筑业转变其行为模式，从强调"生产导向"转向"客户导向"。因此，合作和协同的模式得到了许多客户组织的支持。这种模式不仅仅是指具体的合作关系，更强调一种合作的氛围和理念。没有客户的支持建筑业就没有所谓的合作，而客户最不能忍受的就是承包商采取"两面讨好"的策略。于是，一些客户不再依赖任何一个供应商，并要求供应商以最低价提供服务，他们视这种方法为一种降低风险策略。奇怪的是，一些与许多承包商都有合作关系，且合作关系可以频繁变动的客户也在采用这种方式，这就极大地增加了合作中委托关系破裂的风险。事实上，许多承包商发现所谓的合作只是为了在下一个工程竞标时更有竞争力。这比首次作为合作承包商更具破坏性，因为合作承包商在竞标时，所使用的分包商，在供应和工作方式、公开的账目、收益分享等等都要受到限制，他们要与不受这些限制的非合作的承包商竞争，就要报出低于实际成本的报价，相当于又回到传统的关系上（Tulip，1997，p.26）。因而，竞标出价的不同使客户对合作成本产生置疑，尤其体现在最终的采购方案不是由项目的直接相关团队决定，而是通过传统的方式——获得最低出价决定的情形。

根据其他行业的经验以及建筑业关系发展的特征，建筑产业理事会（CIB）出版的"团队合作"（1997）报告提出了警告，其建议如下：

合作增强了人们的能力，鼓励他们共同工作，但如果缺乏严格的管理（评价、标杆和目标等），就会造成松散甚至是欺骗性的关系，同时，严格的管理可以有效地控制原材料市场的激烈竞争，并淘汰那些绩效低下的承包企业（建筑产业理事会，1997，p.5）。

Latham 的报告（1994，p.62）也重点关注了"松散"合作的问题，即不涉及承包商和客户之间的合作，也涵盖了主要承包商和分包商以及供应链之间的合作问题。名为"为利润而合作"的报告（1997，p.26）也提到了这一点，同时指出合作不应是对抗性的，而应当彼此了解，主旨应该是"亲密但不随便"。Michael Latham 的报告（1994）主张供应链合作，它指出特别是当客户满意度成为最重要目标的时候，改进绩效、减少客户成本就成为供应链合作的最主要目标。人们普遍认为，建筑业不同于英国经济中其他产业和部门（尤其是零售部门），承包商和其他建筑业供应商很容易忽视"顾客"的重要性。英国建筑产业理事会（CIB）认为客户和供应商合作失败的风险来自于人和组织的关系，一些建筑企业（尤其是高水平的企业）缺乏责任感的行为会破坏许多努力得来的成果（建筑产业报告，1997，p.5）。

7.4.4 工程项目吸引力的风险

我们在这里所说的合作是指建筑企业及其客户之间的关系，因而它只适用于直接面向客户的工程，以及那些面向最终使用者并且可以识别和评估的工程项目。其中，基础设施或非住宅建筑（包括工业和商业建筑）和公共的非住房建筑可以满足这种要求。因为这些部门建筑工作的复杂性、实体大小、财务规模和适当的建筑周期长度等特点都可促进合作关系的成功开展。除此之外，这些部门的工程项目允许在建筑工程项目中的客户或最终使用者、主要承包商以及其他的供应链成员之间形成工作关系。在这一前提下，这一供应商和客户关系在其他的部门如"住房建筑"中不可能存在。

然而，有些属于上述那些部门的工程项目可能也不适合这样的合作方式，事实上，当事的任何一方都要从价值和风险水平两方面对项目的吸引力作出评定。从客户的观点看，适合于合作关系的工程是拥有高风险高价值的项目，而相对来说，承包商追求的核心目标则是高价值和高收入的工程。

建筑产业理事会（1997，p.4）提出了客户和供应商风险和价值的矩阵图，见图 7.2 至图 7.4 所示。

高风险	高风险，低价值 －保证供应 －对成本不敏感 －经常性的检查	高风险，高价值 －保证供应 －实施严格的价值管理 －持续性检查
低风险	低风险，低价值 －自动 －授权 －低关注程度	低风险，高价值 －寻找机会 －承担风险 －滚动处理
	低价值	**高价值**

图 7.2 客户对供应商风险的评估

利益吸引力 **高**	发展 －培育客户 －扩展业务 －寻找新的机会	核心 －珍惜客户 －强有力的防御 －高水平的服务 －高敏感度
利益吸引力 **低**	损失 －缺乏关注度 －轻而易举地失去客户	举措 －高价行为 －寻求短期优势 －丢失客户的冒险行为
	低价值	**高价值**

图 7.3　供应商对供应商风险的评估

利益的吸引力 **高**	发展 －潜在配合：与供应商紧密合作以扩展业务	核心 －配合极好：合作或战略联盟的潜力
利益的吸引力 **低**	损失 －风险很高：寻求竞争、提高注意力	举措 －高度谨慎：寻求竞争、增强相互间的依赖度
	低价值	**高价值**

图 7.4　客户对高风险、高价值领域的反应

根据图 7.4 所示，建筑产业理事会认为当双方都位于矩阵的右上方时，合作最为合适。

众所周知，不管是英国政府和其他客户，还是建筑企业都在担心当前建筑采购过程在成本和时间上的浪费，关于风险转移的讨论应不仅仅局限于合作关系领域。事实上，对公共部门与私人合作项目未来走势的研究，表明英国政府期望将工程和财务风险的大部分转嫁给承包商。然而，如果这种有利于客户的转嫁过多，则会导致一些承包商认为风险要求“不合理”，从而放弃承接项目。

Tulip（1997）提出了一个得到广泛认可的观点：政府并不是最差的顾客，而是最大的客户，考虑到成功的合作需要具备的要求，政府还是一个具有如下特点的客户：

不论承包商、分包商、供应商、工程师、建筑师和调查员在工程合同中占多大的比重，政府都是在工程和合作中给所有委托予以保证的最重要的客户（Tulip，1997，p.26）。

换句话说，建筑企业如果想要转向非合作项目或采取其他的客户不赞成的合作形式，那么它应该认识到“一个巴掌拍不响”的道理。

建筑业主要的研究报告，特别是 Bennett 和 Jayes（1995）、CIB（1997）和环境部（1998）的报告都表明：启动一个工程合作项目存在着大量的风险。在由 John Egan 主持的政府建筑业圆桌会议上，其报告《建筑业的重思考》也指出了这一点，并做出如下强调：

合作对承包商和供应商而言绝非是一件易事。它比传统的投标要求更严格，需要客户和承包商之间的相互依存、开放的合作关系，以及对绩效的有效测评和持续改进的承诺（Egan，1998，p.24）。

通常，阻碍合作关系建立和发展的原因有三个方面：企业文化、传统的客户——承包商角色，以及发展合作关系需要的时间。

风险 1：企业文化

就企业文化而言，许多从事于传统商业关系的管理者认为合作伙伴关系会威胁到企业自身的发展和个人的工作模式。受企业文化的影响，一些管理者不愿意放弃控制权和共享企业信息，因为他们认为这是企业的机密，没有义务与其他企业分享，即使对供应链的合作者也一样，其结果会使得他们对合作极不适应。

风险 2：传统产业关系

客户和承包商之间的传统关系随着时间发展，形成了一系列的责任关系，这成了在建筑业达成合作伙伴关系的主要障碍。由于过去传统的主客关系，客户和承包商关系表现为：客户与承包商的重点和目标在本质上是不同的，其结果会导致客户和供应商之间形成敌对的关系。

风险 3：时间和精力

寻求并发展合适的合作对象，并与之建立合作关系需要很长的时间和精力。客户和供应商都要对合作关系的吸引力进行评估，还需要事先了解对方的运作模式，以及在合作协议下成功完成项目需要自身做出怎样的改变等。建立相互认可的合作协议是合作关系成功的基础。

7.5 结论

本章通过考察英国建筑业问题，论证了近年来供应链合作在建筑业的最新发展，同时阐述了建筑业四个主要领域的风险：竞争、环境因素、合作关系风险以及工程项目吸引力的风险。系统的风险管理开始于对风险的识别，可以将潜在风险定量化并采取行动以减少风险带来的冲击。显然，建筑业最关注的是合作的力度和信任度，因为这是使合作成功，使客户、承包人和供应链成员都能受益的成功的基础。建筑产业理事会与 Bennett 和 Jayes（1995）都认为，合作的三个本质的特征是：建立一致的、可理解的互惠目标；快速、协同解决问题的方法论；持续可测度的改进（建筑产业理事会，1993，p.3)。同时具备这三个条件将有助于从一开始就建立起成功的合作关系，促进建立在信任基础上的长期合作关系的形成，从而通过更顺畅的、非正式的、更具前瞻性的沟通，实现成本和运作时间最小化的目的。虽然在理论上合作可能是成功的，但风险管理在其中也起着重要的作用。

实际经验表明，“合作进程”中会积累一些经验并使合作关系不断加深，当然这不是在批评建筑业通过合作方式才取得这些进步和收益。这并不是一件容易的事情，需要合作各方花费时间和精力，进行深层次的委托和承诺。即便如此，许多客户和承包商仍坚信合作能给他们带来成本和时间上的节约，并可以通过减少冲突而实现生产效率的提高。成功的合作关系还需要每一方改变自己惯有的行为模式，相互尊重，以便完成选择的过程，实现对承担项目应得的回报。

近年来，使用更多供应链管理技术的大型承包商越来越多地崛起，其中很大一部分原因在于，建筑业客户开始趋向于与多样的、长期的、当前工程项目较少的建筑公司开展合作。协同工作代表着英国建筑业传统运作模式已经发生转变，新的模式随着合作程度的加深而逐步扩展开来，业界已经有许多建筑企业和客户享受到了这种模式的好处。对于那些已经采用了合作方式的企业来说，基本合同是发展更成熟的客户和承包商以及建立成功的供应链关系的必然选择。相对而言，对于没有实行合作方式的企业，随着客户意识和期望值的增加，将会面临着更大的挑战，而传统运作模式存在的风险和障碍仍有待解决。

总之，建筑业的合作要得以更快的发展，需要客户和承包商组织中的佼佼者保持时刻的关注，并对图 7.1 所示四个领域的风险进行有效管理，最终获得最大化的收益。

参考文献

1. Association of Consultant Architects, (2000), 'PPC 2000 ACA Standard Form of Contract for Project Partnering'.

2. Banwell, Sir Harold (1964), 'Placing and Management of Building and Civil Engineering Work, HMSO'.

3. Bennett, J. and Jayes, S. with the Reading Construction Forum (1995), *Trusting the Team – The Best Practice Guide to Partnering in Construction,* Thomas Telford Publishing.

4. Burtonshaw-Gunn, S.A. (2001), 'Strategic Supply Chain Management: Critical Success Factors for Partnering Relationships within the UK Construction Industry', *PhD Thesis,* Manchester Metropolitan University, UK.

5. Burtonshaw-Gunn, S.A. and Ritchie, R.L. (2003), 'Partnering in the UK Construction Industry', *IPSERA conference paper,* Budapest April 2003.

6. Carlisle, J. (1998), 'Supply chain thinking in construction Partnership – The leadership challenge', *ISPERA Conference paper,* Budapest, April 2003.

7. Construction Industry Board (1997), 'Partnering in the Team', *Construction Industry Board Working Group 12,* Thomas Telford Publishing.

8. Construction Industry Development Agency (1993), 'Partnering – A Strategy for Excellence, A guide for the Building and Construction

Industry', Commonwealth of Australia and Master Builders Inc.

9. Cousins, P. (1992), 'Choosing the right partner', *Purchasing and Supply Management,* March 1992, pp.21-23.

10. Critchlow, J. (1998), *Making Partnering Work in the Construction Industry,* Chandos Publishing (Oxford) Limited.

11. Department of the Environment, Transport and Regions (DETR), (1998), 'Rethinking Construction: The Report of the Construction Task Force to the Deputy Prime Minister', John Prescott, on the scope for improving the quality and efficiency of UK construction July 1998.

12. Department of the Environment, Transport and Regions (DETR), (2000), 'State of the Construction Industry Report', April 2000.

13. Department of Trade and Industry/Confederation of British Industry (1992), 'Making Partnership Sourcing Happen', DTI/CBI.

14. Egan, Sir J. (1998), 'Rethinking Construction Rethinking Construction' The report of the Construction Task Force to the Deputy Prime Minister, John Prescott, on the scope for improving the quality and efficiency of UK construction, July 1998.

15. Emmerson, Sir H. (1962), *Survey of Problems before the Construction Industries,* HMSO, London.

16. Hendrick, T. and Ellram, L. (1993), *'Strategic Supplier Partnering: An International Study',* Center for Advanced Purchasing Studies.

17. Huxham, C. (1996), 'Advantage or inertia? Making collaboration work' *The New Management Reader, International Thomson Publishing*. Paton, R., Clark, G., Jones, G., Lewis, J. and Quintal, P. (Eds).

18. Lamming, R. (1993), 'Beyond Partnership: Strategies for Innovation and Lean Supply', Prentice Hall, London.

19. Latham, Sir M. (1994), 'Construction the Team: Joint Review of Procurement and Contractual Arrangements in the United Kingdom Construction Industry Final Report', HMSO, London.

20. Morris, J. and Imrie, R. (1993), 'Japanese style subcontracting – its impact on European Industries', *Long Range Planning,* Vol.26, No.4, pp.53-58.

21. Parkinson, L. (1996), 'The contribution of Supply Chain Management and Partnership Sourcing to the UK Construction Industry', AMEC Construction Limited.

22. Partnership Sourcing (1998), 'Partnering for Profit', Department of Trade and Industry and Confederation of British Industry Profile Pursuit Limited.

23. Porter, M.E. (1980), *Competitive Strategy – Techniques for analyzing Industries and Competitors,* Free press New York.

24. Simon, Sir E. (1944), 'The Placing and Management of Building Contracts', HMSO, London.

25. Toone, D. (1997), 'Achieving Continuous improvement through the use of strategic partnering', CIBSE National Conference 1997.

26. Tulip, S. (1997), 'The Commitments'. *Supply Management,* 13 November 1997, pp.24-27.

第八章　供应商早期参与（ESI）：降低供应链风险的工具

8.1　导言

目前，降低供应链风险的方法已经有很多种。例如，就实施缓冲机制以降低供应链风险已经进行了广泛的研究（Christopher，2002），包括优化库存管理（Lee 等，1997；Starr 和 Miller，1962）和同时采用多个供应来源（Anupindi 和 Akella，1993；Newman，1989；Tullous 和 Utecht，1992）等。这些缓冲机制成本很高，而且通常只是作为降低采购方供应链风险的一种暂时性的解决方法。采购方用来管理供应链风险的另一种方法是集中组织资源以降低风险出现的概率。在这一章里，我们将通过一个案例具体阐述如何通过供应商早期参与（Early Supplier Involvement，ESI）来降低新产品供应出现问题的概率及其带来的影响。

本章首先会对 ESI 做一个总体的介绍，包括 ESI 的优点和不足等。其次将讨论 ESI 如何促进供应链风险管理，我们将同时给出其管理层面的含义以及最终结论。

8.2　供应商早期参与（ESI）

ESI 是采购方和供应商在产品生命周期的早期阶段，通常是在获取过程的需求识别和描述阶段（Leenders 等，2002）所进行的一种合作方式。由于供应商在产品发展计划中发挥作用的程度可能大不相同，因此 ESI 是一个相对的概念。对于这种关系范围界定有一种观点

（Bidault 等，1998），认为供应商在最低层次上的参与，可能仅仅是提供设备和生产能力的信息，以便客户的设计团队在进行生产设计时可以参考这些信息。对于参与层次稍高一点的 ESI，供应商可能会就成本或质量改进等方面给客户的设计团队提出建议。此时供应商的参与将更加有意义，因为供应商会积极参与产品开发的过程，比如对客户提供的粗略草图加以补充使之更加详细。最高层次的 ESI 方式下，从其概念设计阶段到制造阶段，供应商对产品某一部分或某一零件全程负责。表 8.1 是对 ESI 不同参与层次的描述。

表 8.1 ESI 的五个层次

参与层次	描 述
第一层次	供应商通过共享设备及生产能力的信息参与产品或设计过程
第二层次	供应商对客户的设计提供反馈，包括成本和质量改进的意见
第三层次	供应商基于客户粗略的框架对产品进行细节设计，在产品某部分或零件的设计中发挥重要作用
第四层次	供应商从概念到制造，全程负责产品一部分或产品零件的开发生产
第五层次	供应商完全负责一个系统或组件的概念设计和生产制造全过程，同时也负责一个或多个相关的零部件的设计

资料来源：改编自 Bidault 等，1998

ESI 的开展包括五项活动：（1）树立诚信并建立一个商业案例；（2）选择合适的供应商；（3）优先考虑竞争问题；（4）预先设置好目标成本；（5）锁定这些目标成本（Minahan，1997）。除此之外，为了保证采购方的 ESI 项目成功，必须要满足一定的条件。这些条件包括：（1）识别需要实施的具体过程和任务，目的是整合产品开发和采购过程；（2）建立执行这些任务的组织；（3）为组织招募拥有适合商业、技术、社交能力的人才（Wynstra 等，2001）。采购方参与 ESI 项目可以获得各种收益。本章以下的内容将具体阐述通过参与 ESI 而获得的收益，包括对供应链风险的管理和控制，同时对 ESI 相关的潜在缺点也进行简要的阐述。

8.2.1 ESI 的收益

企业组织允许供应商早期参与到产品开发活动，可以从中享受到很多收益。ESI 的短期目标是提高开发活动的效率并增加 ESI 的效益。提高开发活动的效率可以降低开发成本，缩短产品开发前置期。增加 ESI 的效益可降低产品的生产成本，提高产品价值。实施 ESI 的长期目标，包括获取供应商的技术知识等，则可以获得更大的效率和效益（Wynstra 等，2001）。这些收益有效降低了由产品开发周期、质量问题、技术问题、额外成本、道德风险和逆向选择等带来的风险。

供应商在产品开发和完善的过程中发挥实质性的作用，可以提高产品质量，增进亲密的合作关系以降低成本、减少新产品上市时间（McGinnis 和 Vallopra，1999）。ESI 有助于企业在质量、成本和新产品上市等领域的开发和不断完善。如果供应商参与生产开发过程恰好是企业竞争优势所在，而且企业在这一过程中可辅以采购和供应管理（Purchasing and Supply Management，PSM），则 ESI 将发挥更大的作用（McGinnis 和 Vallopra，1999）。

8.2.2 ESI 的不足

ESI 并不总能带来收益。大量经验证据表明，简单地采用本文引用的供应商参与技术不一定会促进项目的技术进步或缩短开发时间（Hartley 等，1997）。采用供应商早期参与联合开发的方法也存在着失败的风险，其原因之一是理解上的障碍。造成这些障碍的原因，可能是双方的文化背景不相容，也可能是缺乏一个可以将双方联系起来的统一的机制和目标（Rigby，1996）。此时，必须要克服的风险包括：（1）缺乏相互信任；（2）合作者与本企业的战略方向不一致；（3）内部流程缺乏效率而导致较高的成本（Rigby，1996）。

ESI 不一定会降低成本、缩短产品开发的前置期（Laseter 和 Ramdas，2002），也不一定会提高最终产品的质量（Hartley 等，1997）。在某些情况下，实施 ESI 反倒会导致更高的生产和开发成本，以及更低下的生产绩效（Birou 和 Fawcett，1994；Wynstra 等，2001）。引起这些问题的一个普遍原因是，选择的供应商不具备足够的能力参与到生产开发的过程中与企业进行协作（Wynstra 等，2001）。产生问题的另一个来源是，制造商对生产开发流程没有清晰的定义或是缺乏与之相匹配的战略。另外，制造商还可能遇到来自部门层面的阻力，这些部门大多直接参与 ESI 或受其影响，尤其采购与供应管理部门以及工程和生产开发部门（Wynstra 等，2001）。

ESI 的次序和参与程度不当是 ESI 中问题的另一个来源。Laseter 和 Ramdas（2002）利用聚类分析法（Cluster Analysis）对产品进行了分类。他们分析得到了四个类别，这四个类别代表了两方面之间的相互作用：一方面是特定的供应商在增进客户对最终产品的理解中所起作用的本质（是至关重要的还是微弱无形的），另一方面是供应商的作用和最终产品这两者之间界面的复杂性（复杂或是简单）。当供应商对于增进客户对产品的理解发挥了重要作用，而且界面很复杂的情况下，研究结果表明应该实施完全的 ESI（见表 8.1 所示）。相反，当供应商对于增进顾客对产品的理解所起的作用很微弱，而且界面很简单时，研究结果表明供应商参与应该在稍后的生产开发过程再实施，并且参与程度不应太高。

8.3 供应商早期参与（ESI）和供应风险管理

本章的这一部分内容首先将会对研究中所采用的方法进行阐述，然后将详细介绍供应商早期参与（ESI）如何帮助一个航空设备供应商来管理供应链风险。本章的结尾部分将会讨论 ESI 在供应风险管理中所起的作用具有何种管理意义，并得出最终的结论。

8.3.1 研究方法

我们的研究过程主要是针对航空设备供应商的一个采购客户公司而建立案例研究。之所以选择该客户组织作为研究对象，是因为该客户组织在 ESI 中与供应商建立了广泛的合作关系，而且它是该产业中的重要成员，因此产业中与供应商有关的风险也会给该客户组织带来显著的不利影响。

首先需要对案例研究的企业进行初步了解，最初采用面对面采访的方式，接着是通过电子邮件和电话交谈的方式。研究计划是在文献回顾中总结已有研究成果的基础上建立的，在数据采集前就已经确定。案例研究在公司的生产部门实施。在案例研究中采用的信息收集技术，包括获取历史数据和文件，与各种专业采购人员和其他的关键信息来源者进行访谈等。

因为，本研究的目的是调查 ESI 如何对降低供应风险发挥作用，所以采购职能是分析模块。我们通过询问负责采购的专业人员来了解实施 ESI 的动机，以及这些动机如何影响供应风险等问题。如读者有需要可以获得研究计划调查问题的副本。

8.3.2　调研结果

调研结果首先提供了公司背景的信息，然后描述案例中公司 ESI 的实施过程，并介绍了本案例研究中被访问者对供应风险因素的看法。

8.3.2.1　公司背景

本案例中的公司是航空业中重要零部件的一个主要供应商，它为民用和军用飞机制造提供关键技术。这个产业的成本高昂，并且对可靠性有着较高的要求，因此研究和产品开发都需要大量的投入。供应商的产品对于使用这些零部件的飞机制造商而言是一项高昂的成本，但同时对飞机的安全性也起着重要的作用。这些产品需要经历广泛而持续的产品开发过程，这一过程通常要持续 3～4 年的时间，而且在获得收益之前需要 5～6 亿美元的投入。更重要的是，来自其供应商零配件的成本占产品销售成本的比例高达 65%～85%。

该公司新上任的采购经理引入的是 1999 年开发的 ESI。从那时起，业界已经开始认识到 ESI 的重要性，因为在产品设计阶段的成本大约就占到了产品总成本的 80%。ESI 被视为是公司大幅度降低新产品成本的一种方式。同时，ESI 也使得公司总体绩效得以改善，这包括在供应基础上获得杠杆效率、增强了设计能力、将由实践总结出的内部经验用于组织学习和供应风险的管理等。

8.3.2.2　ESI 流程

ESI 一方面以供应链管理（SCM）为基础和支撑，另一方面又对不同节点企业发挥支持作用。研究中获得的内部文件表明，ESI 是这样一个过程：让潜在的供应商参与产品的概念设计阶段，从而确保在产品的整个生命周期以最低的成本满足消费者的功能需求。这个过程包含 16 个步骤，如图 8.1 所示。ESI 过程首先要建立主要客户需求信息，在此基础上由专业人员确定适宜的 ESI 实施计划。总体而言，ESI 在产品设计周期阶段实施得越早，其潜在收益就越大。

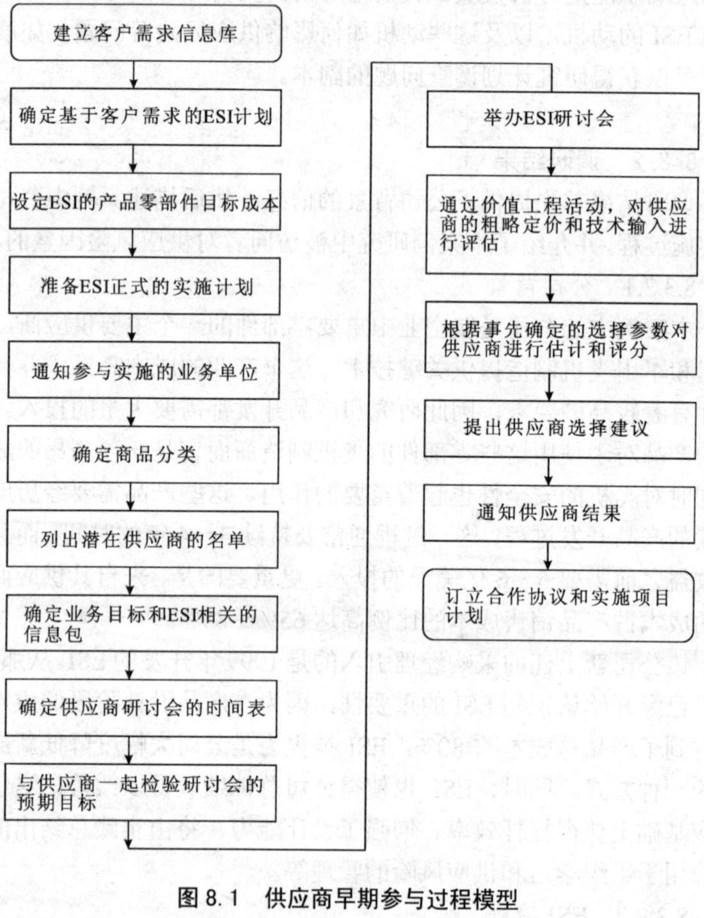

图 8.1 供应商早期参与过程模型

该公司发现，目标成本对其成功实施ESI非常重要。以顾客需求为起点，由公司内部的产品专家和生产技术专家联合建立目标成本。建立一个积极又实际可行的成本目标可以帮助公司在不损害与供应商关系的前提下实现成本的节约。然而，建立这样的成本目标要以供应商提供足够的数据和技术专业知识为前提条件。事实上，由于该公司的产品生命周期和开发前置期都比较长，其供应商要提供可靠的、准确的、合理的零部件成本是比较困难的。

供应商零部件目标成本确定之后，就要启动一个正式的实施计划，该计划要符合包括所有顾客的需求、目标成本和实施ESI的时间限制等在内的要求。接下来的工作就是，负责具体实施的业务单位，要为高水平的设计方案收集资料，列出最初参与ESI过程的潜在供应商的名单。实施ESI之前，将通过一个供应商选择过程对这些供应商进行评估。参与评估的人员有工程师、直接买方、商品专家、战略采购人员，他们根据航空产业的特性和供应商过去的业绩对潜在供应商进行筛选。

潜在供应商的候选名单确定后，ESI实施团队将会把处理后的相关信息递交给这些供应商。这些信息包括计划的目标和要求，以及计划所要求的技术信息等。实施团队还会要求潜在供应商提供大致的价格估算，供应商的报价会被提交到研讨会上讨论。届时，实施团队会将这些粗略的价格估计和先前确定的目标成本进行比较。

一旦确定了召开供应商研讨会的时间，项目领导将与潜在供应商进行联络再次明确研讨会的预期目标。在研讨会上，ESI实施团队会为供应商提供一份包括ESI实施过程、预期的结果，以及ESI的实施如何对双方产生积极作用等方面内容的全面概述，同时要求供应商展示他们的核心竞争力、产品开发能力，并提供其作为其他公司供应商时绩效良好的证明。除此之外，双方还会就技术和粗略定价进行信息交流。对于ESI来说，每个采购类别有六到八家潜在供应商是可行的。然而，竞争同一采购类别的供应商并不同时参加研讨会。研讨会完成之后，潜在供应商的数量通常都会减少。

为了确保顾客需求和成本目标的实现，要对筛选下来的供应商实施价值工程活动。这一活动包括对规格和需求进行分类，并且尽量在始终满足顾客需求的前提下对现有规格进行修正以降低成本。设计方案在这一阶段也会有所考虑，包括配件的设计和制造流程设计等。随着这些活动的结束，供应商的评估也随之完成。此时，选择评分的多数工作根据预先建立的选择参数已经完成，但ESI实施团队仍需要对结果进行研究并汇总成表，并对具体实施单位提出最终的供应商选择建议。

随后，选择的结果会告知参与竞争的供应商，同时会特别注意对那些没有被选上的供应商阐明缘由。在很多情况下，还会给这些供应商提供在其他领域合作的机会。这一过程不仅是为了证明供应商的选择过程是公正的，而且也可以促使供应商不断改进以争取以后的合作机会。在ESI实施过程的最后阶段，ESI实施人员会协助供应商管理团队与被选中合作的供应商一起，建立理解备忘录和合作协议，并建立一个沟通准则，以确保供应商、工程部门以及供应商管理部门之间能够实现良好合作。

对于一个给定的项目而言这一整个过程可以看做是线性的过程，但从战略角度来看，ESI过程是一个循环的过程。在要求不断改进和创新的商业环境中，一个项目的结束代表着下一个项目机会的开始。ESI为企业带来的价值，已经体现在本案例研究的企业中了，这会带动支持产品开发和再设计过程的更大需求。

ESI过程同时适用于新产品和再设计的产品。然而，供应商在概念形成阶段参与得越早，ESI的潜在价值就越高。相应地，如果ESI被延迟到产品设计阶段才实施，其带来的收益将会显著降低。

ESI成功的另一个表现是ESI活动所产生的价值是依赖于企业与供应商之间的生产关系的。案例研究者发现，选择全球一流水平的供应商能够带来极大的好处，因为这些供应商能更加熟练地管理密切的商业关系，并能提供真正的协作设计所要求的专业知识。为了回报供应商在ESI过程中所做出的贡献，这家航空设备供应商认为只有毫无保留地与供应商分享信息，才能加深相互之间的关系，进而取得成功。正如一位管理人员所说，“诚信是关键……与供应商尽可能共享你所掌握的信息”。不管是内部还是外部的参与者，都必须抱有诚信的原则。隐蔽的伎俩会破坏本来可能会成功的项目。

事实已经证明，ESI 是降低新产品成本的一个很有效的工具。目标成本法有助于确保设计过程的精力集中于降低成本而不是追求更美观的设计。成本管理活动由两个因素驱动：一个因素是追求更高效率的市场，另一个是需要降低成本并正在实现更低成本运作的竞争者。在 ESI 实施的早期阶段，必须获得高层管理者的支持以产生内部需求。现在，随着两个关键项目的成功，许多具体业务操作单位在产品开发的早期阶段就寻求 ESI 团队的协助，同时这种势头愈演愈烈，已经发展到给 ESI 支持能力带来负担的程度。

由于吸取了成功项目中的经验，ESI 创造了价值。正如 ESI 团队学习如何设计更好的产品和流程一样，汲取经验是很重要的，因为这些经验可以应用在其他项目中。在这个意义上，双方企业都获得了巨大的成功，并且这种对成功的认知成为实施更多 ESI 活动的强大的市场工具。

8.3.2.3　ESI 降低供应风险的途径

前述案例中，该公司供应风险的程度会受到以下几个要素的影响。这些要素多数来源于供应商组织。采访中提到的显著影响到供应风险的要素包括六个方面：（1）成本过高；（2）法律责任；（3）质量问题；（4）供应商能力限制；（5）延长的产品开发时间；（6）应对产品设计变化的能力。

■　成本过高

成本过高是实施 ESI 的最主要原因。在实施 ESI 之前，上层管理者们认为他们收到的定价并不是一个竞争性不断增长的市场所应有的。因此，追求目标成本成为他们 ESI 项目的主要动因。而且，那些全球一流水平的供应商通常具有完善的成本降低计划。因此，问题并不在于缺乏有能力的供应商方面。ESI 提供了与供应商合作的方法，ESI 不仅让供应商确信降低成本的重要性，而且能帮助这些供应商完善其成本管理计划。随着 ESI 实施的逐步成熟，案例中的公司已经拥有了一批核心供应商，并掌握了与供应商合作的方法，确保了在设计和再设计过程中成本的持续降低。与供应商有效合作的结果是：该公司显著地降低了关键供应商非竞争性定价带来的风险。

■ 法律责任

法律责任问题对于开发和营销高科技产品的企业而言是潜在的显著风险。案例研究人员发现，该负什么样的责任取决于哪一方或哪几方具有专业技术。专业技术的有效共享降低了市场上产品失败的风险，同时对收益的共享也降低了与知识产权相关的潜在风险。ESI 是可以用来降低法律责任问题发生概率的一个有效的工具。

■ 质量问题

质量问题可通过在设计周期的前期确保设计和能力之间的相互配合来解决。供应商和购买方的并行设计有助于提早解决设计问题，避免由此带来的大量返工和生产问题。而且，通过使用记分卡来记录供应执行情况的数据，这家航空设备供应商能够持续地追溯现有供应商的绩效，并利用这一信息决定应该选择哪些供应商参与下一个 ESI 项目。在 ESI 过程中，有效地利用绩效信息来选择供应商，有助于防范质量风险。

■ 供应商能力限制

供应商能力限制是指与一个企业的供应商的管理决策相关的风险。供应商在 ESI 项目的选择阶段就参与到流程设计、以往绩效、现有状态和投资等领域。能力扩展计划与实施活动对于管理供应商能力限制这一风险来说是十分重要的，因为通过它可以筛选出能够满足日后生产供应需求的供应商。如果是在经济困难时期，那些全球一流水平的供应商也许可以实现增产，但仍会出现供应能力问题。信息共享作为有效实施 ESI 的一部分，成为衡量供应商供应能力的有效工具。另外，提供信息给供应商也有助于供应商制定出完善的计划以满足采购方的更多需求。

■ 延长的产品开发时间

延长的产品开发时间是指导致开发成本增加和新产品上市推迟的风险。ESI 确保了信息在双方企业间的共享，从而有利于风险的管理。因此，企业可以很快地发现延迟问题，并逐步采取措施改进流程以降低风险，这些措施包括资源共享和更改原材料与设计等。

■ 应对产品设计变化的能力

部分供应商应对产品设计变化的能力不足会危害到整个产品线。ESI 中的信息交换有助于应对产品设计变化的潜在风险，使企业在问题刚刚产生时就能及时发现问题，并制定出积极的多选择的战略。

8.4 ESI 管理层面的含义

从这些研究中发现，可以提炼出 ESI 的几个管理层面的含义。作为一个风险管理工具，ESI 具有以下含义：（1）在买方与供应商之间形成战略伙伴关系；（2）避免逆向选择和道德风险；（3）将风险转移给供应商；（4）发展和完善供应链。

8.4.1 形成战略伙伴关系

ESI 起初被视为随采购方而调整供应商行为的一种方法。起初，在确定供应商选择之前，前述案例所研究的公司和它的供应商并没有明确的密切关系。在供应商预选择阶段，ESI 的目标是决定哪家供应商在质量、配送、成本和时间目标等方面更满足公司的具体要求。然而，ESI 还有其他方面更能体现采购方随供应商的目标而调整这种特性。在 ESI 实施的最初阶段，在选择实际的供应商之前，案例企业最希望了解每个供应商的企业文化和宗旨。这是因为双方企业目标一致，且拥有相互匹配的企业文化和宗旨是很重要的。除此之外，供应商选择确定后，企业会与供应商建立以交换重要的、及时的和准确的信息为特征的密切关系，并且希望这种关系能够长期保持下去。

作为 ESI 的一部分，企业要与供应商共同工作，此时信息的交换会得到促进。良好的信息沟通使得企业能更好地掌握供应关系动态变化的情况，同时也为监测、转移和管理供应风险提供更大的潜力。

8.4.2 避免逆向选择和道德风险

逆向选择（Adverse Selection）和道德风险（Moral Hazard）也可

以由 ESI 过程加以管理（Eisenhardt，1989）。通过供应商在新产品开发周期初期阶段的参与，采购方相信他们将选择到最适合的供应商，该供应商在质量和类似企业宗旨等方面具有良好的声誉，能够为飞机零部件的开发生产提供工程专业知识。除此之外，因为初期过程是相当长的，供应商们必须在供应商选择过程开始之前就表现出很大的诚意。一旦被选上，只要能一直满足成本和质量要求，供应商基本上就能确保得到相当多的业务机会。通过在选择过程的早期就排除那些不能满足前期要求以及不打算付出努力来满足要求的供应商，可以降低道德风险。

8.4.3 将风险转移给供应商

ESI 可以将一定程度上的风险在制定目标成本的过程中转移给供应商。在实施 ESI 过程的早期阶段需要对供应商进行评估，这是因为，作为 ESI 的合作供应商，它们所提供的作为新产品一部分的零部件要满足目标成本，这一点是很重要的。这样，为了实现成本目标，就转移了一部分风险给实际供给零部件的供应商。

8.4.4 发展和完善供应链

在整个供应商早期参与过程中，在决定选择那个供应商来合作时，采购方开始时以是否是全球一流水平的供应商作为标准来判断。从供应链的角度来看，这超出了对包括同步产品和流程设计在内的并行工程的传统理解，而成为 Fine（1998）所描述的 3DCE，它涉及到构建一条与产品和流程设计相联系的供应链。考虑到在这个行业许多部件可选择供应商的数目有限，ESI 过程会促使在最大范围和最大程度上选择和发展供应商。案例企业从产品概念的早期阶段开始，就使多个供应商参与进来，并且在整个供应商选择过程中一直如此，通过这种方法可以得到这些供应商的企业宗旨、技术和生产能力、经验和预期目标等方面的信息，因此能够减弱许多可能引起供应风险的因素。ESI 过程的这一部分作用有利于企业选择全球一流水平的供应商或者是有潜力成为全球一流水平的供应商。

8.5 结论

ESI 可以帮助企业管理供应风险，包括质量、技术能力和产品开发周期过长等问题。本章所描述的 ESI 过程，通过详尽的选择程序来实现供应商选择过程，并且建立与关键供应商之间的牢固的信息交换体系，并基于这两点对风险进行管理，如图 8.1 所示。

在许多领域都可以证实 ESI 活动对于降低风险的效果。在现有的案例中，降低成本是实施 ESI 以确保未来企业竞争力的主要动机。这种观点使得采购方试图优先构建目标成本而不是供应商参与。已设立的成本底线和新的目标成本所带来的成本节约，是衡量实施 ESI 所带来的业务风险降低的重要指标。另外，重要零部件供应商的成本节约程度也是另一个潜在指标。

评价 ESI 降低供应风险程度的其他重要指标，包括许多与供应商评估和产品设计相关的标准绩效衡量指标。企业可能希望从以下几个角度完善这些指标和方法，包括质量、管理系统、结构、组织文化、能力限制、计划（尤其涉及采购方的未来需求）、财务安全、业务连续性和应急计划等。责任共担可衡量的领域包括设计前置期、设计风险和应对设计变化的能力大小。

本案例中采购方以所有这些衡量指标来代表他们在供应风险上管理取得的进步，包括降低不利事件和潜在不利事件发生的可能性等。然而，实施 ESI 对供应风险而言，最重要的意义可能是识别供应风险的潜在来源。这种识别、评估和削弱新的风险来源的能力对于任何企业都是很有价值的。虽然对这些新发现的评估只能取决于过去的指标，但在这样一个充满未知的时代环境下，企业管理者还是乐于将它们作为企业成功的重要因素。

本章的内容提供了一个将 ESI 作为供应风险管理战略工具发挥作用的理想案例。降低成本是案例企业实施 ESI 的最初动机，但实际上 ESI 还可以作为一种降低、转移和规避供应风险的技术工具。

参考文献

1. Anupindi, R. and Akella, R. (1993), 'Diversification under supply uncertainty', *Management Science,* Vol.39, No.8, pp.944-963.

2. Bidault, F. Despres, C. and Butler, C. (1998), 'New product development and early supplier involvement (ESI): The drivers of ESI adoption', *International Journal of Technology Management,* Vol.15, No.1/2, pp.49-69.

3. Birou, L.M. and Fawcett, S.E. (1994), 'Supplier involvement in integrated product development: A comparison of US and European practices', *International Journal of Physical Distribution and Logistics Management,* Vol.24, No.5, pp.4-14.

4. Christopher, M. (2002), *Supply Chain Vulnerability,* Cranfield University School of Management.

5. Eisenhardt, K.M. (1989), 'Agency theory: An assessment and review', *Academy of Management Review,* Vol.14, No.1, pp.57-74.

6. Fine, Charles H. (1998), *Clockspeed: Winning Industry Control in the Age of Temporary Advantage.* Perseus, Reading, MA.

7. Hartley, J.L., Meredith, J.R., McCutcheon, D., and Kamath, R.R. (1997), 'Suppliers' contribution to product development: An exploratory survey', *IEEE Transactions on Engineering Management,* Vol.44, No.3, pp.258-267.

8. Laseter, T.M. and Ramdas, K. (2002), 'Product types and supplier roles in product development: An exploratory analysis', *IEEE Transactions on Engineering Management,* Vol.49, No.2, pp.107-118.

9. Lee, H., Padmanabhan, V., and Whang, S. (1997), 'Information distortion in a supply chain: the bullwhip effect', *Management Science,* Vol.43, No.4, pp.546-558.

10. Leenders, M.R., Fearon, H.E., Flynn, A.E., and Johnson, P.F.

(2002), *Purchasing and Supply Management,* 12th edition, McGraw-Hill Irwin, New York, NY.

11. McGinnis, M.A. and Vallopra, R.M. (1999), 'Purchasing and supplier involvement in process improvement: A source of competitive advantage', *Journal of Supply Chain Management,* Vol.35, No.4, pp.42-50.

12. Minahan, T. (1997), 'Allied Signal soars by', *Purchasing,* pp.38-47 (September 18, 1997).

13. Newman, R.G. (1989), 'Single sourcing: short-term savings versus long-term problems', *Journal of Purchasing and Materials Management,* Vol.25, No.3, pp.20-25.

14. Rigby, B. (1996), 'Continuous acquisition and life-cycle support: The risks and benefits of early supplier involvement in the development process,' *Logistics Information Management,* Vol.9, No.2, pp.22-26.

15. Starr, M. and Miller, D. (1962), *Inventory Control: Theory and Practice,* Prentice-Hall, Englewood Cliffs, NJ.

16. Tullous, R. and Utecht, R.L. (1992), 'Multiple or single sourcing?', *Journal of Business and Industrial Marketing,* Vol.7, No.3, pp.5-18.

17. Wynstra, F., VanWeele, A. and Weggemann, M. (2001), 'Managing supplier involvement in product development: Three critical issues', *European Management Journal,* Vol.19, No.2, pp.157-167.

第九章　危险品海上运输风险分析框架

9.1　导言

目前，新型化合物的发展及其广泛应用呈现出高速增长的态势。已经发现的化学物质超过110万种，其中有6万到7万种化学物质是经常使用的。它们当中的大约三千种占到所有种类的商业贸易及其他应用总体比重的90%。平均每天有三种新的化学物获得商业用途的许可。但是，人们只对这些化学物质中的一部分有足够的关于其毒性的数据资料和了解。

大量不同类型的危险物质、危险原材料和危险品（Dangerous Goods，DG）广泛存在于世界各地。同时，危险品也存在于公路、铁路、水路、空运、管道等运输过程中。危险品通常以散装形式（如石油、石油产品、液化气和其他一些化学物质）和包装形式（如下文提到的经包装的危险品，Packaged Dangerous Goods，包装危险品）通过水路来运输。装运大量不同种类危险物品的船舶穿过河道、海港和狭窄的海峡，携带着这些危险品经过或进入人口聚集的区域。在水路运输中，有大约10%～15%的货物是经包装的危险品。危险品运输还会有数量限制，例如飞机和渡轮上乘客的私人物品。危险品海上运输的主要国际规则在国际海上危险货物运输规则（International Maritime Dangerous Goods，IMDG）中有所规定，这些规则与“联合国关于危险品运输的建议”（United Nations Recommendations on the Transport of Dangerous Goods）以及其他形式的法规是一致的。

大部分涉及危险品的事故发生在运输过程中，很多情况下这些事故会带来致命的后果并对环境造成严重破坏。许多案例的历史记录表明，很多情况下非常严重的海上事故是由装运危险品的船舶造成的，结果会导致许多人死亡、受伤和感染疾病。每年都有许多装载有危险品的船舶在海岸和一些敏感地区丢失。全球每年平均有 230 艘登记吨位为 110 万吨的船丢失。除此之外，每年还有许多危险品从船上被随意丢弃出来。有的地方，数英里的海岸持续数天堆砌着这些危险品，成千上万的人们从事着成本高昂的回收和清理工作。

与危险品风险相关的成本可归结于这些物品的危险属性，这一成本占到运输总成本的 13%以上（UNEP，1997）。法律解决和环境治理的成本占全部风险相关成本的 80%以上。

促进安全和健康以及保护海洋环境是不同层次的战略规划的两个关键目标。水上运输危险品的数量持续增加，它们造成的风险已经引起公众的关注，这就要求注重并加强完善的、积极的风险管理。

9.2 文献回顾

过去 10～15 年的文献回顾结果表明，相关的大量研究集中在化学品生命周期风险领域。涉及包装危险品的海上事故的风险领域的文献则很有限，某些领域如人员风险（Haastrup 和 Brockhoff，1990）也比较欠缺。在许多国家，尤其在欧洲（Goulielmos，2001；Gade 和 Redondo，1999）和北美（LaBelle 和 Anderson，1996），相关研究主要关注的是散装货物的主要事故风险（Stanners 和 Bourdeau，1995），如石油、石油制成品、液化天然气（LNG）、液化石油气（LPG）和一些散装化学物（Romer 等，1995；Giziakis 和 Bardi-Giziaki，2002），而对其他的原材料和危险品关注较少。也有很多研究关注的是个别著名的、有影响的海上事故，如 Exxon Valdes（爱克森公司瓦拉兹号油轮石油泄漏事件，见 Miraglia，2002；Gilfillan 等，1999）、Braer（布莱尔号油轮石油泄漏事件，见 Hall 等，1996）、Sea Empress（海洋女皇号油料泄露事故，见 Batten 等，1998）、Erika（Erika 号油轮沉船事故）等。

数据可用性、成本和时间通常对实施风险分析构成较大障碍。详细的风险分析需要大量数据资料且相当费时。经济合作与发展组织（OECD，2000）的研究中提到的一些案例显示，化学制品风险管理的分析成本从18万美元到800万美元不等。

近年来，风险评估框架不断得到完善，并应用到许多领域，包括人类健康、安全和海洋环境保护。对于航运产业而言，这些发展的作用最开始只是用来分析一般海运风险，并不一定与危险品造成的风险有必然联系，如Sii等（2001）、Fowler和Sorgard（2000）的相关研究。现在，已经有许多专门设计出来的评估框架来对散装危险品的单一或组合风险（也就是所有危险货物的共有风险）进行评估，这些危险品包括石油及石油制成品（Reed等，1999；Onyekpe，2002）、液化天然气（Pay，2003）、液化石油气，以及其他在港口大量运输、处理和储存的化学物（HSC，1991；Goulielmos和Pardali，1998；Saccommanno，1993）。一些框架则只适用于某些特定国家的特殊目的（HSC，1991；Donk和de Rijke，1995）。然而，没有任何一个单一的办法能够解决包括基本安全问题、环境决策问题以及海运需求问题在内的所有问题（EC，1999），也包括包装危险品造成的海上事故的风险在内。

包装危险品风险问题受到的关注程度在逐年增加，同时，危险品海上运输规范也在不断完善，但这方面的相关知识还是很有限的，因此，建立一个专门的风险分析框架十分重要。此外，在所有领域（包括危险品海上运输领域）持续地改进、提炼和完善新的、更先进的方法、技术和工具仍然是重要的任务。因此，本章的目标是建立一个危险品海上事故的风险分析框架。

9.3 方法和数据

本研究建立在文献回顾、实际数据和作者事先对航运风险的研究（Mullai和Paulsson，2002）的基础上。所回顾的研究文献涵盖了风险管理实践、风险分析和评估框架，以及航运与其他部门所应用的技术。为了建立适合海上运输系统的框架，必须考虑结构、存在的问题、风险要素、数据质量、风险评估人员的操作和管理需求等因素。

本研究旨在通过完善风险评估方法来加强安全与海洋环境保护。具备详细充分的信息资料并使用合适的方法，能够帮助人们更好地认识危险品的风险，只有对风险有充分的认识，才能做出更加详细和准确的决策。

9.4　包装危险品（PDG）海上运输风险分析框架

包装危险品海上运输的风险分析框架遵循一般风险分析的原则。除了本章所引用的文献外，关于这些原则的更多的信息还有很多其他研究来源，如 Purdy（1993）、Royal Society（1992）、HSE（1991）、HSE（1998）、Nicolet Monnier 和 Gheorghe（1996）、HSE（2002）以及 EPA（1989）的相关研究。本章所研究的框架分为三个主要阶段，见图 9.1 所示，每一阶段又包括几个步骤。为了便于分析，我们使用故障树分析（FTA）和事件树分析（ETA）两种分析方法，并将其整合到框架之中。尽管我们是按先后顺序来描述这一过程，但与其他科学研究过程一样，实际上这一过程通常是循环的，其中有些步骤是不可分割的。首先需要通过数据收集、分析、总结和建议等一系列过程，对问题进行识别和扩展。

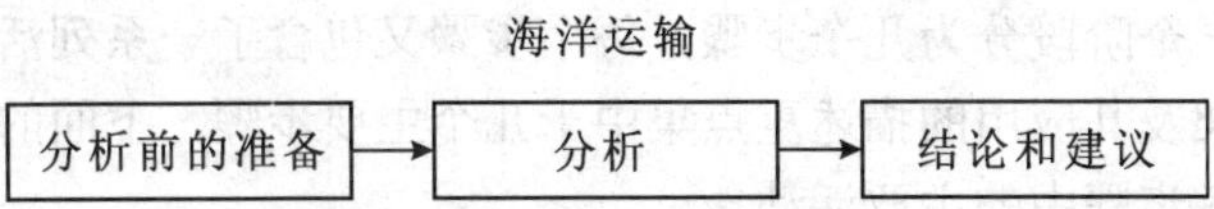

图 9.1　风险分析和管理的主要阶段

风险分析的主要目的是为决策制定者提供有关风险的相关信息。Kaplan 和 Garrick（1981）指出，必须要先解决三个相互关联的基础性问题，亦即什么方面已经或可能出现问题？出现问题的后果是什么？最可能怎样发生？这三个定义问题（图 9.2 所示）已经被海运界广泛接受，如 ASC（1998）和 Ruxton（1996）的相关研究。回答这三个基础问题的过程就构成了风险分析的核心。全部过程由相互重叠并构成一个整体的几个阶段组成。

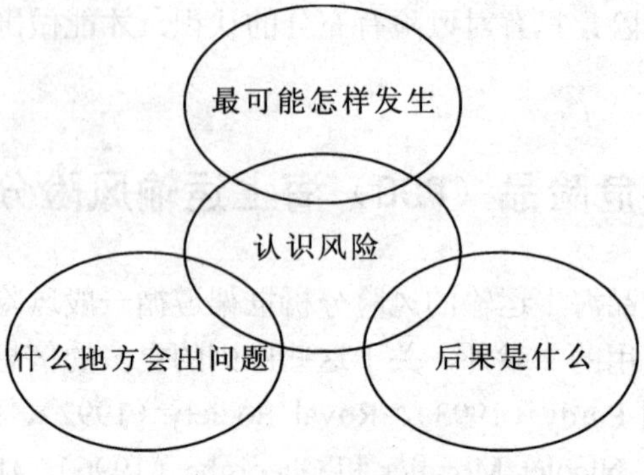

图 9.2 “三大定义问题”

这一研究框架的完善及其在危险品海洋运输中的实际应用，分为如下所述的三个不同阶段。

阶段	相关的活动
1	分析前的准备
2	风险分析
3	结论和建议

每一个阶段分为几个步骤，每个步骤又包含了一系列活动。本章对该框架及其应用的描述重点集中于几个主要步骤，下面的内容将简要描述各步骤中的主要活动。

9.4.1 第一阶段：分析前的准备

这一阶段由实施风险分析的几个相互关联的步骤组成，该阶段是一个循环的过程。下面介绍的顺序并不必然反映它们在实践中的顺序。

步骤	相关活动
1	初步筛选
2	问题识别

3　　分析方法选择

4　　数据收集

第一步：初步筛选

风险分析从简单筛选到主体分析存在着很大不同，这一过程的完成需要多年的努力、大量的资源和大规模的专家团队来实现。风险管理所需要的资源在地区、国家、社区和行业间存在着明显的差异。详细的分析必然要求更多的资源，见 Morgenstern 和 Landy（1997）、Hokkanen 和 Pilline（1991）的相关研究。一般而言，获取大量高质量、相关性高的数据成本很高。风险研究的成本可能会超出研究带来的收益，记住这一点是很重要的。

为了决定包装危险品所引起的风险能否被接受，在分析的开始阶段就需要进行初步的筛选，从而剔除深层次分析中的低风险因素（例如海上事故、船舶、危险品、船舶交通和相关活动的类型和地理位置）。筛选通常是很谨慎的，只是利用手中现有的、容易得到且成本较低的数据，如案例的历史记录等。考虑的关键参数是包装危险品引起的后果和威胁。下一阶段才会进行更为详细的风险分析。风险分析的深度和广度从高到低有很大不同，取决于若干个相关因素，包括风险的范围、关注的对象、紧迫性、控制风险的兴趣和管理选择权、成本、可得数据的数量和质量等。

1．应当由谁来进行风险分析？

决策制定者必须确保进行风险分析的人员具备风险分析的相关知识，熟悉危险品海上运输的相关规定，并且具有这些活动的相关实践经验。详细的风险分析需要来自不同领域和学科的专家，如工程学、统计学、化学、海洋生物学、流行病学、毒物学、经济学和社会学等。在一些国家，专家组的作用和构成已经规范化、明确化、文字化。

2．识别利益相关者

危险品运输风险及相关决策，影响到相当多的利益相关者，受到社会的密切关注。他们对于风险、利益以及风险的可接受性的认识有些相似，有些则完全不同。他们的参与会带来许多好处，包括获得更多高质量的风险相关的数据，以及更大程度地接受和更好地理解风险分析的目标。为避免冲突，一些国家（如欧洲、美国、加拿大）制定法律要求利益相关者积极地参与风险分析。包装危险品海运的利益相关者数量很庞大，包括船主、货主、股东、公众、政府和许多其他公共和私人的航运利益相关者。

第二步：问题识别

1．识别会引发风险的活动

包装危险品海上运输和其他相关活动，如包装危险品的包装、搬运、堆放、装货、卸货等，都会产生风险。这里分析解决的是与个别活动相关的风险、它们之间的联系以及包装危险品的整个生命周期的问题，这些风险的产生都与包装危险品海上运输有关。

2．识别和总结问题

风险分析可以解决内在相关的一般问题，如人员安全和健康、海洋环境污染、财产损害，以及经济方面和其他方面的问题，如社会关注和社会安全等。危险品海运的安全问题已成为近年来社会和民众关注的焦点。这些风险问题被看作是其他产业、部门、人类活动或现象中的风险来源。

3．设定目标

相关问题可以通过不同的方法沿着不同的方向予以解决。风险研究最基本的目标是给决策制定者提供信息和工具，使他们做出更加有益于风险管理的决策。这些具体的目标类型包括以下几个方面。

（1）知识：例如强化并巩固对风险的认知，为更好地实施风险管理提出建议；

（2）程序：例如改进危险品的搬运、包装、保护和文件编制等；

（3）技术：例如提高或完善硬件、软件和信息技术等；

（4）方法：例如完善、使用、改进或提炼风险分析方法、技术和工具等。

4．定义边界

每一项研究都在某种程度上受到时间和空间的制约。边界可以被宽泛地分为物理边界（或系统边界）和分析边界。然而，由于它们之间存在内在关联性，明确地将它们区分开来是不可能的。分析的广度和深度可能大相径庭。实施一个针对风险管理系统所有因素的详细研究即使并非不可能，也是不切实际的。需要进一步说明的是，研究该系统的所有因素和它们可能的内在关联是非常困难的。通过定义边界，分析者可以避免忽略一些关键要素或引入一些不必要的要素。有关边界的一些例子如下所述。

（1）物理层面：危险品的类型和数量、危险品的运输方式、运输活动、地理位置等；

（2）分析层面：风险管理包括风险分析、评估和管理，这里仅指实施风险分析；

（3）定性的或定量的：例如使用半定量的分析方法；

（4）分析的深度：分析深度由需解决问题的层次从高到低各有不同，例如旨在解决与危险品包装、搬运、保护和运输相关的问题的分析深度；

（5）风险类型：风险分为人员风险、海洋环境风险和财产风险，例如处理由危险品引起的个别风险或聚合风险。

第三步：分析方法选择

1．选择方法和技术

一般而言，风险分析是一个严格按照标准格式实施的科学过程，使用某种具体的技术和方法，如故障树分析（Fault Tree Analysis，FTA）、事件树分析（Event Tree Analysis，ETA）、风险和可操作性分析（Hazard and Operability Analysis，HAZOP）、失效模式及影响分析（Failure Modes and Effect Analysis，FMEA）等。虽然并不是每一个具体的活动都对应着一个合适的工具和方法，但总是会存在相比其他而言更为适合的方法。方法的选择受到几个内在相关的复杂因素的影响，这包括风险的范围、目标、数据、时间、可获得的资源、决策者的要求和相关的规则等（见 EC，1998）。

2．风险相关数据和数据收集方法

风险分析不管多么简单，都需要数据信息才能进行决策。在许多情况下，大量的、广泛的数据信息是通过使用不同的数据收集方法和技术从不同来源收集而来的。

第四步：数据收集

1．数据收集

风险研究可以使用的数据收集方法和技术有很多，如采访、观察、实地调查、实验、仿真、调查、档案或文件、文献回顾和统计等。立足于实际经验意味着基于案例历史记录的风险研究通常是首选（见DNV，1995；Carol 等，2001）。另外，数据的数量、多样性和可用性也是历史数据被如此广泛使用的原因。

对于现有数据，风险研究可能联合使用以下不同的方法：

（1）充分利用现有数据解决系统的或表象的问题；

（2）如果数据不充足，将现有数据与其他领域已有的研究信息相结合，或使用与本研究中的系统和本地环境条件相似的系统的数据信息；

（3）如果分析过程或局部分析存在数据缺陷，可利用仿真或理论模型；

（4）采用专家建议。

为了满足研究的目的，样本大小可以由海上事件中涉及的人员数量决定。样本基于以下一些特定的参数来设定，这包括危险品的运输方式、船舶和危险品的类型、大小、活动、位置和结果。另外，数据的可用性和便利性、时间和资源的可得性也是决定样本大小的因素。

2．数据来源

不同组织持有海运风险相关数据的目的不尽相同，数据来源也各有不同，从公共渠道、只对会员开放的限制性渠道、无法访问的渠道，到私密的和非常私密的渠道都有。精确并且定义明确的统计数据库是风险分析乃至风险管理的先决条件。畅通的数据和信息通道对于风险分析同样重要。考虑到风险问题尤其是由危险品引起的风险问题的敏感性，数据可得的局限性可能会成为建立良好的风险分析的阻碍。在实施风险分析之前，识别相关来源，估计并与决策者讨论数据的可用性、可访问性及其成本都是很重要的。

有许多数据库是专门针对涉及到危险品的且发生在固定设施和

运输途中的工业事故而开发设计的。然而，尽管已有相当广泛的研究，但已开发的可用的数据库中至今还没有专门适用于包装危险品海上事故的。很多私人的和公共的数据库都是专门针对石油泄漏引起的海上事故而设计的。实际上，即便是可得的最好的信息来源，也不能提供所有必需的风险相关数据。因此，数据应该从不同的渠道获取。在一些情况下，法规的附录或风险和安全管理指南中包含着关于数据可能来源的摘要。其他一些相关来源包括：化学工业、职业健康和安全机构、执法机构、保险公司、港口局和海洋组织。危险品相关的数据库和组织见表 9.1 所示。

表 9.1　危险品相关数据库

数据库	国家/组织
Major Accident Reporting System	European Union（欧盟）
Major Hazardous Incidents Database System	Safety and Reliability Directorate, UK（英国安全性和信赖性管理局）
Failure and Accident Technical Information	TNO, The Netherlands（荷兰应用科学研究组织）
CHEMAX Database	Joint Research Centre, Ispra, European Commission（位于意大利伊斯普拉，欧盟委员会联合研究中心）
OECD database on industrial accidents	OECD's Expert Group on Chemical Accidents（OECD 组织化学品事件专家组）
Centre for Chemical Process Safety	Chemical process organization（化学品流程组织）
Accidental Release Information System	Environment Protection Agency, USA（美国国家环境保护局）
Emergency Response Notification System	USA（美国）
Chemical Incident Reports Centre	U.S. Chemical Safety and Hazard Investigation Board（美国化学安全与危害调查委员会）
APELL disasters database	United Nations Environment Protection（联合国环境规划署）

续表

数据库	国家/组织
Hazardous Material Incident Reporting System	USA（美国）
Institution of Chemical Engineers	Institution of Chemical Engineers（化学工程师协会）
National Response Centre	USA（美国）
Laboratory of Maritime Accidents	International Maritime Organization（国际海事组织）
Marine Accident Reporting Scheme	Nautical Institute UK, IMO（英国海事学院，国际海事组织）
Lloyd's List Casualty Watch	Lloyd's Maritime Information Services（劳埃德海事资料服务社）
International Underwriting Association	UK（英国）
Swedish Maritime Administration and Coast Guard	SMA and Coast Guard, Sweden（海事仲裁人协会，瑞典海岸警卫队）
Casualty Reports	US Coast Guard（美国海岸警卫队）
Hazardous Cargo Bulletin Log	Hazardous Cargo Bulletin, UK（英国危险物品货运通报）

3．数据质量

一般而言，数据并不是按照特定风险分析和风险管理的要求来进行定义和记录的。数据的准确性和完善程度通常与该事件的严重程度相关。重大的海洋污染事件一般具有更加可靠和完善的信息，因为这些信息容易识别，很难隐藏，并且会被广泛报道。即使是“最可靠”的信息来源也包含着不确定性，而且这种可靠性也是有差异的。在任何研究中，都必须花费一定的精力来对从现有最好的数据渠道获取的数据进行选择、核实、完善和利用。

9.4.2　第二阶段：风险分析

风险分析阶段由几个相互关联的步骤组成，这几个步骤总结在表9.2 中。表 9.2 中各步骤的介绍顺序并不一定反映实际中的发生顺序。

表 9.2　风险分析步骤

步骤	相关活动
1	系统定义
2	分析过程
3	危险识别
4	影响分析
5	后果分析
6	影响估计
7	后果估计
8	风险特征描述
9	敏感性分析

在风险相关数据与信息和风险分析技术的基础上，在这一阶段分析了风险要素和属性。相关分析的展开是基于图 9.3 所示的模型。

该模型结合了以下两个要素。

1. 框架结构

框架结构由风险分析的关键步骤组成，如危险识别、影响和后果分析、定量估计或可能性估计和风险特征描述。

2. 分析技术结构

采用故障树分析（FTA）和事件树分析（ETA）这两种分析方法并将它们引入到一个混合模型中，把 FTA 置于模型的左边，ETA 置于右边（图 9.3）。引发风险的事件放在中间。

因此，运输风险的识别及其可能性评估可以通过 FTA 方法来进行。后果分析及其可能性评估则可以通过 ETA 方法实施。相关分析旨在找出前面提到过的基础性问题即“三个定义问题”的答案。模型的结构反映了危险品的海运系统、风险要素和涉及危险品的海上事故起因。

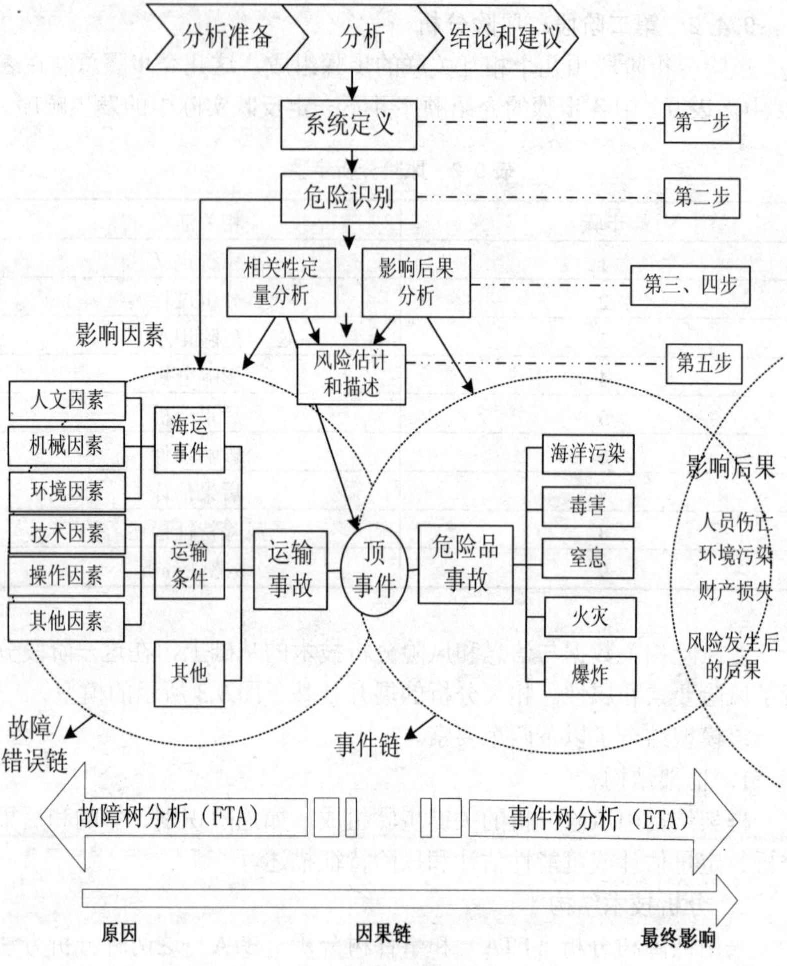

图 9.3 风险分析框架

第一步：系统定义

1. 定义和描述危险品海运系统以及其他一些主要的风险相关要素

这一系统按照解决方案的不同层次分解成各组成要素，并且按照这种方式对其进行描述，因为进行更为详细的描述的成本极高（HSE，

1991)。风险评估者和决策者会针对系统描述的详细程度和所需要的额外数据收集达成一致意见，如表 9.3 所示。

表 9.3　危险品运输风险要素描述示例

要素		要素描述，二级要素或特征举例
1	船舶	运输危险品的船舶和干扰危险品运输的其他船舶，如船的类型、大小、国旗/国籍、船龄等
2	危险品	危险品和其他危险品货物种类：如级别 1-9、数量限制等
3	包装/单位	包装和货物运输单位（CTU），如类型或形式、材料、包装等
4	船舶交通	危险品和其他运输物，包括乘客、石油和散装化学物等，如船舶的类型、数量和大小；危险品装运的总量、数量和大小
5	活动	货物装卸、包装、堆放、保护、文件编制、航行、驾驶和其他与航运相关活动
6	海运基础设施	航行系统，例如运河、航道以及港口、设备和仓库等
7	天气或海洋条件	风、降雨、湿度、温度、海面状况、水流、海水性质、水深及其他航行条件
8	海洋环境	动物群和植物群、海洋资源、受保护或指定的敏感区以及海岸线等
9	涉及的人员	船员、旅客、搬运工人、巡视员或检查员、领航员和当地居民等
10	陆上财产和活动	个人或公共的财产，陆上的商业或其他活动等

2. 知晓目前最新的危险品航运监管规定

包装危险品海运，包括技术、操作、安全、健康和环境保护等方面都受到高度的监管。遵守这些制度可使安全和海洋环境保护问题得到基本的保障。因此，应该对现有的最高级的规章和安全技术加以了解。危险品海运的监管系统由哪些部分组成？目前最新的是什么？现有其他的合适的保护措施有哪些？这些问题都应该在这一步骤中加以解决。收集和检阅这些已有的制度还可以为处理一些与风险分析和管理相关的问题打下基础。

3．评估现有最新的制度规范

即识别和描述与制度相关的问题，其中一些可以在风险分析过程中识别，包括：危险品海运是否符合实践经验和已有的规则？制度规范如何对风险产生作用及作用到什么程度？

第二步：分析过程

分析过程开始于风险识别。然而，在此之前，了解事件的全过程，决定分析过程的起始事件很重要。这里将会进一步描述模型的要素。为了更好的理解分析过程，可以将图 9.3 所示的模型作为一个指南。模型的图形表示使得分析过程更加直观易于理解。

危险品海运的风险是指与泄漏事故或涉及危险品事故相关的危险。提前认识到这些潜在的事故很重要。许多案例的历史记录表明，涉及危险品的海上事故通常以一系列事件的形式发生和传播。这是一个开放的因果链，在这个链中，一个事件或一系列事件会成为导致其他事件或一系列事件的原因。例如，海上遗失的危险品可能会引起海水污染和沉淀物积累，从而造成鱼类的污染。这反过来又会导致人类因食用被污染的鱼类而中毒。这条事件链“开始”于“潜在”或“根本”的原因，“结束”于“最终”的结果。将这条链中的原因和结果区分开来是很困难的。“根本”原因和“最终”结果之间的时间跨度随事件的不同存在很大差异，从几秒钟或几分钟（如碰撞或火灾引发的大爆炸）到几年的时间（如由于常年失修的被腐蚀的容器使危险物泄漏），甚至几十年（如水中的污染物进入食物链的过程）都有可能。在许多风险分析中，经常需要考虑大量事件，有时候甚至需要考虑成百上千的事件。通常事件链都很长，并且由一组大的、复杂的联合事件和条件来主导。

1．定义顶事件

在分析开始时，定义一个或一系列事件作为“顶”事件（分别在 FTA 和 ETA 中使用的术语）已经成为一种惯例。“顶”事件的定义随产业的不同而不同，有时只是一个选择问题。在航运中，“海上事故”如搁浅、碰撞、火灾或爆炸、机器故障等事件通常被定义为顶事件，国际海事组织（IMC）和劳埃德船舶注册中心（Lloyd's Register of Shipping）也提到过这一点。考虑到危险品及其包装涉及范围广、与危险品海运相关的事故和状况多，起始事件很难确定。在研究案例历史纪录的基础上，我们将下面这些事件定义为顶事件。

（1）包装损坏

这一类包括破裂、穿孔或其他形式的导致危险品泄漏或释放的故障或损坏。大量不同类型的危险品在液态、气态或液化气等形式下，采用各种类型的包装，通过海运方式来运输，其中许多是腐蚀性的、易燃、易爆和有毒的物质。对于其中的许多物质而言，泄露是危险品与人、环境和财产发生接触并对其造成危害的必要但不充分条件。

（2）其他事件

这一类包括其他泄漏或者涉及危险品的事件，或由于包装或运输的活动偏离原来设定的目标而导致的不安全状态，同时这些事件又不是包装损坏造成的，因此被归入这一类中。例如，与原材料有关的事件，如棉花和鱼粉等货物起火，并不涉及任何包装破坏或危险品的释放。

上面所定义的顶事件被用来作为故障树分析（FTA）和事件树分析（ETA）两种方法的共同连接点。换句话说，这两种"树"起始于同一系列事件。更进一步，顶事件将因果链分成两部分，它们是：

（1）"故障或错误"链

包括产生顶事件的事件和条件，如运输风险及其原因和影响因素，这一部分可通过 FTA 进行分析；

（2）"结果"链

包括顶事件之后作为结果的事件和条件，如危险物的泄漏及其一系列后果，这一部分可通过 ETA 进行分析。

第三步：危险识别

识别和描述危险源，内容包括它们产生的原因与影响因素，以及危险品容器泄漏的一系列事件。"危险源"这个词在不同背景下有不同意思，但在本章，它用来描述有可能对危险品容器产生破坏的情况和条件。许多危险源与包装危险品海运系统有关，包括物理的、化学的、生物的、气候的和其他方面的危险。分析应该采用系统的方法，航运系统应该被看作是一个非常复杂的社会—技术—环境实体，这一实体由人员和在物理环境中运行的人造实体组成。如果能够掌握足够多的数据，就可以识别出那些比较容易管理的危险源、产生原因及风险的最大影响因素。如前面所提到的，这里采用故障树分析（FTA）技术来进行风险识别。

分析从“故障/错误链”开始，这是一个基本原则。分析通过使用“逆推逻辑法”（EPA，1992），提出一些问题如“为什么？”“这种情况是怎么发生的？”或“这个事故的原因和影响因素是什么？”这一系列提问的目的是识别这些事件和条件并将直观地模型化，这些事件和条件独立地或联合作用引发了顶事件和它们的逻辑联系。该结构是一个图形化的逻辑图，表明包装系统如何失效、危险物是如何释放的过程。模型包含一系列建立在连续的不同解决方案层次上的分支。在每一个层次下，都会对上面提到的问题进行更深层次的探究，直到找出隐藏的包装危险品事故的原因和影响因素。

1．系统细分

FTA 和 ETA 技术的基础是所研究系统的“划分”方法。细分系统的方法主要有三种：硬件/设备或技术性的、功能性的和混合方法。但是单独的划分对于包装危险品海运系统的风险分析来说是不充分的，正如系统并不是孤立工作一样，这些事件也是复杂的并且相互关联的。物理环境影响系统绩效。故障树的结构基于海运系统的组成元素、事件和条件而形成。故障树结构的关键要素及其解决方案的层次如下：

（1）“海上事件”

按照伦敦的国际海事组织（IMO）和劳埃德船舶注册中心定义，海事事件包括碰撞、接触、搁浅、沉没、火灾和爆炸（由危险品引起的火灾/爆炸除外）、倾覆、船体进水和机器故障。海上事件的原因和影响因素包括人为因素、技术因素、操作因素和环境因素等。

（2）“非海上事故”或“正常”运输条件

危险品海运系统按结构、技术和功能被分为几个子系统：

结构和技术：系统的技术和设备故障，如船、包装、搬运和安全设备，包括的问题有设计、结构和材料等方面。

功能性和操作性：系统功能问题，如危险品的装卸、包装、隔离、分离、防护、堆装、看护和文件编制。

（3）环境——物理环境

天气和大气压以及海洋状况。

（4）其他条件

这一类包括以上类别之外的一些原因和影响因素，或因为没有足够的依据不能被归为某一类的原因和影响因素，例如故意的行为。

FTA 方法建立在一系列有逻辑的连续的程序上（如算法）。然而，考虑到不同类型事件所需的大量数据以及信息资源的可得性和系统复杂性，想要做一个真正的逻辑分析几乎是不可能的。复合的、内在相关并且绝对适合 FTA 的树结构的情况并不总是存在的。涉及危险品的海运事件通常是由许多不同要素共同作用导致的。并不是每种情况都可以单纯地基于技术、程序、环境或人为因素来分类。为了充分利用所有现有数据，得出更深入的理解，可以在分析中加入其他更多“宽松的”的方法。为了反映分类间的内在相关性，应该做一些交叉对照。例如，技术问题可以从人员、操作性的或环境因素等方面来描述。

第四步：影响分析

1．识别和描述危险品风险的表现和影响后果

影响和结果分析的内容是对危险品风险引起的影响和后果的本质进行识别，并估计其程度。关键步骤包括识别危险品清单和库存及其风险、风险接受对象、危险品的分布、扩散与集中、数量与影响的关系，以及包括着影响因素和条件的一些后果。

2．识别和描述危险品风险的本质或类型并估计其大小

风险影响对象（如人员、环境和财产）是指那些潜在的受制于危险品风险影响的实物。描述风险特征的一个常用的形式是对比危险品风险的影响来度量实际结果，如结果和影响之间的比率。这在许多国家已经成为一个法定要求（例如欧盟、美国和其他 OECD 国家）。因此，受风险影响的人口的识别和度量值是一个重要的输入信息。分析过程可能涉及过去、现在和将来的影响。影响分析主要包括以下相关

的步骤。

（1）识别和描述危险品及其给风险影响对象带来的不利后果

危险品：按照研究的时间和位置列出包装危险品清单，要包括所有危险品和包装的类型；提供与危险品及其属性相关的其他信息，例如数量（千克或吨）、运输时的形态（如液态、气态、固态或混合物）、物理和化学性质。

危险品的危害（Dangerous Goods Hazards，DGH）：危险品海运的风险是指由危险品本身固有的危险引起的风险。所造成的结果和影响的性质与大小以及所引起的一系列事件的发生顺序更多地取决于这些危险品的危害。在风险分析中，主要应该考虑的危害是：毒性、火灾、爆炸、海洋环境污染。

风险影响对象：识别和描述受危险品风险影响的对象的主要类型。风险影响对象的主要类型包括：①人员：个体、群体、社会；②海洋环境：水、沉淀物、动物群落、植物群落、土壤——海岸线和海滩，也包括空气；③财产：个体的、公共的、商业财产或资产，如船、货物、设备、设施和其他资产。

（2）识别和描述危险品事故发生后引发的一系列对风险对象造成影响的事件的顺序

基于泄漏或扩散模型，估计出危险品从包装容器中泄漏的数量、持续时间和速率。泄漏的数量是指基于直接监测的历史数据或是使用电脑模型做出的估计值。

与散装危险货物运输和其他的供应链活动相比，危险品运输存在一定区别。它们以不同水平的包装形式装货上船. 船舶可视为一个“大包裹”，或包含了大量复杂的系统的“大环境”。ETA 方法可以用来对一系列事件及其导致的后果（例如装有易燃和有毒液体的容器破裂的后果）的顺序进行模型化。然而，就海洋污染物的影响来说，例如污染物的扩散和集中，ETA 并不能提供充足的信息。因此，还应当充分利用包含这些信息来源的其他环境或生态评价框架中的模型（例如，NOVA，2001；ACS，1998；EPA，1992）。

（3）描述释放出的危险物及其危害的分布、扩散和集中一旦从储存器中释放，许多不同类型的污染物及其危害会经历复杂的过程和变化，通过运输媒介（水、空气和土壤）进行传播。例如，许多毒性物质扩散，集中于开放的环境中，例如空气或水。不过，如果是难溶物质，释放到水中只会简单地通过水流和波浪远离源头。

危害的范围和数量。危险物可能沿不同的方向移动，到达距离原来容器或船舶距离不同的地方，并且具有不同的浓度和强度。为了估计风险后果和对风险影响对象的影响的性质和范围，需要重点考虑以下几点：①从源头出发，危险物所能到达的距离；②距离源头不同距离的危险物的数量，如有毒物质和水污染物等的浓度水平；③由泄漏源头开始的时间、距离和方向的强度大小（如火灾辐射或冲击波）。危险物的扩散和集中受到许多不同要素的影响，包括危险物的数量和类型、海洋和天气条件。对分布，扩散和集中的估计采用不同的方法和工具，如实时观测、历史数据、案例情景分析和技术分析。这些数据很少被报道出来，因此在危险品海上事故分析中非常有限。一些深入研究的案例历史记录可以提供一些危险物的扩散与集中模型化的信息。

（4）识别和描述危险物影响风险对象的方式和路径

风险影响对象会通过以下几种方式与危险物发生联系：①人类和其他生命有机体直接或间接与危险物发生联系，如呼吸吸入、皮肤吸收、摄取、压力波接触、扬尘、辐射流影响和其他形式的接触；②海洋环境：如进入水体的有毒物的扩散和集中；③财产：如表面、压力波、扬尘、辐射流和其他形式的接触。

（5）描述、估计量效关系（dose-effect relationships）

当危险品与风险影响对象发生接触时，可能对风险对象造成不同类型和程度的伤害。这取决于特殊的损害机理（即量效关系）。只有当接触超出一定程度，对风险对象造成的生物的、物理的、化学的影响才会发生。数量水平及其导致的结果之间的关系受到不同的内在相关的因素和条件的影响，如持续时间、频率、接触水平和人们所处的物理环境。

第五步：后果分析

1. 识别和描述危险品风险对风险对象造成实际后果的性质

风险影响对象的主要类型及其结果的性质特征包括以下几个方面。

（1）人员——人员健康和安全

危险品对人类的影响，如死亡、伤害、急性或慢性疾病和其他健康问题，例如进入食物链的污染物的吸收与聚集、排泄、分娩、经济损失和心理或精神影响。

（2）经济系统和海洋环境

对水、海底、沉积物的污染和对生物区的影响，包括美观上的影响。由于人们关于环境的价值观不同，原本高度公认的结果若从经济系统的观点来看，可能就并非如此了。

（3）财产

对个人、商业和公共财产造成的破坏和损失。

（4）其他

其他不利的后果，如商业、通信、航行系统或其他活动（如渔业、耕作或农业）的中断，以及其他形式的影响。

上述几种类型的结果总是内在相关的，例如，人类健康问题可能由水环境的污染引起。上面的结果可以用货币单元的形式表述和衡量，如经济或财务损失。

2. 量化风险因素

识别和量化是不可分割的程序。为了表述的方便，可以将它们分别在两个维度下加以描述。依赖于可得数据数量和质量的危险品海运事件风险数据，其任何一个风险要素的可能性都可以估计出来，包括顶事件、运输风险及其原因和影响因素、危险品危险及其后果。鉴于大量的风险要素和一系列涉及危险品的海上事故，事实上复合的可能性由个别的可能性组成的，例如，在一个特定时期（如一年）一个具体的危险（如爆炸）对一个具体的风险对象（如船员）所产生的具体的后果（如死亡）的可能性。

估计和表述可能性有不同的方法，包括定量的、半定量的和定性的方法。定量方法通常基于对历史数据的外推，在这一方法中，可能性被表述为数字。半定量方法采用量化数据和判断，在这一方法中，可能性的表述如“少于”、“多于”或在一个特定的可能性范围内。定性方法主要基于感觉、信任或判断，当然这些感觉和判断等要在一定程度上符合规则，法律和技术因素。可能性的一些定性描述为：高的、频繁的、不频繁的、可能的、不可能的、低的、可忽视的。

综合分析不能仅仅依靠可能性的估计。量化或统计分析可以比定性分析和可能性估计提供更多的信息和更为准确的结果。量化分析比可能性估计广泛，包含着可能性估计。统计推断可以用来识别现存的结果，衡量不同变量间关系的方向和数量，这些变量代表着不同的海运系统和风险要素。例如，衡量危险品风险导致的死亡或伤害事件和船或危险品的类型之间的关系。基于案例历史记录的量化分析可以被扩展到解决方案和数据可得的风险要素的层次上。估计的质量存在很大不同，取决于数据的质量和数量、采用的方法、判断和假设。

有了利用 FTA 工具对危险和包装损坏的原因及影响因素进行的分析，在确定树的框架结构后，下一步的工作就是量化。如果必要和可能的话，对结构要素进行量化，以解答频率的问题。FTA 技术主要基于算法分析，在分析中，将树结构的分支在历史数据的基础上加以量化处理。考虑到系统和相关事件的复杂性，以及与其他系统的关联性和已有的可得数据，分析不能单纯依靠连续的逻辑组织。为了简化事物，利用所有现有数据，并加深对风险要素的理解，可以同时采用其他形式的量化分析。

第六步：影响范围评估

影响评估是指评估受危险品危险影响的风险对象的数量，以及影响的大小、持续时间和空间范围。这里所说的风险对象是指那些受危险品的危险影响的对象。表 9.4 列举了风险对象的主要类型和影响的测量单位。

每种类型影响的范围和程度可用不同的方式加以衡量，见表 9.2 所示。货币单位可以作为几乎所有类型影响的通用单位。上述所有的衡量指标都与影响的时间单位相关，时间单位通常都取为一年。时间单位的其他形式有周期（以小时或年的形式）、工作周期（以小时或年的形式）、每年总的工作时间、每年涉及到危险品的总的工作时间等等。受影响的人的数目可以用计算机模型估计出来，使用的信息可以通过

表 9.4　风险对象的类型和影响的测量单位分类

序号	风险对象的类型	影响的测量单位举例
1	人员：个体、群体、社会 一船员 一乘客 一其他人 一岸上工作人员 一当地居民	一总人数（所有分类） 一全部船舶的工作人员数和运输危险品船舶上的工作人员数 一旅客人数：所有船舶和载货或载客的船舶 一旅客—英里数或小时数 一岸上工作人员数：所有工作人员数和涉及危险品活动的工作人员数 一岸上人数：港口、航线和运输路线周围
2	海洋环境 一生物群落：动物群、植物群 一水 一沉淀物 一海岸或海岸线	一数量，例如受保护的海域或敏感海域的数量 一重量/体积 一海岸线/内陆水：英里 一海洋/内陆水域面积：平方公里或平方英里
3	一财产：船、货物和岸上财产 一活动：运输、港口和其他活动	一总吨数、吨公里和运输距离：所有类型的货物/商品；所有或每种危险品 一船的数量、吨、船英里或船公里：所有类型的船；只是运输包装危险品的船 一岸上财产：数量/个数 一活动时间：小时、天或星期——例如运输时间或在港口工作的小时数
4	财务指标	货币单位——上述分类的价格/价值/成本

人口普查和地图获取。船员、旅客、海港工作人员、生活在航线附近和港口周围的居民的人口统计学数据可以用来估计人员所受影响。

限于与危险品风险相关的海洋环境情况和所有岸上财产与活动都应该加以记录，可能的情况下应予以量化。所有受保护的、指定的敏感的海洋环境场所及其具体的物理、生态、社会和经济特征都应该加以识别。对影响进行估计可能会很困难，而且耗费资源。大量海上事故的历史数据表明，有关影响的数据是不充足的，不够支持有关危险品海上事故的分析。一般来讲，数据库包含有关事故、事故结果和系统某些元素的数据。不过，这些数据也可以从其他数据库或通过其他数据收集方法和技术来获取。

第七步：影响后果评估

这一步骤是评估危险品风险给风险影响对象所带来的实际后果的程度，包括影响因素的估计。单一危险品的泄漏事件可能与一个或一系列危险相关，这个事件可能影响N个或更多的不同的风险对象，产生不同程度的损害。例如，对人员造成的后果就有所不同，包括不能检测的或微小的影响、严重但可恢复的伤害、永久的严重的健康问题和死亡。类似地，海洋环境中的水生群落也会受到不同地影响，由于它是由大量不同种类的有机体组成的，这些有机体具有相当不同的生理机能，因此它们对于不同化学物不同的浓度水平具有不同的敏感性和反应程度。

后果以定量、半定量和定性的形式加以衡量和表述。表9.5给出了一些指标，这些指标可用来衡量危险品风险对每一个具体的风险对象带来的实际后果。其中一些指标可作为直接测量指标，而其他只是简单地作为指示指标，尤其在缺乏直接测量指标的时候。

表9.5　风险对象、后果及其衡量

序号	具体的风险对象	具体后果	测量单位：对具体风险对象所带来后果的具体数量
1	人员 —船员 —乘客 —其他人 —岸上工作人员 —当地居民	—死亡 —伤害 —其他安全或健康影响	—死亡人数 —伤害人数 —受其他安全或健康影响的人数
2	海洋环境 —生物群落：动物群、植物群 —水 —沉淀物 —海岸或海岸线	—污染 —损失	—受污染的海岸线长度 —受污染面积 —受影响的生物群落的数量 —受影响的船舶：当事的船舶，例如沉没或搁浅的船舶的数量、吨位

续表

序号	具体的风险对象	具体后果	测量单位：对具体风险对象所带来后果的具体数量
3	一财产：船、货物和岸上财产 一活动：运输、装卸和其他活动	一破坏 一损失 一中断	一受影响的船舶：数目、吨位，例如建造总损失 一所有货物或包裹和危险品本身；破坏或丢失的数量 一财产：损坏的财产的数目/数量、结构破坏的具体程度 一活动的中断或延迟：小时，天或星期
4	财务	一财务的：损失、索赔	一货币单位：上述任意一种由危险品风险引起的损失或破坏所带来的成本

虽然基于实际事件经验的估计更可取，但是，在毒性数据或环境数据很少甚至不存在的情况下，同样可以基于理论模型或专家判断估计后果。影响后果的要素可按非公制和公制方式进行衡量。这些要素相互关联，并且与其他风险和系统的要素相关联。

复合后果是由个别后果组成的，这些个别后果指的是对具体风险对象（如人员、环境、财产）造成的具体后果（如火灾、爆炸或有毒物）的数量范围（如每个事件中死亡或受伤的数目）。由于各个后果的衡量不兼容，对所有风险对象的复合后果只能用定性形式加以衡量和表述。

把死亡和伤害作为衡量后果的唯一指标并不完全恰当。危险品风险造成了各种不同的影响，例如，讨厌的气味、发炎或过敏、残疾或其他不可恢复的影响。在一些情况下，可以将影响作为后果的一项衡量指标。不过，通常由于数据的缺乏，还是比较多地使用死亡率和伤害来衡量人员影响后果。在估计影响和预测后果中使用的一些衡量单元包括浓度（如百万分之一）、压强(如克/平方厘米)。在这些情况下，后果的大小将作为变化后的价值与初始价值之间的差别来加以衡量。海洋环境含有各种自然浓度不同的物质。衡量海洋环境污染的程度的方法之一是测量污染物进入海水之后的浓度值与自然浓度值之间的差异。

第八步：风险特征描述

1．对风险特征描述和估计应综合考虑两个因素：①可能性（频率/概率）和结果；②危险品风险的后果和影响。

表 9.6 表示的是如何将信息到风险特征的描述中——经常交互使用的术语包括风险估计、风险计算和风险度量。风险并不总是能通过数学程式，如数字的乘除来进行估计、计算或度量。

风险分类一般使用两种主要方法：

①可能性（频率和概率，F）与后果结合（C），定量衡量：$R=F\times C$；

②后果与影响（E）结合，定量衡量：$R=C/E$，后果与影响之比（C/E）本身就是风险对象承受后果的概率。

风险特征可以用定量、定性或者两者结合的形式来描述。以定量的形式表述，例如，以一个周期内死亡和受伤的人数来表述人员风险。定性的描述如“低”、“中等”、“高”，在风险量化不可行并且也不必要的情况下可以使用这种描述。量化的风险描述可能是确定的，例如在影响的点估计与后果的点估计相比的时候，或是概率性的，如影响的数据分布与后果的数据分布相比的时候，以及风险以预期会受到影响的水生群落中人类或生物的百分比的形式来描述的时候。

可能性、后果和影响，以及风险本身都可能与系统和风险（表 9.4）的任何要素有关，如风险对象、危险品的类型、位置、船舶和各种活动等。这使得与系统不同活动和不同部分相关的不利影响之间可以进行比较。复合风险（全部的或组合的）由个别或具体的风险组成，可以表述为

（1）$\sum R_i = \sum F_i * C_i$

（2）$\sum R_i = \sum C_i * E_i$

其中，符号*并不必然地表示数学过程。

考虑到用于表述可能性、后果和影响的各种不兼容的测量单位之间有很大差异，复合或组合风险并不总是个别风险的简单数学加总。

表 9.6 风险特征描述方法

<table>
<tr><td>风险</td><td colspan="4">=可能性*后果</td><td colspan="2">=后果/影响</td></tr>
<tr><td rowspan="2">风险</td><td>可能性</td><td colspan="4">后果</td><td>影响</td></tr>
<tr><td colspan="5">个别后果</td><td>个别影响</td></tr>
<tr><td rowspan="2">个别风险</td><td rowspan="2">个别可能性</td><td>风险对象</td><td>危险</td><td>后果或数量的类型</td><td>位置和活动</td><td>受危险品危险影响的人口</td></tr>
<tr><td>—人员
—海洋环境
—财产和活动</td><td>—火灾
—爆炸
—有毒物
—窒息
—感染
—辐射
—海洋污染
—其他</td><td>—死亡
—伤害
—其他健康问题
—污染
—丢失
—破坏
—其他</td><td>—局部的
—地区的
—国家的
—国际的
—船
—航道
—港口</td><td>—风险对象
—位置
—活动
—艇
—货物/危险品
—交通
—事故</td></tr>
<tr><td>复合/组合风险</td><td>复合/组合可能性</td><td colspan="4">复合/组合后果</td><td>复合/组合影响</td></tr>
</table>

描述风险特征的方式取决于许多不同的因素，如目标、研究的范围和深度、兴趣和法律要求。在某些产业或国家中，风险特征的界定和描述都有现成的规范。例如，美国化学工程部门会提供一些一般性的风险测量方法和程序，这些方法和程序可用于计算人员风险，包括社会风险和个人风险，并且是针对适合应用于包装危险品海运风险分析的化学工业而言。

（1）风险指数

风险指数是单一的数字或表格，包括以下指标：

- 死亡事故率（Fatal Accident Rate，FAR）——每小时死亡人数（Lees，1980）
- 平均死亡率（Average Rate of Death，ARD）——所有可能事件每单位时间死亡的平均数（Lees，1980）

● 个别风险指数（Individual Hazard Index，IHI）是具体风险的死亡事故率（Helmers&Schaller，1982）

● 有毒物品危害的死亡率指数（Mortality Index，MI），（Marshal，1987）

（2）个别风险

个别风险是指某一危险对个人或个体所造成的风险。因为数据可得性的限制，风险估计通常只限于不可恢复的伤害和死亡两种风险。个别风险估计是指对在某一特定地点的风险对象个体和群体或者是在某一受影响区域的平均个体进行风险估计。一些个别风险的度量包括指标：

● 个别风险轮廓图（Individual Risk Contour，IRC）

● 最大个别风险（Maximum Individual Risk，MIR）

● 平均个别风险（Average Individual Risk，AIR）（针对受影响人员）

● 平均个别风险（Average Individual Risk，AIR）（针对所有人）

● 平均个别风险（Average Individual Risk，AIR）（针对工作时间受影响的人员）

（3）社会风险

社会风险用于衡量群体风险，经常表述为某一地方、国家或区域层次的多伤亡事故的频率分布的总体形式（如 F-N 曲线）。社会风险的估计需要定义承受风险的人员，另外还需要人员的性别、年龄以及出现在特定位置如港口或航线的人口的概率等信息。

（4）伤害风险

描述人员风险的另一形式是伤害风险指标，但这个指标实用性不高。因为有关伤害的数据很少，而且具有高度的不确定性，许多危险品运输的风险评价并不考虑伤害风险指标。一种表述伤害风险的方法是使用死亡人数对受伤人数的比率。

2．单位系统和活动的影响（见表 9.4 所示）

对危险品海运而言，将损失（这是衡量后果的重要指标）与各种活动或要素的指标联系起来是可能的。例如，死亡和伤害可以与以下这些指标相关：转移人员总数、旅客或船员总的航行时间或距离、危险品的总吨数或总吨公里数、危险品装运量或包裹的总数量，所有这些都是指在单位时间内。其中一些指标也适用于财产和环境风险。

风险表述的目的是为了减少大量不必要的信息，提供一个简单的可用于决策的定量或定性的风险描述。表述形式随目的和风险衡量指标的不同而不同。一些风险表述形式如：单一的数字指数（如1/100 000）、表格（如死亡人数的典型数量尺度或分布带是1-10，11～100，101～1000）、图形（如 F-N 曲线）和地图（如风险轮廓图，如表示风险与距离关系的“等风险”线）。

在发现包装失效（导致危险品泄漏或进入）和探索各种因素和条件如何影响事件过程等方面，事件树分析法（ETA）可以作为一个很有效的工具来使用。ETA 也可以用作发现甚至量化危险品风险和后果的方法。

ETA 的关键步骤如下所述：

①根据一系列条件识别，列出（位于树图的左边）并分类顶事件：国际海事组织和劳埃得航运组织所定义的事件以及其他事件，例如有毒物质泄漏；

②识别和列出一系列防护措施和物理条件（位于树图的顶端）——对船上和岸上的人和系统的保护、监测、响应和迁移；

③决定事件进程：识别每一个防护措施和物理条件的成功分支（如无泄漏、无货损、无火灾或爆炸、无死亡）和失败分支（泄漏、货损、火灾或爆炸、死亡），并估计每一个分支点的频率；

④估计事件的一系列结果和频率；估计每一类事件的个别和累积的后果；通过将顶事件频率和所有分支点的概率相乘估计联合频率，并按频率从高到低或从低到高将事件排序；

⑤总结结果：采用 F-N 曲线——事件的累积频率为 y 轴，所导致的 N 个或更多后果为 x 轴。

第九步：敏感性分析

敏感性分析是最近一些风险研究采用的一个步骤。风险指数决定风险水平。然而，管理指数使得那些拥有等价指数的风险能够进一步分类。这一分析可能超越了风险分析，风险分析主要集中于风险的技术方面，而敏感性分析则更多考虑风险的社会和经济方面。风险方程的风险管理指数如下：

风险指数＝可能性×后果或后果×影响范围

风险管理指数＝风险指数×敏感性

管理指数法也可应用于其他类型的风险分析。在海洋环境风险分析中，敏感性分析的目的是识别对海洋污染较敏感的区域。除污染风险分析外，敏感性分析还有其他应用，例如在英国，它被作为建立海洋环境高风险区域的基础（DETR，1999）。这一分析的第一步是对所有受保护的、指定的或敏感区域进行识别和分类。分类是为了满足专门的要求以及一个国家或地区物理的、生态的、社会的和经济的特征。例如，地区的分类可以基于野生生物的重要性、海鸟对污染的感应度、渔业、周围社区的舒适和经济利益、景观和地理。这个分类系统建立在各种不同的方法，如实验室和专业研究、污染事件的案例历史记录和对海洋环境生物的判断的基础之上。就海洋环境的敏感性编制文件，并通过高级技术（如地理信息系统，GIS）建立一个指数地图。海洋环境敏感性地图近来在一些国家已经成为海洋污染防护的必要组成部分。

9.4.3　第三阶段：结论和建议

结论和建议阶段是风险研究中的重要阶段。基于事实，分析提出了关于风险要素的重要的结论性的陈述或评论，这是整个风险研究工作的综合。应该提供的关于风险主要要素的综合信息包括：风险及其原因和影响因素、危险品事故的频率或概率和主要影响因素、危险品风险带来的后果和定量或定性形式表示的风险。判断和估计出的风险可能与已有的风险指标不一致，例如，危险品风险是否可以忽略不计、可以接受或是不能接受等。风险分析的其中一个目标是为更好地管理风险提供建议。因此在这一部分，需要提出风险管理战略和措施。不过，结果和建议只是形成供决策者考虑的一组信息。建议本身并不是决定，但是因为决策制定过程通常需要考虑许多其他因素，因此它可以为决策提供指导信息。

9.5 结论

本研究希望能够填补风险研究方法学领域的空白，尤其是在危险品海洋运输领域，加深对风险分析的理解，提炼风险分析的概念。基于实际数据、文献回顾和个人研究经历，将一个具体的风险分析框架应用于包装危险品海运领域。这一框架依赖于风险分析的本质原则和这一领域的管理实践。

图 9.3 所示的模型综合了以下两个要素：

①框架结构，由风险分析过程的 5 个关键步骤组成，分别是危险识别、影响和后果分析、可能性估计或量化和风险特征描述与表达。

②分析技术结构（如 FTA 和 ETA），是指对风险相关数据进行分析的方法。

模型的结构综合反映了包装危险品海运系统、风险要素和包装危险品海上事故的过程。这一框架为更有效和更快速地准备和实施风险分析提供了一个“蓝本”。通过更有效的决策过程并以实践方式来实施分析框架，以加强和保持人员健康和保护海洋环境，同时也可节省时间和资源。

参考文献

1. Alp, E. (1995), ‘Risk-based transportation planning practice: Overall methodology and a case example’, *INFOR*. Feb, Vol.33, pp.4-19.

2. American Chemical Society (1998), ‘Understanding Risk Analysis. Guide for Health, Safety and Environmental Policy Making’, *American Chemical Society.*

3. Batten, S.D., Allen, R.J.S. and Wotton, C.O..M. (1998), ‘The Effects of the Sea Empress Oil Spill on the Plankton of the Southern Irish Sea’, *Marine Pollution Bulletin,* Vol.36, No.10, pp.764-774, Pergamon.

4. Carol, S., Vilchez, J.A., and Casal, J. (2001), ‘A new approach to

the estimation of the probable number of fatalities in accidental explosions', *Safety Science,* Vol.39, pp.205–217.

5. CCPS (1989), 'Chemical Process Quantitative Risk Analysis', Centre for Chemical Process Safety of the American Institute of Chemical Engineers.

6. Dennis, S.M. (1996), 'Estimating risk costs per unit of exposure for hazardous materials transported by rail', *Logistics and Transportation Review,* Dec. Vol.32, No.4, pp.351-375.

7. DETR, Department of the Environment, Transport and the Regions (1999), 'Identification of Marine Environmental High Risk Areas (MEHRA's) in the UK', Report prepared by Safetec for the UK DETR.

8. Directorate General XI of the European Commission (1998), 'The Technical Guidance on Development of Risk Reduction Strategies', EC.

9. DNV Technica (1995), 'Feasibility Study For Safety Assessment of RoRo Passenger Vessels'.

10. Donk, J. and de Rijke, W.G. (1995), 'A risk-effect model for waterway transport of dangerous goods', *Conference proceedings Reliability and Maintainability Symposium,* pp.349-355, IEEE.

11. EPA, Risk Assessment Forum (1992), 'Framework for Ecological Risk Assessment', EPA/630/R-92/001, Environmental Protection Agency, Washington, D.C.

12. European Commission (1999), 'The Concerted Action on Formal Safety and Environmental Assessment of Ship Operations', The project conducted by Germanischer Lloyd and Det Norske Veritas and funded by the European Commission under the Transport RTD Programme of the 4th Framework Programme.

13. Fay, J.A., (2003), 'Model of spills and fires from LNG and oil tankers', *Journal of Hazardous Materials,* Vol.96, No.2-3, pp.171-188, Elsevier.

14. Fowler, T.G. and Sorgård, E. (2000), 'Modelling Ship Transportation Risk', *Risk Analysis,* Vol.20, No.2.

15. Gade, M. and Redondo, J.M. (1999), 'Marine pollution in European coastal waters monitored by the ERS-2 SAR: a comprehensive statistical analysis', *Journal of OCEANS '99,* Vol.3, pp.1239-1243, IEEE & Marine Technology Soc.

16. Gilfillan, E.S., Harner, E.J., O'Reilly, J.E., Page D.S., Burns, W.A. (1990). 'A Comparison of Shoreline Assessment Study Designs Used for the Exxon Valdez Oil Spill', *Marine Pollution Bulletin,* Vol.38, No.5, pp.380-388, Pergamon.

17. Giziakis, K. and Bardi-Giziaki, E. (2002), 'Assessing the risk of pollution from ship accidents, Disaster Prevention and Management', *An International Journal,* Vol.11, No.2, pp.109-114, Emerald (MCB).

18. Goulielmos, A.M. (2001), 'Maritime safety: facts and proposals for the European OPA Disaster Prevention and Management', *An International Journal,* Vol.10, No.4, pp.278-285, Emerald (MCB).

19. Goulielmos, A.M and Pardali, A. (1998), 'The framework protecting ports and ships from fire and pollution, Disaster Prevention and Management', *An International Journal,* Vol.7, No.4, pp.281-287, Emerald (MCB).

20. Haastrup, P. and Brockhoff, L. (1990), 'Severity of Accidents with Hazardous Materials: A Comparison Between Transportation and Fixed Installations', *Journal of Loss Prevention in the Process Industries,* Vol.3, pp.395-405.

21. Hall, A.J., Watkins, J. and Hiby, L. (1996), 'The impact of the 1993 Braer oil spill on grey seals in Shetland', *Journal of The Science of The Total Environment,* Vol.186, No.1-2, pp.119-125, Elsevier.

22. Health and Safety Commission (HSC) (1991), 'Major Hazardous Aspects of the Transport of Dangerous Substances', *Advisary Committee on Dangerous Substances,* HMSO.

23. HSE (1998), 'Five Steps to Risk Assessment', *Health and Safety Executive,* HSE Books, Sudbury, UK., INDG163.

24. HSE (2002), 'Marine risk assessment', *Offshore Technology Report 2001/063,* prepared by Det Norske Veritas for the Health and Safety Executive, United Kingdom, ISBN 0 7176 2231 2.

25. Hokkanen, J. and Pelline, J. (1997), 'The Use of Decision-aid Methods in the Assessment of Risk Reduction Measures in the Control of Chemicals', Nordic Council of Ministers, Copenhagen.

26. IMO (1996), 'Focus on IMO - IMO and dangerous goods at sea', *IMO May.*

27. Kaplan, S. and Garrick, B.J, (1981), 'On the quantitative definitions of risks', *Risk Analysis,* Vol.1, No.1, pp.11-27.

28. LaBelle, R.P. and Anderson, C.M. (1996), 'Offshore oil-spill occurrence rates', *Journal of OCEANS '96,* Conference Proceedings, Vol.2, pp.751-753, IEEE.

29. Miraglia, R.A. (2002), 'The Cultural and Behavioral Impact of the Exxon Valdez Oil Spill on the Native Peoples of Prince William Sound, Alaska', *Spill Science and Technology Bulletin,* Vol.7, No.1-2, pp.75-87, Pergamon.

30. Morgenstern, R.D. and Landy, M.K. (1997), 'Economic Analysis: Benefits, Costs, Implications in Economic Analysis at EPA', Assessing Regulatory impact, Resources for the Future, Washington D.C.

31. Mullai, A. and Paulsson, U. (2002), 'Oil Spills in Öresund - Hazardous events, Causes and Claims', prepared for the Sundrisk project, Lund University, Department of Industrial Management and Logistics, Lund.

32. Nicolet-Monnier, M and Gheorghe, A.V. (1996) 'Quantitative Risk Assessment of Hazardous Materials Transport System', Kluwer Academic Publishers.

33. NOVA Chemicals Corp (2001), 'The Chemical Accident Risk

Assessment Thesaurus', *(CARAT) Database.*

34. OECD (2000), 'Risk Management. No. 13 Framework For Integrating Social-Economic Analysis in Chemical Risk', *Environmental Health and Safety Publications Series,* Management Decision Making ENV/JM/MONO(2000)5. Environment Directorate OECD Paris 2000.

35. Onyekpe, B. (2002), 'Response-predictive model of oil spills in aquatic environments', *Journal of Environmental Management and Health,* Vol.13, No.1, pp.66-70, Emerald (MCB).

36. Purdy, G. (1993), 'Risk assessment', *Hazardous Cargo Bulletin Dec.,* DNV Technica.

37. Reed, M., Johansen, Brandvik, P.J., Daling, P., Lewis, A., Fiocco, R., Mackay, D., and Prentki, R. (1999), 'Oil Spill Modeling towards the Close of the 20th Century: Overview of the State of the Art', *Spill Science and Technology Bulletin,* Vol.5, No.1, pp.3-16, Pergamon.

38. Report of the Royal Society Group Study Group (1992), 'Risk: Analysis, Perception and Management', Royal Society.

39. Risk Assessment Forum (1992), 'Framework for Ecological Risk Assessment', EPA/630/R - 92/001, Environmental Protection Agency, Washington, D.C.

40. Romer, H., Haastrup, P and Styhr Petersen, H.J (1995), 'Accidents during marine transport of dangerous goods. Distribution of fatalities', *European Commission, Joint Research Centre Ispra,* t.p. 650, 1-21020 Ispra, *Journal of Loss Prevention in the Process Industries,* Vol.8, No.1.

41. Ruxton, T. (1996), 'Formal safety Assessment of ships', *Trans IMarE,* Vol.108, No.4, pp.287-296.

42. Saccommanno, F. (1993). 'Transportation of dangerous goods: assessing the risks'. Paper presented by J.R. Spouge, Technica Ltd. UK. *Proceedings of the first International Consensus Conference on the Risks of Transport of dangerous Goods,* held April 6-8, 1992, Toronto.

Reference ISBN 0-96966747-1-6.

43. Sii, H.S., Ruxton, T., Wang, J. (2001), 'A fuzzy-logic-based approach to qualitative safety modelling for marine systems', *Reliability Engineering and System Safety,* Vol.73, No.1, pp.19-34, Elsevier.

44. Stanners, D. and Bourdeau, P. (1995), 'European Environment: The Dobris Assessment'. *The European Environment Agency (EEA), Office for Official Publications of the EC, Luxembourg.*

45. UNEP (1997), 'Global Environment Outlook', *(GEO-1) United Nations Environment Programme (UNEP) Report.*

46. U.S. EPA. (1989), 'Risk Assessment Guidance for Superfund (RAGS)', *Human Health Evaluation Manual (HHEM) (Part A, Baseline Risk Assessment). Interim Final,* Vol.1, Office of Emergency and Remedial Response, Washington, DC. EPA/540/1-89/002. NTIS PB90-155581.

第十章　物流外包：基于委托人和服务商角度的风险研究

10.1　导言

在物流和供应链领域应用越来越多的实践活动是外包（Outsourcing）。不断变化的工业环境和新的物流需求使得更多的现代物流服务外包成为一种趋势，这种运作模式通常被称之为第三方物流，见 Anderson（1997）和 van Laarhoven 等（2000）的相关研究。随着这种趋势的不断发展，供应链中的组织关系变得越来越复杂，因此，风险状况也会由于委托人和服务商的不同而变化。（Lalonde 和 Cooper，1989）。在制定物流外包决策以前以及在外包期间，需要处理好不确定性和风险问题。许多不同种类的风险存在于物流活动中，这些风险可以划分为战略风险和运作风险。在制定外包决策之前，更多的是对战略性层面的风险进行评估。在决定哪些物流功能应该外包的过程中风险是一个需要考虑的关键性因素（Rao 和 Young，1994）。在物流外包的实施过程中，就需要用各种不同的方法来解决运作风险的问题。

到目前为止，重点关注第三方物流的不确定性和风险，以及外包过程中基于顾客和物流服务提供商的风险状况和风险管理过程的变化等方面的文献非常有限。这一章研究的重点在于，现代物流外包如何影响风险的产生，以及物流服务的购买者和提供者分别怎样影响和处理这些风险。本章将要处理的问题体现在以下几个方面。

1. 物流外包过程中，需要管理的风险或不确定性有哪些？

2. 事前和事后的风险和不确定状况如何伴随现代物流服务的购

买者和提供者不同而变化？

3. 参与外包的各个角色如何进行风险管理以及管理过程如何变化？

4. 在外包活动的合作者与控制者之间，责任如何进行分配和传递？

由于研究主题的复杂性和新颖性，本章选取了案例研究的方法。到目前为止，对委托人和服务商进行了调查采访，并由委托人处取得了二手的书面材料。为了给后面的章节创造一个平台，本章将对供应链风险管理进行理论方面的总览，随后会有一个有关现代物流外包的案例研究，这一案例阐述了双方参与者如何进行风险管理工作。同时，这一章还对结果进行了分析，并讨论了继续研究该专题的方法。

10.2　参考框架

在参考框架中我们将进一步阐述风险和不确定性，其基础是 Norrman 和 Lindroth（第二章）的一般性分析，但更多的是与物流外包相联系。本章将讨论风险管理过程的步骤，包括风险分析、风险评估和风险管理。

10.2.1　风险和不确定性

一般而言，只要涉及到物流外包，就会考虑到许多战略性的风险或不确定性问题。例如，Walker（1998）就指出与供应商关系相关的三种不同的战略性风险：攫取风险、技术扩散风险和最终产品损坏风险。攫取风险是指供应商利用客户对他的依赖性，增加他在总的最终消费收入中所占的份额。技术扩散风险是有关于保护创新产品或操作流程技术防止其被仿冒。产品损坏风险则是指关键的产品属性在配送、市场流通或技术服务运行过程中破损或损伤的风险。Lonsdale（1999）指出物流外包的两个主要风险：①外包出去的资源和能力对于目前和未来的竞争优势是非常关键、非常必要的；②公司会变得非常依赖提供服务提供商。后者可以多种方式出现，如在一个只有有限数量供应商的市场上外包；在面临不同程度的资产特征时缺乏内部联盟和契约关系。

10.2.2 风险来源和影响结果

正如前几个章节所论述的，风险（和不确定性）的来源和风险的影响后果是分开分析的。Juttner 等（2002）把与供应链相关的风险来源分为三类：供应链外部风险、供应链内部风险和整个供应网络相关风险。最后一个风险从供应链的角度来研究，比较新颖。同时，在第四章提到的供应网络风险产生于供应链内部成员之间的相互作用，例如，非最佳效用的相互作用关系和合作关系。

风险的影响后果是指主要的供应链输出变量，如成本和质量（以及健康和安全）等具有明显区别的不同形式。

10.2.3 物流外包的风险和不确定性

研究物流外包风险的学者很少。Rao 和 Yang（1994）认为“风险责任和控制”是影响是否将物流业务外包的一个关键因素。Lalonde 和 Cooper（1989）则强调了第三方物流关系的一系列风险问题。他们从购买者的角度强调以下问题。

1．缺少控制

管理并不能够真正控制物料在物流渠道中的流动，而这通常与公司的客户相衔接。

2．连续性问题

合作伙伴突然退出市场或短期的财务困难等风险会严重影响到公司绩效。这种情况可能会使销售商的产品遭遇风险，甚至会对销售商的部分客户造成威胁。

3．服务提供商的风险

服务提供商的风险主要表现在服务过程的变化、短期性的经营变化、发货人所要求的新的项目和技术的变化等方面。

风险的水平与关系的结构性属性成一定比例。合约越长，服务供应商越少，风险也就越大。增值服务的范围和属性从交易层面扩展到了结构层面，在此过程中，风险也会随之增加。

从第三方服务提供商的角度，Lalonde 和 Cooper（1989）强调以下三方面的风险。

1．所需要的投入种类和水平；

2．购买者同第三方共担风险的意愿；

3．如果购买方决定停止或转移业务，那么为进行价值增加的服务而聚集的众多专家、人员和设备可能不能由其他项目分摊或转移出去，这样也会造成风险。

10.2.4　风险分析和评估

风险分析（或风险识别）是风险管理过程中的一个基础性的阶段。通过风险识别，决策制定者会找出并关注可能引起中断的事件。为了评估风险，公司不仅要有效识别直接运作风险，而且还要识别整条供应链中每一关键环节点所存在的风险的产生原因（Christopher 等，2002）。因此，风险分析的重点在于找出未来的不确定性并能够提前处理这些风险。

10.2.5　风险管理

风险管理通常使用的策略是规避、降低、转移、共担，甚至是承担风险。规避风险是指在源头上消除会导致风险的事件。降低风险是指既要减少发生的概率又要尽量减轻最后导致的结果。降低影响的方法包括：额外的库存、多重的进货来源、仓储中的防火措施、并行系统和多元化策略等。通过改进存在风险的运作流程，可以降低风险发生概率，并且能够完善外包流程，例如供应商选择问题和供应商发展策略等。风险可以转移到保险公司，但是也可以通过转移库存责任来改变供应商的送货时间（JIT 送货）和对客户（订单）运货时间，或者是通过外包活动等方式将风险转移给供应链上的其他合作者。更进一步分析，契约可以用来转移商业风险。当然，契约机制和合作关系的改善都可以促进风险的共担。

国际海事委员会（CMI，2002）的研究指出，具有外包行为（不仅仅指物流外包）的公司中仅仅有 9%坚持要求他们的外包服务提供商具有业务连续性计划（BCP）。这些计划由一些事先制订的指导方针组成，这些指导方针往往是在危机发生后用来恢复关键商业职能，有时也叫做连续性计划。

有一种观点认为，契约在安全问题（例如保护个人的利益和减小风险方面）以及运作支持（流程的定义、活动范围、角色定位和责任划分和激励机制、奖惩措施）两方面起着重要的作用（Pruth，2002）。涉及更加复杂的物流系统的采购合同由于服务范围的扩大，在一定程度上会包含更多的细节，但是同样也会包含以下一些条款，包括如何对待未来不确定性，如何处理它们以及怎样确保所形成的关系能够提高和改善公司绩效等。

10.3 案例分析：委托人和服务提供商在风险管理问题上的观点

10.3.1 改变后的物流系统

Alpha 公司是一个高科技工业领域的委托人，拥有一个相对复杂的分销系统。他们主要是向新的“建筑场地”输送物品，这些场地有的位于边远地区，有的位于拥挤的城市中心，公司对运送物品的服务质量要求很高。几年前，Alpha 公司决定减少公司内部的分销活动管理，同时减少直接相关的物流服务提供商数量。Alpha 公司与少数第一级物流服务提供商签订合同，让每一个供应商都对全球不同地区的实物分销承担起管理责任。Beta 公司是这些服务供应商之一，本章随后将会详细介绍这一公司。第一级服务提供商管理和协调第二级服务提供商，并对其所在地域分销系统所有活动的协调负全责。同时，提供商们也应该积极地拓展分销系统，而不仅仅是对其进行运营操作。第二级服务提供商则提供运作这个系统所需要的服务和资产。

Alpha 公司也部分改变了分销渠道，以支持供应链库存的降低。以往那种在仓库里堆积许多不同货物的方式逐渐被中途拼货和越库等模式所取代。因此，会有大量的风险和不确定性需要处理，并使其最小化。公司很愿意做出这些改善，因为除了销售份额损失的风险，如果产品没有按客户的要求送达，委托人会面临很严重的危机。

Alpha 公司中的一些人认为，在分销领域越来越多的风险产生是由于一些新的分销理念，如短交货期、直接出货、零库存和越库等方式的引进。无论是内部处理还是外包出去，有几种分销风险都会增加。另外一些人则认为，如果分销职能被外包出去，风险将会得到更好的处理，因为公司内部进行风险管理可能会受到官僚主义的影响，而如果外包出去的话，风险问题会成为企业之间的问题从而得到更多的重视。如有需要的话，与服务提供商签订的商业合同中提出应急计划比企业内部文件中提出应急计划更有实施的可能。另外，双方之间的惩罚措施，即使很有限，也会比向企业内部成员抱怨更能引起对问题的重视。

10.3.2　公司的风险政策与组织

Alpha 公司认为，风险管理在所有领域都变得越来越重要，这尤其体现在物流外包活动不断增加的情况下。在 Alpha 公司，有一个风险管理团队专门负责协调业务中断和损失的管理控制活动，以减少公司由于成本增加和风险所造成的损失。这些工作包括发出公司风险管理指令、制定支持性文件和执行内部审计。公司和各部门的领导确保风险指令的执行。

到目前为止，Alpha 公司分销领域的风险管理还没有形成一个专门的领域，但它已经受到其他方面风险管理的影响。一位经理人员认为，分销活动中的外包活动会引起对风险管理的重视。他认为，如果业务没有外包的话，风险管理的几个阶段（如工厂的应急计划）就不会实施。

供应商 Beta 公司认为，在供应商和客户关系形成的开始阶段，就应该关注风险管理问题。他们认为，运作风险的商业影响对于任何一种制造企业的供应商而言都是很大的，这些风险损失可能超过利润甚至收入。这些都促使供应商去进行风险分析，并努力降低风险。Beta 公司认为，由于受到顾客需求、业务范围扩大（面临更多的风险）和各种商业社团（如商业会议报告）三方面的影响，在最近三年中，业界对风险管理的意识已经在上升。

10.3.3 Alpha公司的风险分析和风险评估

Alpha公司实施的风险分析包括了11个不同的情境，这是基于三个基本要素：原因、影响和结果（见表10.1所示）。这项工作的理论基础是IBM公司提出的一个风险管理方法。这11种情境覆盖了在实体运作系统过程中的四个方面：信息缺失问题（订单信息、交付信息）、不同系统之间的衔接问题（ERP、订单系统、运输系统）、与服务提供商之间交流不畅问题，以及产能降低问题。

表10.1 风险情境举例

序号	情　境	原　因	影　响	商业后果
1	订单信息不可用 邮件订单、自动订单、拟定发票/发货请求、手工发票等不可用 运输系统正在运行 订单系统正在运行	邮件系统、打印机等无法使用 电话断线 无法与物流部门取得联系	不能发货 无法开具发票 库存过剩	由于没有发票导致没有现金流 由于发货不及时导致客户不满意 惩罚 商业损失 库存周转速度降低

应当对公司内部环境和外部环境中的那些可能会造成干扰的事件，按照以下几种类型进行识别，这些类型具体包括：人员、设备、机器、数据或程序的可用性、未加工原料的可用性。

当前，外包业务所呈现的增长趋势也导致不同类型的分销风险。在Alpha公司的案例中，制造业务的外包造成包装不充分甚至错误，从而引起风险增加。这是由于Alpha公司对与其合作的制造商所传达的包装规范不完善，甚至根本没有这样一个规范，同时采购部门没有重视这个问题，或者是没有对采购合同进行额外补充。现在，这个问题需要由物流服务提供商来解决。

这些事件会引起许多不同类型的影响。Alpha 公司已经考虑到的影响包括：顾客没有收到产品；产品质量有问题；不能从供应商那里下订单；产品的"关键"信息丢失；对产品审批的影响；不能开具发票等。

对于每一个情境，Alpha 公司都会对已确定影响的商业效果进行评估，比如：收入损失、形象损失和竞争地位损失等。公司将对这些风险结果和可能性两方面来进行评估，这两个方面已经分别按照高、中、低进行了分类。

10.3.4 Beta 公司的风险分析和风险评估

作为供应商的 Beta 公司在协议签署以前会进行全面的风险分析，将与风险相关的各种类型的重要问题交由其保险公司来处理。Beta 公司不仅与它的客户 Alpha 公司，也会与它的竞争者——Alpha 公司的其他供应商合作进行运营风险分析。根据 Beta 公司的分析，与运营风险相关的比较重要的因素包括：保证系统运行的数据交流、能源供应、火灾和病假等。

合作并不仅仅限于风险分析过程，它也涉及到不同组织之间如何相互支持以共同降低风险的问题。Beta 公司对不同类型风险分配不同的关注点，并据此制定出一个风险评估计划。

根据 Beta 公司的分析，当他们接管外包给他们的物流职能时，他们所面临的风险涉及到：信息和信息的转移、债务和经济风险、客户在业务量和规模方面的投机行为风险、财务风险、经营范围变化风险、运营风险（偶发事件、火灾、工人病假、罢工）、客户丧失物流能力的风险等。Beta 公司相信最严重的风险是与不同 IT 系统之间数据交换相关的风险，因为信息被认为是一个关键的资源。造成信息风险的原因主要有两种：第一种与技术特征相关，包括计算机之间的数据交换障碍等；第二种与合作关系相关，是指不能及时获得客户公司的相关更新信息，如新的市场或关于产量变化的预测，这些信息可能属于严格的商业秘密，这是客户所必须遵守的。

债务风险以及与之相关的经济风险是由于责任的不明确引起的。这是由于目前还没有适用于更先进的物流外包惯例或实践经验。债务问题将会在后面有关契约的章节进行详细介绍。

投机风险是一种更加常见的风险，但在Beta公司与Alpha公司的合作关系中并没有发生这种风险。Beta公司认为可能会出现的一种风险是：一些委托人会通过外包部分物流职能来摆脱一些不利问题或结束某些业务经营。在没有通知供应商并且没有提供任何担保措施的情况下，委托人如果这样做，其最终的结果会对供应商产生很不利的影响，供应商将承担所有的成本并且不能获得收益。

财务风险会随着客户委托量的增加而增加。供应商会考虑这样一个问题：如果他们投资参与了某一项物流运作，但那之后委托人破产了，那么会产生什么样的后果？

战略管理层一致认为，供应商活动的数量和类型应该发生改变时，会带来经营范围变化的风险，这些变化可能导致供应商被迫提供契约中不存在的服务。

运营风险不会对公司本身造成什么影响，但随着供应商责任或义务的增加，这些风险的影响会变得更加严重。

Beta公司认为，客户可能会因为外包活动而失去物流功能也是一种风险。他们认为这种情况会导致不利结果的发生，比如他们将不能在新的系统开发或系统重新设计中得到关键性的支持。同时，Beta公司认为，失去物流功能会导致系统绩效的下降，并最终会间接影响到供应商组织。Beta公司认为，Alpha公司已经认识到了这种风险，并且到目前为止成功地规避了这种风险。Beta公司声称，通过和客户紧密的合作，他们可以协助维护和发展Alpha公司的物流功能。

10.3.5 Alpha公司的风险管理和应急计划

在研讨会上，Alpha公司与关键的利益相关者们一起分析了分销系统中的运营风险，并且建立了应急计划（内容如表10.2）来处理这些风险，并对前面提及的11个情境中的每一个情境都进行了评估和规划。

表 10. 2　风险评估与应急计划举例（情境 1）

情境			业务优先			补救略措施	应急计划				
序号	描述	系统失败时间间隔	商业影响	风险概率	后续战略计划		应急计划和事件触发点	柔性	完成日期	当前状态	责任人
1			高	中	1	邮件系统	根据紧急事件列表呼叫物流部门	高		OK	姓名
							确保紧急事件列表及时更新，可打印	高	日期	OK	姓名
					/	打印机	根据紧急事件列表呼叫物流部门	高		OK	姓名
							核实订单系统和运输系统中的订单	中		OK	姓名
							确保移动电话可用。	高		OK	

建立应急计划能够为公司解决那些现有防御系统没能处理的不利问题，它涵盖的内容包括：①不断完善解决方法以减少或消除事件的不利影响；②定义业务复原活动；③利益相关者的需要。

应急计划包括以下几个方面：手工起草的文件；发给服务提供商的传真；订单优先次序的规则；运输系统的输入信息；移动电话的使用等。这些活动的柔性以高、中、低的形式来划分，并与完成期限和相关责任人和组织联系在一起。

10. 3. 6　Beta 公司的风险管理和应急计划

Beta 公司与其客户 Alpha 公司和 Alpha 公司的其他服务提供商(即竞争者)，就不同组织之间如何相互支持以降低风险进行协商与合作。Beta 公司也建立了应急计划，并且将其告知其他服务提供商。目前，就这些计划的有效期已经达成了一致的意见。Beta 公司在项目基础上建立了一个专门机构来进行风险管理，具体管理内容包括应急计划、工作规范、标准动作和支持系统。这些计划对于操作人员来说必须是可执行的，以便他们在发现任何差错的时候知道如何处理。Beta 公司的情况表明应急计划是有用的。比如，它处理运营风险的方法有：使用调制解调器代替服务器连接；在主页上处理事务；在为客户 Alpha 公司提供服务时，与其他供应商联合。根据 Beta 公司的研究，这样做必须建立在各供应商之间存在良好的合作的基础上。

10.3.7 风险管理：合同

合同在风险管理中发挥着重要作用，这种作用体现在战略和运营两个层面。例如，就 Alpha 公司来说，更多的是战略层面的考虑，亦即从整个公司的层面与服务提供商签订合同。这样，安全保障和资源的可得性就不会受到个别国家或商业部门的偶发事件的影响。运营风险的处理方法会在合同条款中做出规定，例如，规定物流服务提供商要随时持有应急计划，确保及时执行措施来快速恢复整个的运营能力以便履行服务，防止重大事故和干扰的发生。一旦发生了重大事故或干扰事件，服务提供商有义务尽力确保：①服务能力能够尽可能快速地重新恢复；②服务能力可以没有延迟地恢复到正常水平。

Alpha 公司认为合同的重点内容最好应放在防御措施方面，而不是抱怨跟惩罚。为了避免某些问题，合同应当明确规定如何进行服务质量检查和计划活动（见图 10.3 所示）。这些回顾性活动能够使各参与组织之间更好地交流，它包括一个基于当前情况的反馈回路，并讨论未来将会出现什么问题及如何解决。Alpha 公司的一位经理指出，从整体运营的角度来看，在出现问题的时候责备供应商是没有用的，这尤其是在不清楚到底是由哪个部门引起了问题的情况下。正确的做法是各方保持流畅的持续的沟通，以消除分销系统中的风险。与服务供应商的合作经验显示，一个正式的服务质量检查（必须在合同中明确规定）与传统的内部管理方式相比具有明显的优势。

表 10.3 标准化的正式的检查和计划活动

控制水平	涉及的组织部门	频率
运营检查和计划	销售公司，订单执行部门，第一级供应商	每周、每月
绩效检查	订单执行部门，公司分销部门，第一级供应商	每月、每季度
服务协议检查	业务部门，公司职能单位（含分销部门），第一级供应商	每年

Beta 公司认为，合同对于风险管理来说是非常重要的，并且合同本身具有两种不同的功能。首先，它将给公司提供一个商业风险的全貌，使每一个参与组织都为了规避风险而谨慎行动，并且为风险分析提供了激励机制。其次，合同会对风险管理的具体要求以及工作如何开展做出明确的规定。因此，合同无疑具有风险防范功能。

10.3.8 风险管理：义务

Alpha 公司认为，尽管合同规定供应商对诸如产品丢失和损坏等事项负有一定的责任，但按照行业和法律惯例，供应商所承担的责任通常都非常有限。供应商也会为分销过程中的任何延迟失误负责，但 Alpha 公司认为，即使在这方面供应商所承担的责任也是非常有限的，即使忽略委托人遭受的罚款、信誉损害和业务损失不谈，Alpha 公司也会有资金流出，因为送货延迟的成本要大于供应商可能的赔偿。

供应商 Beta 公司发现，没有任何一个惯例或实践经验适用于增值物流外包中的责任划分问题。Beta 公司认为这个问题应归因于最近的几年中才开始出现的关系类型问题。服务供应商解决了这个问题，即通过参考运输法律框架，修订其中的一部分，将其余部分删除。

关于责任义务，供应商和委托人有不同的意见。委托人认为较之总的产品价值，供应商所承担的风险相当小。另一方面，供应商会将风险与商业收入和利润进行比较。供应商 Beta 公司做了这样一个比较，他们影响到公司产品价值的两个百分点的成本，其利润就将占总利润的两个百分点。Beta 公司认为这并不足以支持任何要求供应商承担全面责任的说法，至少在与委托人的条件比较来说是这样的。某单一事件的经济后果对于一个供应商来说可能是灾难性的，而这仅仅是风险的一个方面。另一个问题是参与各方变得谨小慎微，会导致效率低下和冲突。除了直接的经济影响以外，供应商也会面临在市场中声誉下降的风险，这会导致其失去潜在的未来收益。

10.4 分析

10.4.1 风险和不确定性

在最近的几年中，委托人和供应商越来越重视供应链风险及其管理。就委托人来说，供应链风险管理呈现了一个总体发展的态势，主要是集中在“制造”活动中（也包括外包出去的），同时这些工作又影响分销领域。这种改变使得更加接近于零库存的分销系统以及外包活动有了更高的风险意识。在风险方面，委托人更侧重于运营风险来源，而供应商则强调战略风险。实际当中，委托人和供应商可能会关注相同的问题，但这些问题对于双方的意义是不同的。对于一方仅仅属于运营性质的问题在另一方看来可能要上升到战略意义。因为信息的可得性越来越关键，委托人和供应商都在强调相关信息和通信的风险来源的重要性。这些领域出现的问题往往会导致送货和收货不畅，影响到收入、企业形象和竞争地位等。Alpha 公司认为外包活动不会对主要风险产生什么影响，至少与由分销系统变更引起的风险增加相比较时是这样。Beta 公司则认为除了自己的责任增大之外，运营风险没有发生什么改变，他们更加强调具有战略意义的一些风险。与分销及其外包相关的风险来源在 Juttner（2002）所定义的供应链内部结构中有所提及。在这种情况下，信息是一个关键的风险因素，因为分销系统相当复杂并且信息密集，而各方之间的信息交流又十分重要。组织间（或网络）风险取决于关系的结构和协调性，如果任何一方为了自己的利益而利用这种依赖性，组织间风险就会发生（Walker，1998）。

在本案例中，还没有出现过 Lalonde 和 Cooper（1989）提到过的委托人风险。这种风险最常出现的情况是：在很久以前为实施外包活动，设计了外包计划并选择了供应商，但已经不能适应当前的情况。不过该案例中涉及到了 Lalonde 和 Cooper（1989）提到的供应商风险。

10.4.2　风险分析和评估

委托人 Alpha 公司对 11 个不同的情境作了潜在风险原因、影响和商业后果分析。这种方法和 ETA 分析有相似之处，都是以可能发生的事件和它们的影响为分析的开始。Alpha 公司进一步通过估计发生概率和后果来评估风险。由于外包活动、分销结构的变化以及企业组织对供应链风险管理的愈加重视，风险分析和评估的范围与以前有所不同，只是强调了其中的一部分。Beta 公司风险分析的值得关注的一个方面是，参与各方之间（包括竞争者之间）的合作，使得最终结果要好于供应链成员个体单打独斗的结果。

10.4.3　风险管理

案例研究的焦点是两个一般性的风险管理战略：避免风险和减少风险。要做到这一点就必须依靠参与各方的紧密合作。当涉及到风险战略转移或共担风险时，这种关系就会变得模糊，因此从某些方面来看使用这两种方式时存在着重大的问题。

委托人和供应商都认为外包会改善运营风险管理，因为运营风险是在商业关系中而非组织内部，因此可以得到更多的关注和更加明确的处理。对于供应商来说，增值服务的外包使风险更加透明化，并且使组织更加积极地去完善风险管理。

委托人和供应商都建立了应急计划，实践证明这个方法十分有用。Alpha 公司的计划可以用来消除或减少不利问题的影响，恢复业务活动和满足股东的需要，并且依据柔性来评估更进一步的行动。Beta 公司的应急计划中，同时有委托人和竞争供应商的参与，从供应链管理的角度来说这是一种有趣的做法。

委托人和供应商双方意识到合同在风险管理中扮演着重要的角色。合同的最重要作用就在于它具有风险预防的作用。合同会促使双方为规避分销系统的风险而进行商谈，而不是在问题发生之后才采取惩罚措施，因此从商业整体的角度来看，它具有更高的效率。随着供应商越来越多地负责物流系统，责任问题将会成为一个重要的议题。在防止发生损失和确保提供高质量的服务两个方面中都涉及到了这个问题。委托人和供应商关于责任问题的观点有着很大的不同。委托人认为由于传统和法律惯例的存在，与自己所承担的运营责任和风险相比，供应商承担的责任相当有限。另一方面，供应商则认为他们所承担的风险要远远大于他们所得到的收益和利润。除了直接的经济影响外，如果在某些方面出了差错，供应商还将面临名誉损失的可能。

在外包条件下，风险水平对于委托人和服务供应商来说是不断变化的，但责任并没有随之变化，这样就出现了不对应的情况（图 10.1 所示）。当物流活动还没有外包的时候，委托人对所有的风险来源和风险后果负责。在基本的物流活动如运输和仓库管理等被外包出去的情况下，委托人会将这些活动的责任及其风险转移给供应商。这样供应商就必须采取措施来降低这些原本由委托人自己负责的风险（见图 10.1 第二个情况所示）。这些措施包括运作模式和承运人的选择、运输的复合外包、完善货物的跟踪和追溯水平、修正计划、货物接收的流线设计、资源（如燃料）的堆放等（Christopher 等，2002）。从委托人角度来看，服务供应商通常只对与服务价值相联系的一部分活动负责，因此风险后果很少能对他们造成全面的影响。在本案例中，服务供应商只提供基本的服务，因此他们所承担的商业风险将不会很高。

图 10.1 的第三种情况中，服务供应商负责物流系统的建立（通常由从事基本物流活动的下一级供应商组成）等增值物流活动，承担了更多的责任。并且，如有需要，他们还要负责完善和重新设计物流系统，因此，他们对风险来源的责任也在增加。理论上，委托人希望将几乎全部基本运输风险责任转移给供应商，但是，实际风险发生时，情况并没有改变多少。双方的合同规定或多或少也是这种情况，这主要是由于运输产业的传统和惯例造成的。虽然现在服务供应商负有运营风险的责任并且能够处理这些风险，但是委托人仍旧承担着这部分风险。本案例中的一个不协调情况，就是图 10.1 中呈现的不对应现象。尽管双方就责任如何划分问题无法达成一致，但他们都承认这样一个

事实：由于缺少适用于增值物流的外包的惯例或实践经验，造成了很多不确定性，致使这种责任问题成为了一个大问题，而风险则正是由这样的事实造成的。

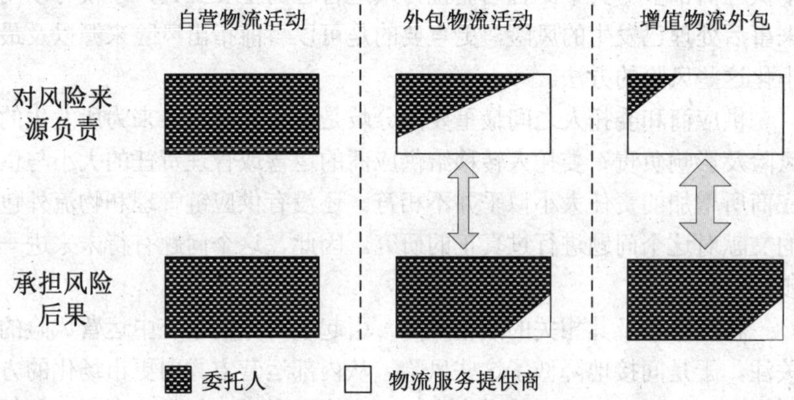

图 10.1　风险责任和义务的转移缺口

10.5　结论

在增值物流服务的外包案例中，委托人和供应商都投入了更多的精力来分析、评估和管理风险。这是由于他们的风险条件的主要变化，并不是发生在单纯的运作层面，而是在由谁来负责这个问题上。对于委托人来说可以归结为运营风险层面的问题，对于供应方来说，这种风险则包含更多战略性的因素。这可以归因于供应商的核心业务活动，因此这种关系对于供应商来说比对于委托人更具有战略意义，这是因为虽然外包活动对于委托人来说十分关键，但毕竟还不是核心业务活动。供应商需要承担更多的责任，并且还要为了对顾客提供服务而在许多具体资产上投资。在运营风险来源方面，委托人和供应商都重点关注于信息及其交流传输方面。

就一般风险管理过程来说，委托人一方的发展更快，他们已经开始使用一般性工具来进行风险分析和风险评估。在风险管理方面，双方到目前为止都建立了应急计划。在本案例中有一个有趣的发现，即供应商的运营性风险分析和建立应急计划的过程中，委托人和其他竞争供应商都参与其中。合同被视为风险管理的主要工具，不仅可以用来事后处理已发生的风险，更重要的是可以事前指出风险来源以及最小化这些风险的方法。

供应商和委托人之间最重要的分歧是责任问题：谁来为所发生的风险及影响负责？委托人转移给供应商的运营或管理责任的大小与供应商所增加的责任大小似乎并不相符。还没有供应链管理和物流外包的文献对这个问题进行过真正的研究。因此，这个问题有待未来进一步研究。

物流外包及其相关的战略风险，引起了对分销系统中运营风险的关注，于是间接地降低了这些风险。从内部运营方式向更市场化的方向转变，引入了一种交易成本术语，称为强激励。但是，在实际处理风险时，这种强激励方式在运营层面并不是很有效的，反之，合作和公开对话的方式使用得更多一些。

参考文献

1. Anderson, D. (1997), 'Third Party Logistics–Outsourcing Logistics in Partnerships'. *Dissertation No. 34,* Dept of Management and Economics, Linköpings Universitet, Sweden.

2. Christopher, M., McKinnon, A., Sharp, J., Wilding, R., Peck, H., Chapman, P., Jüttner, U. and Bolumole, Y. (2002), '*Supply Chain Vulnerability*'. Cranfield University.

3. CMI – Chartered Management Institute, (2002), 'Business Continuity and Supply Chain Management'. Report available at www.thebci.org/2809-01%20Bus%20Continuity%20Summ.pdf.

4. Jüttner, U., Peck, H. and Christopher, M. (2002), 'Supply Chain Risk Management: Outlining an Agenda for Future Research', in Griffiths

J., Hewitt, F. and Ireland, P. (eds) *Proceedings of the Logistics Research Network 7th Annual Conference,* pp.443-450.

5. Lalonde, B.J., Cooper, M.C. (1989), *'Partnerships in Providing Customer Service: A Third Party Perspective',* Council of Logistics Management, Oak Brook, IL, USA.

6. Lindroth, R. and Norrman, A. (2001), 'Supply Chain Risks and Risk Sharing Instruments – An Illustration from the Telecommunication Industry'. *Proceedings of the Logistics Research Network 6th Annual Conference,* Heriot-Watt University, September 13-14 2001, pp.297-307.

7. Lonsdale, C. (1999), 'Effectively managing vertical relationships: a risk management model for outsourcing'. *Supply Chain Management: An International Journal,* Vol.4, No4, pp.176-183.

8. Mullai, A. and Paulsson, U. (2002), 'Oil Spills in Öresund - Hazardous Events, Causes and Claims', Lund University.

9. Pruth, M. (2002), Kontrakt som styrmedel i TPL samarbeten – Existerande funktioner och utveckling av nya principer, *Dissertation:* Department of Business Administration, School of Economics and Commercial Law, University of Gothenburg, Sweden.

10. Rao, K. and Young, R.R. (1994), 'Global Supply Chains: Factors Influencing Outsourcing of Logistics Functions', *International Journal of Physical Distribution and Logistics Management,* Vol.24, No.6, pp. 11-19.

11. Walker, G. (1988), 'Strategic Sourcing, Vertical Integration, and Transaction Costs', *Interfaces,* Vol.18, No.3, May-June, pp.62-73.

12. Van Hoek, R.I., (2000), 'The Purchasing and Control of Supplementary Third-Party Logistics Services', *The Journal of Supply Chain Management,* November, pp.14-26.

13. van Laarhoven, P., Berglund, M. and Peters, M. (2000), 'Third-party Logistics in Europe-five years later', *International Journal of Physical Distribution and Logistics Management,* Vol.30, No.8, pp.425-444.

第十一章　确保持续供应的方法和实践

11.1　供应链面临的危机和挑战

目前，一些公司正在越来越多地依靠精益供应链来提高和加强自己的内部能力。在这种精益供应链中，各种形式的废弃物和不必要的缓冲物被识别出来，并被予以评估并消除，这种做法的目的就是以更有效率的供应链系统取代传统的“内部管理”形式，亦即完全依靠自己的能力满足顾客需求的企业系统。

从 Dell、Wal-Mart、Mothers Working、Calyx 和 Corolla 这些公司的成功经验可以看出，这种新的策略可以并且正在为使用该策略的企业创造巨大的竞争优势。不过，这种基于供应链的新策略也存在缺陷。在企业变得越来越依赖于供应链，并且使用一些不断开发出来的新工具和方法（如全面质量管理、六西格玛、准时制、精益思想等）来识别和消除浪费的过程中，企业认识到，这样的供应链正在变得越来越脆弱。也就是说，企业供应链系统处理意外事件的能力下降了，这些意外事件往往发生的概率很小，但造成的后果却会很严重。

有很多这类意外事件都曾被报道过，如 2003 年 8 月 14 日，在美国中西部地区和安大略省的电力系统出现问题，致使那些地区的电力中断持续几分钟到几天不等（见 www.macnn.com/news/20654）。这一事件波及到加利福尼亚州，在那里苹果公司正在准备发布一款更为智能化的 G5 计算机——第一代主流的 64 位处理器的个人电脑。这次产品发布之所以也会受到电力中断的影响，是由于苹果公司需要 IBM 公司来供应芯片。这些芯片是由一个位于纽约北部的工厂制造的，而该工厂的生产受到了电力瘫痪的影响。另外一个事件发生在 1999 年 9

月 21 日，台湾发生了 7.6 级地震，有 1500 多人丧生。从供应链的角度看，这场地震对计算机内存芯片的供应造成了不利影响，导致很多公司不能满足当时即将到来的假日高峰需求。2001 年 9 月 11 日纽约世贸大楼遭受恐怖分子的袭击，包括美国联邦快递公司在内的一些公司的信息数据库受到重创。

由于这些或者其他的类似的中断风险，许多公司及其管理层开始意识到维持和加强内向供应链持续性的必要性。Monczka 等（2001）指出，确保供应链的持续性是采购和供应链管理（PSM）的九大主要目标之一。其他一些 PSM 领域的经典文献中也提出了相似的观点（Burt 等，2003；Leenders 等，2002）。但是，其中还没有哪一个文献对采购企业如何建立或实施 BCP 以及建立供应链的有效 BCP 过程的整体框架及具体要素等问题提出具体的指导。

这类意外事件在社会中引起了对商业组织外部环境问题的更大的警觉。许多公司正在试图减轻大股东们对于这类事件的忧虑，同时通过建立各种计划过程和组织结构去减少中断事件带来的影响。例如，Digital Research 公司（2002）的研究表明，调查对象中有 77%具有商业或不利事件复原计划。不过，这项研究并没有详细说明它在内向供应中的应用。

为了应对供应链风险和中断的挑战产生了一种系统叫做商业持续计划（Business Continuity Planning，BCP），这个系统会协助管理层识别、管理、评估并最终消除上游供应链（亦即供应链中由企业及其销售网络组成的部分）的风险。这是一个相对较新的概念，因此，就该系统及其运作来说，我们还了解得很少。其中，现有文献涉及到最少的领域包括确保持续供应的有效工具和实践经验。本章将重点介绍这方面的知识。

具体地看，这一章将呈现给读者一些在确保持续供应方面十分有效的实践经验和工具，这些经验和工具是基于一个具体的案例研究而来，该案例研究是由在有效实施 BCP 系统方面处于领先者位置的三家买方企业实施的。在这一章所包含的经验和知识同时针对了研究员和实践人员。

本章的开始，会首先指出供应链风险和 BCP 系统受到越来越多关注的原因。接下来，本章将重点介绍用于提高风险意识、防止和修复供应中断，以及进行知识管理的实践和工具。本章将以一个实际中的商业持续计划工具的例子以及从该案例中得出的结论作为结束，总结得出确保持续供应的关键要素。供应链风险在现代供应链管理中越来越成为一个现实问题，但是，通过适当地应用本章中提到的各种实践经验和工具，这种风险还是可以被识别和消除的。

11.2 供应链管理＋精益实践＝脆弱

为了理解 BCP 的原理和实际运作，我们必须首先明白是什么问题导致了这种方法的产生。对 BCP 的关注可以追溯到两个主要发展过程的相互作用：（1）供应链管理的出现以及广泛应用；（2）通过采用精益原则和实践，供应链逐步走向“精益化”。这两个主要发展之间的相互作用十分重要，因为其中任何一个都无法单独提供必要的动力，并且没有这种相互作用也就没有灾难性风险出现的充足条件，而这种灾难性风险是导致 BCP 出现的主要动力。

11.2.1 供应链管理的出现

供应链管理在 20 世纪 80 年代末才开始出现。它是当时几种独立的发展共同作用的产物。第一个是出现了一种从来不会满足的消费者（McKenna, 1997），消费者总是想要以更低的价格得到更多的实惠（包括更多的选择、更大的灵活性、更好的质量、更快的反应速度），并且总是从一家公司转而选择另一家公司以寻求对自己更有利的交易。

第二个是指产品的生命周期正在缩短。在不断更新的技术驱动下，产品正以越来越快的速度出现和消失。过去一个产品（比如汽车）的有效生命周期大约为 10 年，现在这个周期正在缩短。例如，在微型计算机产业，本文作者所见到的产品其生命周期大约在 14 周到 9 个月之间。产品总生命周期的缩短带来了一些重要的影响。第一个影响就是在产品生产和交付之后，管理层不再有时间去审核和纠错。在很多的情况下，等到产品被检测完毕并制定出解决方案时，已经来不及了，公司已经开始开发新的替代产品，并且，没有消费者愿意等待公司在出错之后再去纠正。

导致供应链出现的第三个发展因素就是更新、更快、更便宜的计算机硬件和软件的出现。这个发展使得公司可以将内部活动以及供应商和供应链的活动与消费者的活动进行有效衔接和协调。

总之，这三个发展因素迫使管理层们对于是否还要依赖"内部"工厂（由公司自身拥有和控制的制造系统）进行重新思考。他们开始转向供应链，希望能够满足"从未满足的客户"的需求，并且能够应对正在缩短的产品生命周期带来的挑战。因此，管理层愿意为了外部工厂（上游供应链）所带来的低成本和高反应度而放弃内部工厂的高控制权和高透明度。

11.2.2 供应链的"精益化"

随着公司越来越依赖于供应链，企业界也逐步开始将精细制造的过程和步骤以及精细思想应用于供应链之中（Womack 和 Jones，1996)。这些精益过程通过对公司内部的和外部（公司及其供应链伙伴之间）的资源浪费进行识别和消除，从而使得绩效得到了改进，这包括前置期缩短、质量提高、成本降低、灵活性增强等。从某种程度上来说，这种旨在减少浪费的活动的重点在于缓冲手段的减少。大多数厂商主要的缓冲手段有三种：安全库存、安全的前置期和安全产量。这些缓冲手段增加成本并且消耗资源。通过使供应链"精益化"，管理者们希望建立一个成本低、反应快、浪费少的新系统。

11.2.3 相互作用结果："系统脆弱性"

一旦上述两种发展过程结合起来相互作用，就会产生一种情况，我们称之为"系统脆弱性"。这种情况是指，在这一供应链系统中，由于控制的降低而导致无法对那些突发性的和灾难性的事件做出及时地反应和处理。当面对非常严重的突发问题时，我们会发现我们的供应链太"精益"了。没有安全前置期、安全库存或者安全产量提供的缓冲，企业可能会立即陷入供应中断的困境当中。

如果这样的问题发生，那么企业的采购功能就不能够实现它的主要目标了，即保证企业能够得到不间断的来自上游供应链的产品和服务供应。BCP 的存在能够使管理层认识到这种威胁，并且对其进行评估和处理。其各种各样的实践经验和工具可以帮助管理层们控制这些来自上游供应链的威胁。

11.3 BCP：有效的解决工具和成功的实践经验

Barnes（2001）把 BCP 定义为一个程序化的过程与资源信息的整合，可以使企业将灾难导致的中断恢复到正常运营的轨道上来。这个定义为建立一个正式的计划提供了一个概念性框架，该计划可以帮助公司尽量减少供应中断所造成的时间和成本浪费。不过，BCP 能够成功实施的前提是，它本身必须具备识别和提供用以消除已知风险的结构框架的能力。

因此，在这一章，我们并没有把 BCP 仅仅看作一个工具，而是一个包含工具和实践经验的系统，其重点在于四个主要的活动（这四个活动组成了所需要的结构框架）：

1. 建立系统思想
2. 防止供应中断
3. 修复供应中断
4. 管理知识

相关的成功实践经验和工具方法分类归属于上述这四种活动之中，这四个主要的活动同时也构成下面将要论述的结构框架。

11.4 BCP 观点的起源

为了更好地理解企业组织如何管理供应的连续性，我们针对三家在供应管理实践方面居于前列的买方企业进行了一项研究。第一个案例是位于美国中西地区的一家航空供应商的战略部门。第二个案例是北欧的一家通讯设施公司的总部。第三个案例是一家制造电子部件的大型跨国公司的战略部门。本章中所得出的结论就是基于这三个案例的研究成果。

11.5　建立系统观念和防止供应链中断的有效实践

公司要想发展业务持续性计划，为防止供应中断的发生所应采取的措施提供指导，就必须在企业内部树立必要的意识。让企业及其供应链伙伴认识到业务连续的重要性，是使这些参与者采用该计划的第一步。供应链风险的威胁是真实的，通过建立这种意识，买方企业组织能够对一些原本在其计划中不被注意到的潜在风险有一个很深入的了解。

只在供应链的几个关键节点上建立供应风险意识是不够的。如有可能，每一个企业都应该努力防止供应链中断的发生。通过建立供应中断的风险意识，买方企业可以从各个供应链的参与者获得风险防范的支持。例如，财务专业人员可以提醒供应管理者提防供应商的财务困境。产品工程师可以帮助发现供应质量绩效变坏的趋势。零售和市场营销专家可以提前预警重大需求波动，防止由于短期采购不充足而造成的不利影响。供应商则可以将二级供应商的潜在问题提前告知他们的客户（买方企业）。

值得注意的一点是，并不是所有的供应链风险都可以由买方企业来控制。但是，通过建立风险意识，促进组织内部以及供应链伙伴之间就潜在的供应链问题进行交流，买方企业在发展最优的风险处理战略以及随环境改变不断完善业务持续计划等方面占据着有利的地位。

11.6　树立供应风险的意识

供应链中断的风险是现实存在的。因此，需要在公司内部和外部都建立风险意识。

11.6.1 企业内部的风险意识

尽管各种供应链风险事件广为人们所知，但是从供应源头建立内部风险意识仍是一项艰巨的任务。许多公司现在更注重于精益的业务过程，旨在消除那些曾作为突发事件应对手段的安全缓冲和组织力量。制定这些决策的原因当然有其合理性——当组织去掉其臃肿的多余的地方后，成本就会随之显著地下降，并带来效率的提高和利润的增加。但是，这样做也会产生一个问题，即导致组织更容易受到外界环境的干扰，而有时候这种干扰会给组织带来巨大的损失。因此，在这个精益思想主导的时代去推行供应风险意识是非常具有挑战性的。采购专家在他们的组织中建立内部风险意识时应该考虑几个一般性指导原则，包括与关键部门的专业人员交流信息（因为中断会对公司的财务和竞争力等产生很不利的影响）；用系统的观点看待业务持续计划；既要听取最接近供应基础的操作人员的意见，又要获得高级管理层的支持等。

在实施 BCP 的公司中建立内部风险意识，是构建和管理这些计划关键的第一步。专家们可以通过几种途径来建立这种意识。第一个是就供应风险及其对业务收益性等方面影响的严重性与公司关键部门人员进行交流。在非专门针对内部供应的业务功能中，可能将供应中断看作是不适用于工作要求的一种滋扰。减弱这种阻力的一个方法是参照其他公司在面临供应中断时处理风险的例子。比如，2002 年夏季加利福尼亚怠工事件，2003 年 8 月波及整个美国北部的电力中断事件，这些都表明了供应链的脆弱性。在这些事例中，不只是采购功能受到了影响，而且还影响到了所有商业组织的功能和他们的供应链。

一些业务职能部门可能会认为：内部供应中适当的安全缓冲库存可以减轻这种危机。但是这种观点也有它的局限性。例如，2002 年加利福尼亚码头工人的怠工事件，代表了一种在许多公司中都会存在的供应中断风险。一些公司，比如 Ralph Lauren 公司和 Tommy Hilfiger 公司预见了这种风险，并且提前几个月开始将行船路线改到了东海岸（Wolk，2002）。其他一些公司，如 Nummi 公司意识到了这个潜在的问题，他们继续使用西海岸的码头但是多积存了大约 6 天的库存。不幸地是，Nnmmi 公司仍然用完了存货而不得不停产几天。目前 Nummi 公司与它的供应基地一起建立了持续计划以防止未来再次发生这种情况（Jacob，2002）。

另外，在供应链管理中采用系统思想也可以帮助建立 BCP 的内部风险意识。没有一个组织是孤立的。在 BCP 系统中建立内部风险意识时，需要明确公司是依赖于它的供应来源的，特别是那些关键的直接或间接采购。有一句著名的谚语："链子的强度取决于它的最脆弱的部分"，这种思想也适用于大多数商业组织。在这种情况下，建立内部风险意识对于识别组织的"软肋"就显得非常重要。商业职能组织的优化能够使供应链部门对风险事件更加敏感。例如，如果市场和零售部门推出一款产品或者为满足一个关键客户做出了额外的承诺，内向供应链可能不具备灵活性来满足这些增加的需求，并导致库存不足和低水平的客户服务。若以系统的观点来看待组织和供应链，就能够提前预知到业务持续方面的潜在威胁，并提前避免。

从系统观点的角度，最接近供应基础的操作人员在外部环境发生改变时充当"监听者"。这些人员通常包括采购员、助理采购员或者是商品经理，他们对供应商以及环境所发生的变化有最多的认知。但是，这些职员不一定对公司风险有一个宏观层面的视角。因此，对公司来说，当务之急是，在整个公司组织中必须有若干比较清晰和公开的交流渠道，包括操作人员与其主管的交流渠道乃至与最高管理层之间的交流渠道。这种做法可能导致的一个问题是，一些操作人员在汇报一些"坏消息"后，可能会担心遭到报复。因此，管理层需要确保的是，当有人揭露了对内向供应安全造成不利影响的问题时，他们不会"把矛头对准报信者"。

从这些讨论中可以清楚地看出，最高管理层在成功实施供应管理 BCP 系统的过程中所扮演的角色十分重要。没有他们的支持，就很难在开发和管理 BCP 系统上投入时间和资源。应该由首席采购官或组织中最高级别的采购专家来寻求最高管理层的支持和制定买进决策。一旦获得高层管理认可，采购官员要建立对供应持续的重要性的内部认知就相对容易得多了。

11.6.2 企业外部的风险意识

在供应链管理的 BCP 系统中，重要的第一步是建立企业内部风险意识。但是，企业内部意识仅仅提供了业务持续计划的一个视角，因此它是有局限性的。建立企业外部风险意识，特别是在关键的第一级供应商中建立风险意识，可以使企业组织对其面临的上游供应链的风险因素有一个更加清晰的了解。供应商组织自身通常对其所遭遇的问题认识得更加清晰。但是，大多数供应商不愿向他们的客户提供相关信息。供应商总是担心，如何以合理的理由，与客户分担现有的供应风险。为了缓解这种担心，采购组织要首先建立公开的，与供应商组织之间的交流渠道，同时还要表明与供应商共同工作，管理和解决问题的意愿。然后，通过这些交流渠道，构建恰当的机制来激励供应商积极地思考，分担，并为管理供应风险和处理不可消除风险提出见解和计划方案。

想要有效地管理供应链和网络，关键信息的交流是十分必要的。要想在组织间建立风险意识，提防那些现有的，阻碍内向产品或服务流动的风险来源也是必不可少的。这种风险意识的建立使得企业组织可以合作来预防风险，并在风险发生时及时处理。尽管供应商很清楚，这种供应风险对双方企业都会造成损害，但大多数供应商出于对报复的恐惧和对自己形象的保护并不愿意去提出这些潜在的问题。因此，在与供应商讨论时，要强调鼓励发现并提出潜在问题，并且任何时候讨论潜在风险问题都不会影响双方的关系。

激励供应商主动识别和管理自己企业及供应链风险的一个办法是利用供应商评估中的指标。更进一步地说，在选择供应商之前，会就潜在供应商在组织内部和供应链中使用 BCP 的程度做一个评估。这项评估会就供应商管理风险的立场和如何改进以持续满足企业未来需求等方面提供了一个概况。

11.7 防止风险的发生

BCP 是处理供应不确定性的一个非常重要的方法，特别是对于那些不能提前预见的事件。不过，有些情况下，风险有可能是先验风险。当威胁供应持续性的风险（如供应商竞争性市场变成了垄断市场）被识别出之后，预防机制是比事后花费资源修复损失更好的处理办法。从此项研究的案例中可以看出，完善的BCP系统强调预防机制，并提出供应链中断事件发生的各种假设情景和处理选择。有四种有效实践可以防止供应中断。第一个包括有优先次序的供应商和商品，它的重点是预防供应中断。第二个要考虑供应链中所管理的所有资源和流动过程。风险是由两个维度组成的——概率和影响。因此，第三个是促使企业组织深入理解风险的这两个维度。这可以帮助企业组织为消除风险制定适当的战略，尤其是当没有可行的缓冲措施的时候。由于业务过程和供应链不是静态的，那么第四个也是最后一个就是在常规基础上监控并复查这些问题。

11.7.1 重点关注优先选择的供应商和商品

所有商业组织的资源都是有限的。因此，任何决策的制定都需要考虑买方组织所从事的活动。事实上，防止所有风险发生是不现实的。除此以外，随着产品和供应商市场类型的不同，风险事件在成本等方面的影响也存在很大的不同。例如，Kraljic（1983）、Steele 和 Court（1996）等从市场复杂性的角度描述了供应风险（包括对供应市场要素的描述），如垄断或寡头垄断条件的存在、技术更新的速度和供应商市场的进入壁垒。当供应风险并不能造成很大的供应中断威胁时，在防止风险发生上投入太多的管理精力和资源是没有意义的。但是，如果发现存在确实重大风险，同时买方组织能够以恰当的成本对这些风险实施一些控制的话，那么他们通常都很愿意尽可能早地采取一些措施来防止风险的发生。因此，那些被认为存在潜在风险的供应商和具有一定的市场复杂性的商品，应该是风险防范手段，如发展一个后备供应商、发展更好的合作关系或者开发供应替代品等措施。

11.7.2 从整体的角度对供应链所有资源及其流动进行管理

每一个商业组织需要处理的资源和资源流动都是很广泛的，相关资源包括职员、资本设备、存货、现金和信息等。这些资源会在组织内部和整条供应链中进行流动。例如，当客户与供应商以及供应商与下一级供应商之间发生支付行为时，就会发生现金流动。信息、战略和战术也会在供应链中进行流动。

在买方企业识别出存在的风险之后，还需要考虑公司内部和外部存在哪些资源可以用来防止供应中断情形的发生。信息资源的流动是一个关键环节，通过信息的作用，许多供应链已经将关注点从一些缓冲手段（如额外库存），转向了信息的交流（如预测的需求量和客户订单）。从供应商处和组织内部共享信息也可以作为一个防止风险的方法。例如，如果企业的销售团队预测到需求会出现激增，那么它需要注意及时地通知其关键供应商做好相关准备，以便做出更好的计划来满足未来的需求。如果发生了紧急的产品变化，买方企业同样应该通知供应商，并与其一起采取措施来尽量使供应商能够及时满足这些新的需求。从供应商角度来说，当市场或供应商自己的某些特性发生变化，并且这些变化会影响到运输及时性和产品成本结构时，供应商有义务就这些变化信息及时通知他们的客户。这些信息包括现金流问题、产量过剩问题以及与二级和三级供应商有关的问题。供应链节点企业间的这种信息交换可以赢得时间，以建立可供选择的战略来避免供应中断。

11.7.3 充分认识供应链中断的概率及其影响

现在，企业的当务之急是区分风险的概率和影响，因为有效的风险管理根据每一个维度的严重程度而有着较大区别。当供应中断发生的概率很高时，企业可以对环境实施一些控制，此时流程改进技术可能是最节约成本的风险处理方式。例如开拓供应商渠道以及与重要供应商建立关键的联盟关系等相关技术，有助于形成更加稳健的供应链。在另外一些情况下，对于企业来说，使供应来源多样化或拥有额外的供应来源、增加供应选择可能才是更有效地防止供应中断的方法。

11.7.4　对问题定期进行管理和监督

与商业运营一样，供应风险并不是静止的。今天企业为防止风险和供应中断所采取的措施可能在明天就变得不适用了。产品、供应商、客户需求和供应链都在发生着变化。供应管理中的BCP系统需要在常规基础上重新评估。这样的重新评估应该定期执行，至少每年一次，并且应涉及到所有相关的商业功能。

11.8　风险补救和组织学习的有效实践

意识和防范是确保供应连续的两个重要的方面。但是，即使具备防范风险发生的创新意识和具有可实施性的措施，也不能完全消除供应中断的风险。因此，买方企业需要提前制定计划以便迅速对供应短缺和停工等做出补救。除此之外，如果风险确实出现，并且产生了内向供应的负面效应，那么企业就应该从该事件中吸取教训，降低这种风险未来发生的概率。这可以使得企业对补救供应中断和从风险事件中吸取经验教训有更深刻的理解。

11.9　供应中断的修复

持续性计划框架的第三个阶段是修复。企业在预防阶段采取各种步骤措施来减少风险的发生，但并不能彻底地消除风险，也不能完全避免供应链中断。因此，在中断风险发生后企业需要采取后续措施以便从风险损失中恢复。这一后续阶段的动作应该能够缩短中断的持续时间，使中断风险对运营的影响最小化，并且能够提前确认实施这些计划所需要的资源。修复供应中断的两个实践内容是对供应中断所造成的影响进行规划和管理。

11.9.1　制定供应中断计划

完全消除供应链中断的风险几乎是不可能实现的。但是，当中断风险发生时，有一个现成的计划去应对风险是很重要的。针对供应中断制定计划的过程能够给企业带来几种好处。第一，它促使企业更好地去了解他们所参与的供应链机制，而这种对内向供应链更深入的理解可以帮助企业识别出供应当中存在的风险威胁。第二，拥有一个现成的计划可以使企业在发生供应中断风险时做出适当的反应。另外，备用方案也应该提前制定好，这样可以更快、更有效率地处理供应中断问题，避免企业陷入仓促和混乱的状态。第三个好处是可以减少对某个关键人员的依赖。一旦供应中断发生，一个现成的计划将不需要依赖任何一个关键连接点的人员，在这种情况下，如果原来指派的人员不在位，其他管理者也能够迅速取而代之并修复中断。

11.9.2 对供应中断的影响进行管理

供应中断的影响有两个关键要素：成本和持续时间，这两个要素是互相联系的。例如，供应中断的持续时间越长，企业所付出的总成本越大，如图 11.1 所示。图 11.1 表明一个供应中断有四个阶段。一旦中断风险发生，买方企业需要首先对危机做出反应，然后尽快地补救中断以降低它的影响。

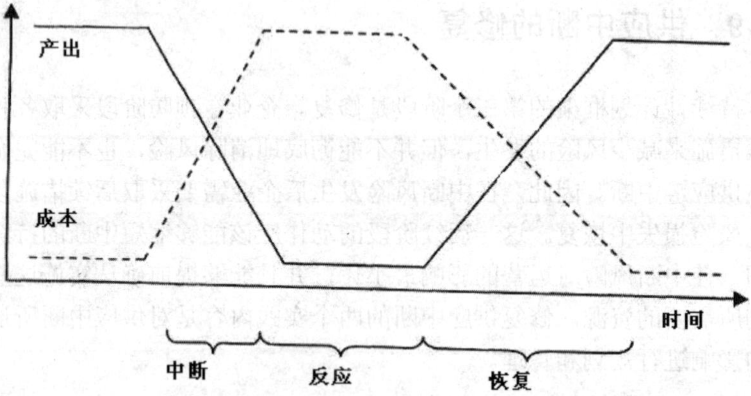

图 11.1 商业中断的阶段

11.10　组织学习的成功实践

该框架的最后一个内容是知识管理。在发生供应链中断事件后，企业要从中吸取经验和教训。要做到这一点，就需要一个事件后的回顾和审查，内容包括：应该吸取的教训、正确的决策、错误的决策、修复的结果，以及在持续性计划过程早期阶段活动的反馈。供应中断事件的发生表明，有一些决策和行动是错误的，并且现有的计划和持续性措施是不充足的，因此知识管理的目的就是从供应中断中吸取教训。但即使计划是充分的，同时中断的影响也是很小的，管理层也应该回顾事件的发生并且继续完善 BCP 过程。

11.10.1　以连续改进的观点看待供应链持续性计划

供应链中断的影响不会在一夜之间就暴露出来，而且，买方企业所遭遇的影响商业运营的风险也是不能够完全消除的。买方企业需要关注的是企业内部和企业之间降低供应中断风险发生概率的过程，并对其进行持续改进。除此以外，供应链结构可能会因为新的产品、新的供应商或新的生产流程而频繁改变。因此，供应链的维护并不是一时的活动，而需要持续的关注和努力。

11.10.2　对供应链中断的标准模式做事后审查

企业需要从失败的内向供应中学习，以防止风险的再次发生。供应中断的发生表明一些决策或行为是错误的，它可能是供应战略的问题，也可能是供应商选择的问题，或是在供应商市场中未能预先察觉的变化问题。应该将事后的审查纳入标准的运营程序中以便企业能够从错误中吸取教训，对 BCP 做出恰当地调整并且为未来的企业管理者们提供一个指导。另外，那些对于减少供应中断的持续时间和不利影响有帮助的行为活动，应该将其记录下来，以便与供应链中其他伙伴企业分享管理供应风险的经验教训，同时也便于在自身企业中实施这些行动。因此，在 BCP 中共享所学到的东西和避免重蹈覆辙是非常必要的。

11.11 实践总结

在前面章节已经从识别、防范、修复和知识管理几个阶段来讨论了 BCP 中的供应管理有效实践问题。其中的大多数都是立足于为管理者提供 BCP 供应风险管理指导的角度来论述的。接下来的内容将提供一些具体的工具和方法，企业可以通过实施或者修正它们来创新 BCP 过程。

11.12 供应管理的业务持续性计划工具

有许多工具都可以用来评估和监控上游供应链的中断风险。这些工具有助于引起对买方企业风险的重视，同时也为如何采取预防措施来处理这些风险提供了一个框架。

在供应基础上建立业务持续性意识的一个有效的工具是供应商审查。下面的表 11.1 和 11.2 显示的是一个供应商审查的一部分，这一部分重点在于供应链持续问题。坚持采用这种审查方式将会建立起对供应商基础上的战略重要性的认识，并促使供应商对这一问题引起重视。另外，这个工具可以帮助买方企业更加清晰地识别它所面临的风险。

表 11.1 与供应商灾难恢复计划相关的原材料供应商审查环节

要素：灾难恢复计划				
要求	状况	证据和位置	行动计划 Y/N	得分 0/10
供应商是否具备风险应急计划/业务修复计划/业务持续计划				
这一计划是否针对所有地区部署				
这一计划是否可以得到管理的连续和关键职位的确认				
这一计划能否确认所有战略性资源和设备				

续表

要素：灾难恢复计划				
要求	状况	证据和位置	行动计划 Y/N	得分 0/10
额外保管是否有重要纪录				
一旦发生风险，是否能够迅速恢复到最低服务水平，并能组织到备用仓库的运输				

表 11.2　原材料供应商质量评估打分方法

描　述	得分
供应商不熟悉要素需求，没有这一领域的相关原始文件（流程图、预测、计划、流程、战略等）	0
供应商熟悉要素需求，但没有原始文件和计划，更未执行计划	1
供应商熟悉要素需求，同时具备最基本的原始文件，但尚未执行	2
具有原始文件，执行（包括指派责任）完成 0～30%	3
具有原始文件，执行完成 30%～60%，能够识别缺陷但所作的改进尚不能量化	4
执行完成 60%～80%，已经显现出最基本的相关成果	5
执行接近完成 80%～95%，具有有效实施的书面证据和文件	6
要求的原始文件执行完成，能够提供完全的证据证明实施有效，供应商能够满足最低要求	7
能够在与客户满意度相关的关键领域体现结果分析和持续改进	8
供应商已达到世界一流水平，能够在所有领域超越 QS：9000 标准而实现增长和持续改进	9
供应商属世界一流水平，具有显著的创新能力，能够超越客户需求，供应商成为行业标杆企业	10

注：每个具体问题的最低分数要求为 7 分。

BCP 中的另一个工具是采购风险登记（Purchasing Risk Register），见表 11.3 所示，其中包括用来识别、评估和管理供应风险的 14 个类别。这个工具为买方企业在上游供应链中识别和评估风险提供了一个完善的方法，可以为每一项风险管理指派责任人并对消除风险的进程进行追踪。由各个岗位的职员来负责评估这 14 个风险类别，其中每一个类别都与一个具体商业过程相关。例如，采购主管要负责的类别包括因无法控制的价格波动所导致的供应商财务困难和市场不规范问题等。对每一个类别，都会从它的发生概率和影响两个方面来评估，并将其分为高、中、低三个等级。表 11.4 显示的是每一个类别的概率和影响的评估范围，会受到影响的业务过程以及负责处理每一风险的人员都在表 11.4 中列了出来。在此基础上，还需要对管理和控制风险的行为进行确认和追踪。在采取管理或控制措施之后，对仍然存在的风险影响将需要再次从发生概率和影响两个方面进行定性评估，表 11.5 显示的是其中一种风险类别的处理细节。

表 11.3 采购风险登记

风险序号	标题	初始风险概率	初始风险影响	商业过程
1	供应商存在财务困难，货物配送会受到影响	高	中	供应商网络
2	供应商存在质量问题，货物配送会受到影响	高	中	供应商网络
3	关键供应商出现问题，货物配送会受到影响	低	高	供应商网络
4	主要原材料出现无效转移，现金流会受到影响	高	中	现金管理
5	市场非完全竞争，出现不可控制的价格波动	高	中	供应商网络
6	主要供应商不能充分降低成本，利润和现金目标将均未实现	中	高	供应链绩效
7	SAP 或 ERP 系统数据错误，将不能管理和满足订单要求	高	高	履行订单
8	采购过程缺乏技巧，利润将会受到影响	高	高	人员和知识

续表

风险序号	标题	初始风险概率	初始风险影响	商业过程
9	对供应商支付不及时，利润会受到影响	高	中	现金管理
10	装卸过程发生问题，供应商绩效会受到影响	中	高	商业运营计划
11	未重建供应仓库，部分货物运输处理错误，利润会受到影响	中	中	建立客户解决方案
12	新设计方案未正确执行，供应商成本降低目标会受到影响	高	高	建立客户解决方案
13	未能对运营和个人绩效做出正确奖励，目标实现可能性会受到影响	中	中	人员和知识
14	供应商未能实现多元化目标，因而未能获得足够的政府支持	高	高	现金管理

表 11.4　评估风险概率及其影响的结构范例（采购风险登记）

概　率	
低	<5%机率
中	5%～25%机率
高	>25%机率

影　响	
低	<800 万美元
中	800 万美元～1600 万美元
高	>1600 万美元

表 11.5　风险行为范例

<table>
<tr><td colspan="3">风险 1：行为</td></tr>
<tr><td>风险描述：如果供应商出现财务危机，那么交货将受到影响。</td><td colspan="2">可能性：
影响：</td></tr>
<tr><td colspan="3">背景：经济因素、供应商能力，以及本公司或其他客户工作量的变化，都可能增加供应商供应失败的风险。若供应商破产，那么买方企业很可能遭受中断风险。</td></tr>
<tr><td>行动或控制措施</td><td>责任人</td><td>日期</td></tr>
<tr><td>识别高风险供应商（使用 D&B 评级以及通过供应商视察访问所获得的资料）</td><td>供应商情报部门</td><td>持续进行</td></tr>
<tr><td>对前 100 名供应商、私人企业和业务转换困难的供应商进行风险评估</td><td>采购执行部门</td><td>持续进行</td></tr>
<tr><td>在需要时对临时增加的前 100 名供应商每半年的财务状况进行评估</td><td>供应商情报部门</td><td>持续进行</td></tr>
<tr><td>供应仓库的健全</td><td>采购主管</td><td>持续进行</td></tr>
<tr><td>每季度风险会议</td><td>供应链</td><td>每季度进行</td></tr>
</table>

与“风险登记”原理相似，买方企业可以针对具体的商品和供应商进行风险评估，如表 11.6 中所示，表 11.6 对比了风险发生的概率和不同级别风险的影响以及如何对风险进行量化，参图 11.2 所示。

表 11.6　风险评估过程举例

风险影响级别	
级别 1	目前产品有一个以上的经过批准的供应来源。
级别 2	目前产品来自于一个经过批准的供应来源。其他来源同样经过批准并可以使用，但目前没有使用。
级别 3	目前产品来自于一个经过批准的供应来源。其他来源同样经过批准并可以使用，但受到工具或设备的限制而没有使用。
级别 4	目前产品来自于一个供应商，没有其他来源可使用。

在图 11.2 中，对风险发生概率和影响的度量范围界定如下所述。

影响（中断时间）

- 级别 1：小于或等于 3 个月，从其他替代渠道获得供应
- 级别 2：3 到 8 个月，从其他替代渠道获得供应
- 级别 3：9 到 12 个月，重新设计可替代的选择
- 级别 4：大于 12 个月，重新设计复杂的零部件或产品

发生概率

- 0%～25%　非常不可能
- 25%～50%　不可能
- 50%～75%　可能
- 75%～100%　非常可能

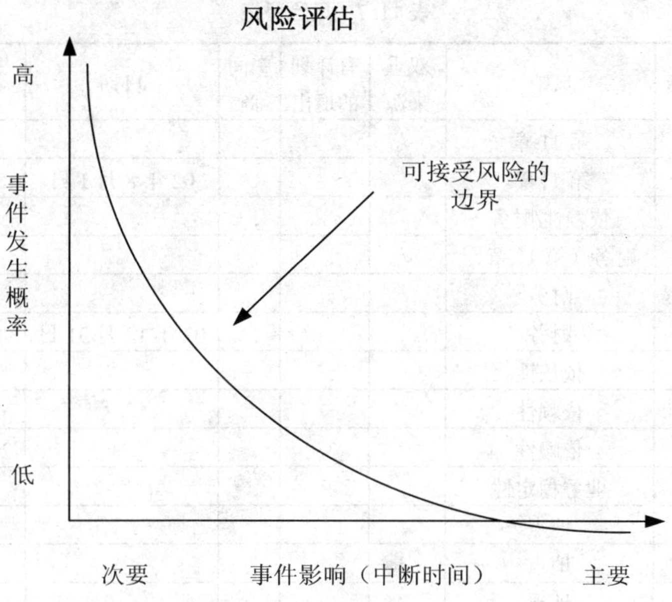

图 11.2　风险发生概率和影响大小

“采购风险登记”可以通过风险登记而进一步放大，因为它能够指出会给买方企业带来风险的具体供应商。风险因素包括财务问题（如第十章所归纳的）、对供应商的依赖程度，以及商业合并和位置问题等。风险登记中的信息资源收集来自于所有成员，并最终提供给供应商。

风险登记中的评估标准包括以下几个方面。

- 是否具有双重来源
- 是否存在关系中止计划
- 是否计划重新选择供应商
- 确认供应商存在风险的日期
- 采购项目的前置期
- 工程规划是否可行
- 工程是否得到许可

风险登记的例子如表 11.7 所示。

表 11.7 风险登记

供应商	风险	双重来源	有计划的退出	中间商	日期	提前期（周）
A	第 11 章	√	.	.		22
B	第 11 章	.	√	.	02 年 8 月 1 日	36
C	依赖性/财务			.		18
D	财务（第 11 章）	√	.	.		4
E	财务	.	.	.		26
F	财务	.	.	.	02 年 12 月 31 日	10
G	依赖性		.	.		.
H	依赖性		√	.		1
I	依赖性		√	.		26～52
J	业务稳定性		.	.		.
K	地点	√	.	.		32
L	地点	√	.	.		12
M	地点	√	.	.		12
N	业务退出		√		02 年 12 月 2 日	6

中小规模供应商的财务困难是一个重要的风险，这特别是在宏观经济形势不好的情况下。如果一个供应商存在现金流问题，那么要么会导致糟糕的绩效，要么会造成商业损失。供应商财务健康状况可以

通过很多种方法来追溯。

其中一个方法是使用财务评价报告。这些报告会提供供应商的财务信息，如增长和利润率、独立程度、流动性和资本管理等，从这些指标可以得出供应商的总体财务比率。该分析得出的总结报告如表11.8所示。

表 11.8　财务评估范例

日期：
编号：Fin 应用 784
财务评估 Fly-Right 公司
质询原因
各种各样的全球外包战略
基本活动
Fly-Right 公司是全球航空、防御和空间工业领域的一个创新产品和服务的领先供应商。
备注
该公司的年终财务结算是在每年的12月份，同时分析每年12月份的财务报告
规模、成长和利润率
该公司每年的收益为7.35亿美元，并且在过去五年中增长很快。这种高速增长造成的主要后果就是利息的增加，同时因为资本过多地注入基础设施建设和研发之中而导致现金流情况变坏。同一时期，利润率从1996年的13.5%下降到2000年的9%。不过，同一时期的绝对利润额从2200万美元上升到3800万美元。 1999年，该公司通过各种对资本设备的小额采购和主要投资来扩大产量。这一时期固定资产从1.63亿美元上升到3.85亿美元。
流动性
流动性是指该公司是否有足够的现金能够一次支付全部短期债务。A 公司希望供应商的现有流动性比率不小于1.4，同时，不包括库存的速动比率不能小于1.0。 Fly-Right 公司的流动性比较差，并且在最近两年中情况还在进一步恶化。这主要是与上述提到的资本投资而导致的利息支付增加有关。该公司存在6200万美元的财政赤字，这一指标在过去两年里大大增加，现有流动性比率和速动比率分别为1.2和0.5。

续表

杠杆
杠杆是指该公司通过债务而非股东方式来融资的比率。如果债务过多，公司将无法筹措到足够的额外资本去扩张。A 公司希望其供应商的资产负债比率小于 40%。 Fly-right 公司的杠杆比率大约为 34%，其中并没有考虑赤字及其与银行的信用额度。只有当该公司的现金流和债务水平得到改善，它才能获得更多的债务融资。
结论
Fly-right 公司的业务增长情况很好，作为一个在航空领域持续增长的公司，它已经开始获得扩张性投资和兼并活动的回报。公司的现金管理比较差，同时过度依赖赤字对利润和流动性都造成了明显的影响。从商业谈判的角度来看，Fly-Right 公司的税前利润大约为 10%，如果选择这家供应商，这一事实在谈判中可以成为一个有利的支点。 两家公司都对这个供应商感兴趣，那么供应商可以与两家一起谈判。这样有助于降低成本和获得合同利益。可以这样认为：如果可行的话，当这两家公司决定与 Fly-Right 公司进行进一步谈判时，他们应该联合起来。
行动

识别供应商潜在财务困难的另一个方法是“媒体调研”。这个周期性的调研是在正式发行的刊物、宣传和新闻报道等一系列媒体形式的基础上，提供了一个关于供应商财务困难的“早期预警系统”。表 11.9 中显示了这样一个范例。

表 11.9 媒体评价范例

供应商 Q	供应商 Q 已将一个业务部门转让给了一家电子公司。这次转让是公司航空和防御业务组织战略的一部分。供应商 Q 还没有确定要如何处理这些销售所得，不过它们很有可能被用于未来资本投资或者偿还一些大额贷款。
有关供应商 Q 的新闻报道	通过卖掉一部分工业部门，供应商 Q 将更进一步依靠航空市场。由于这种特性，供应商 Q 可能更易于满足我们的需求，这是一个战略优势。

续表

本周完成的主要供应商评估	
合金供应商	该公司是一个上升阶段的新星，目标是打败主要竞争对手获得领先位置
供应商 X	目前运行良好，并且在未来几年能够进行完善的自我管理
能源供应商	主要作为能源供应商。供应状况良好，但是流动性和负债令人担忧

注：如果需要这些评估内容的复件，请联系布朗先生。

11.13　风险在供应链生命周期中必然存在，但它是可控的！

管理人员和研究学者们必须要认识到的是，精益供应链是商业周期的一部分。这个系统能够提供的潜在收益是巨大的，不可以被忽略。然而，随着管理者们不断地为他们的系统瘦身来追求更高的反应能力和更低的成本，他们也必须认识到系统正在变得越来越“脆弱”，企业对潜在的变化和不可预知的中断的影响更为敏感。在过去，处理这种中断的常用方法是依靠安全库存、安全提前期和安全产量来缓冲，现在这种缓冲方法不再像以前那样有吸引力了。

我们需要一个不同的方法。这一章就探讨了这样一个方法的实践案例和工具：业务持续性计划。可以看出这些工具不仅具有很强的理论性，如果应用恰当的话，也具有很好的实践效果。上述内容已经表明，供应链中断是可以管理和改善的，并且这种管理和改善是具有很好的效率和效果的。因此，风险是供应链周期中的必然存在，但它是可控的。

参考文献

1.　Barnes, J.C. (2001), *A Guide to Business Continuity Planning,*

John Wiley & Sons, New York, NY.

2. Burt, D.N., Dobler, D.W., and Starling, S.S. (2003), *World Class Supply Management: The Key to Supply Chain Management,* 7th Edition, McGraw-Hill, New York, NY.

3. Digital Research, Inc. (2002), Business Continuity & Disaster Recovery Planning, Report Prepared for AT&T, Kennebunk, ME.

4. Jacobs, D. (2002), Wakeup call, *Supply Chain Technology News,* Vol.4, No.9.

5. Kraljic, P. (1983), 'Purchasing must become supply management', *Harvard Business Review,* Vol.61, No.5, pp.109-117.

6. Leenders, M.R., Fearon, H.E., Flynn, A.E., and Johnson, P.F. (2002), *Purchasing and Supply Management,* 12th Edition', McGraw-Hill Irwin, Burr Ridge, IL.

7. McKenna, R. (1997), *'Real Time: Preparing for the Age of the Never Satisfied Customer',* Harvard Business School Press, Boston, MA.

8. Monzcka, R.M., Trent, R.J. and Handfield, R.B. (2002), *Purchasing and Supply Chain Management,* 2nd Edition', Southwestern, Cincinnati, OH.

9. Steele, P. and Court, B. (1996), *Profitable Purchasing Strategies: A Manager's Guide for Improving Organizational Competitiveness Through the Skills of Purchasing,* McGraw-Hill, London, UK.

10. Wolk, M. (2002), 'Behind the West Coast port lockout', MSNBC, October 8, www.msnbc.com/news.

11. Womack, J.P. and Jones, D.T., (1996), *Lean Thinking: Banish Waste and Create Wealth in Your Corporation,* Simon & Schuster, New York, NY.

第十二章　结论

12.1　导言

本书各章中的案例都表明，在很多国家的众多产业部门中，供应链正在变得越来越脆弱，从而会导致最后的整体分解、错位或中断，甚至不能够成功交付附加价值给最终消费者。Zsidisin 等（第十一章）对供应链越来越脆弱甚至不能够抵御由精益战略带来的轻度冲击的现象进行了探讨。文章着重解释了造成这一现象的原因，并从发生概率和后果两个方面阐述了风险发生所造成的影响。本书的每一章都从理论和实践两种途径探讨了处理这些风险的方法。正如在第一章中所阐述的那样，本书的主要目的是巩固供应链风险管理领域的现有研究成果，分享这些已有的知识和经验，并且通过在该领域建立一个信息共享的评价体系来获得协同作用。虽然本章并不能说是整个现有研究成果的一个全面综合，但是在这一章中我们还是尝试把前面各章的一些关键主题和研究发展放在一起做一个综述。

12.2　定义的多样性

本书中的每一位作者都明示地或暗示地区分了风险、供应链和风险管理三者的概念。仔细考虑相关定义就可以发现，这些区分大多是边缘的而非实质性的，并且主要是由于角度和观点的不同所造成的。这些不同的观点成就了本书的丰富性和深度，有助于供应链风险管理成为一个有效并且有价值的新兴研究领域，同时也表明了明确的定义是研究这一问题的关键。

本书的不同章节对风险和不确定性的定义分别进行了探讨，虽然不同的作者有不同的侧重点，但这里有一个共识，风险发生是关键问题。风险管理通常把这个问题细分为两个要素：风险发生的概率和风险事件发生后的影响。风险管理则被看作是处理这两个要素的框架和过程。

供应链管理领域自身对供应链就有多种定义。正如本书第一部分的章节中所表明的，这些不同的定义并不是矛盾的，更准确地说是它们只不过是对同一现象的不同角度的分析。

例如：

1．二元性观点把重点放在供应链中双方的关系上，有时被称为基础供应链。

2．另一方面，一体化观点代表一种整体供应链的观点，从最基本的原材料到最终产品或服务的消费。

3．网络观点指的是一种广义的供应链，该供应链中的成员并不是与供应链网络中的所有其他成员都有直接的联系，甚至不知道其他成员的存在。Hallikas 和 Virolainen（第四章）提出了一个有趣的虚拟企业的概念，将其定义为网络中某些成员的连接点，以便为一些具体的产品或服务提供价值传递。

4．模糊性观点被 Ritchie 和 Brindley（第三章）用来反映那些由于信息和通讯技术的发展而产生的复杂的、动态的和经常错误定位的供应链结构。

从本质上讲，供应链是多维度和多功能的，包含了企业组织中每个功能的相互作用和它们之间信息的交换等。我们通常假定，供应链关注的是生产过程和仓储分销中的有形产品和物流。但是，研究表明供应链中许多无形的东西（如信息的流动、关系的构建）也为增值和提高效率提供了巨大的潜力。

Paulsson 的文献回顾（第六章）表明，许多已发表的供应链风险管理领域的相关研究文献，都重点阐述了组织间的关系和直接上游供应商的问题，其所强调的进行风险管理的方法也都是比较传统的（如保险、缓冲库存和服务水平协议）。本书的文献研究结果表明，研究的领域已经大大地拓宽了，考虑的范围已经从采购的战术和操作层面转向技术的、运营的和战略的层面，直至转向它们对整个供应链和最终消费者的影响。未来的研究将会更加强调越来越复杂和动态的供应链结构及其内部成员关系。

对供应链的更深入的一个认识是，供应链是增值转移的工具。这个观点重点关注的是供应链的有效性，即在整个过程的每一个阶段都应该有指向最后一个阶段的最终的产品或服务的价值增值。从很多方面来讲，这一特性是供应链管理方法所固有的，尽管效率目标的提高可能会证明有时候决策制定是比价值增值更重要的参数。

12.3 形成的框架

本书中阐述了两个框架，它们提供了这一领域及其研究的一个概念性的框图。Norrman 和 Lindroth（第二章）提出了一个三维模型来概述风险的程度、供应链内部分析模块和风险管理活动的规模等级。Ritchie 和 Brindley（第三章）将其发展成了一个二级权变计划，形成一个更为广泛的框架来把握该领域内容的多样性。形成本书结论的一个恰当和简洁的结构图如图 12.1 所示。这个图代表了 4 组对供应链风险及其管理有影响的要素。这些要素以复杂和动态的方式互相联系，这一点本章接下来会有所阐述。

供应链风险一般被分为两大类，一类是供应链本身所固有的，对所有商业组织都通用（如经济和政治环境），另一类则是某些特殊的供应链环境所特有的。Ritchie 和 Brindley（第三章）在他们的持续性框架中抓住了这一问题的本质，识别出了不同水平的环境变量。大多数作者（如第十一章的 Zsidisin 等）参考了竞争性压力对供应链风险的影响。图 1.1 将其显示为双重压力，这种压力是由对供应链效率以及效益的追求而形成的。Paulsson（第六章）确定了四个效率相关的发展因素，它们可以使供应链更为精益（如取消不必要的活动阶段），可以提升敏捷性（如对新的发展变化具有更强的反应性），同时，外包运营活动和一些服务，可以改善供应源安排单一的状况，但它们同样提高了供应链中的风险水平。其中每一个方面的发展都可能导致供应链中众多成员的不确定性和风险的增加，当然，某些重要成员（如一些有重要商业和经济影响的企业组织)可以寻求降低成本来维持竞争力。可以证明的是，对于一些供应链成员而言，某些特定的发展因素反而可能会降低风险水平。例如，一个单一供应源的协议可能有助于解决与商业关系相关的商业风险，尽管这种协议可能只是短期或中期的。

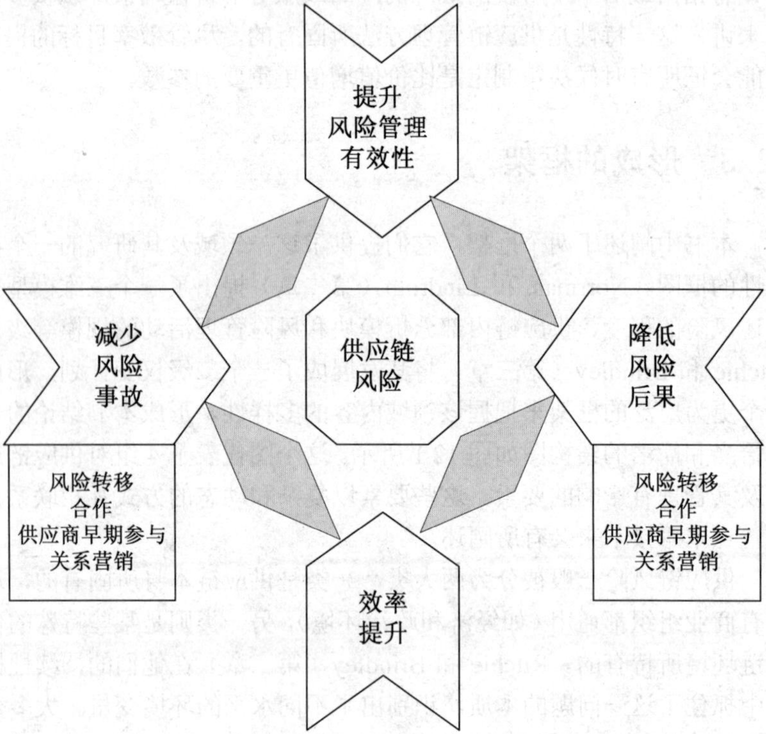

图 12.1　管理供应链风险和绩效

供应链效力的改进同样会增加或较少风险的发生。产品和服务在转移过程中的可靠性和质量完善性、更好的设计和更流畅的信息交流都可能增强供应链的有效性并减少风险。但是，实现这一改进的过程可能会产生额外的风险，例如，商业和技术知识的外溢或产生对其他成员的依赖性。Burtonshaw-Gunn（第七章）就指出了由成员关系、竞争环境以及一些具体的项目参数所产生的风险。

在本书的众多研究文献中，风险管理战略是一个关注的焦点。这一焦点强调的是降低风险发生概率（如降低某一事件发生的可能性），以及减弱风险影响程度的一些方法。很多作者（如第十一章的 Zsidisin 等）已经认识到在当今竞争激烈的环境中，那些传统的供应链风险管理方法对于增强供应链效力和效率是存在局限性的。在某些特定的环境下，缓冲库存仍旧是风险暴露的一个解决办法，但是在面对构成大多数供应链的复杂关系结构时是不适用的。同时，缓冲库存不利于从降低成本的角度来改进效率。

在每一章中都出现了许多更加有想象力的解决方案。Butonshaw-Gunn（第六章）阐述了建筑业中合作关系的成功案例，这一发展成果不仅是在英国，也存在于许多其他的发达国家市场，如美国和澳大利亚。它不仅增强了各个成员之间的理解和互信，也有助于降低潜在风险的发生概率及其影响的程度。Zsidisin 和 Smith（第八章）将 ESI 方法（早期供应商参与）作为管理控制风险发生概率及风险影响的方法。这里所指的参与是在战略和技术两个层面进行的，涉及到各种职能，如工程、市场、生产和财务。参与的范围从简单的信息和知识共享到重要的新产品的开发战略等。Andersson 和 Norrman（第十章）探讨了从客户企业到供应商或第三方物流企业的风险转移。这种转移虽然不能完全地清除风险，但是有助于集中精力消除某些具体的风险。Brindley（第五章）应用关系市场原则和实践，对供应链成员之间内部联系的另一个维度进行了评估。

12.4 形成的主题

从整体上看本书主要形成了两个主题：知识共享和信心构建。建立和维持弹性且强健的供应链的关键要素不仅仅在于共享信息，更重要的是知识库构建（即确保合作伙伴有能力理解并有效利用信息），并且要确保这是一个信息和知识生成的双向过程。本书中所讨论的风险管理的发展都直接或间接地满足这个要求。知识管理和精益组织为供应链及其风险管理的未来研究和发展提供了恰当的领域。第二个主题信心构建，指的是发展成员间的信任、公开、诚信和共享等关系。这些都是发展深层次的持久的合作关系所需要的特征。关于相对于个人而言的企业组织如何实现这种关系的探讨，为供应链领域进一步的研究和发展提供了机会。

12.5 度量

评价和度量问题是本书中概述的众多供应链和风险管理发展中的一个基本问题。参与者在这一问题及其他管理活动中所面临的一个重要的挑战是，如何最大限度地实现收益。Ritchie 和 Brindley（第三章）提出了指标问题及其构建的可能方式。风险很难以数字形式量化，因为通常表现出的是供应链伙伴的风险认知而不是客观的可度量的风险，就产生了额外的问题。但是，Mullai（第九章）在考察危险品海运风险之后，提出了将该风险各种要素分类并度量的方法。建立这样一个指标机制，并在此基础上，通过降低风险发生概率和减弱风险影响程度两种方式来降低风险暴露，这样不管是对于单个企业组织来说，还是对于整个供应链来，都可以将其作为收益来度量。效用理论和选择领域可以为这方面的未来研究和发展指明方向。

12.6 供应链风险管理：未来的研究方向

本书中所研究的问题表明，供应链风险管理是一个新兴的研究领域，具有丰富的概念和实践案例，并为多种学科提供了一个学术研究的平台，如工程学、运筹学、市场营销学、物流和供应链。这种跨学科的背景很可能在这一研究领域成熟之前造成概念上的争议。然而这种富有争议的特征并没有被看作是一个消极的因素。我们希望本书中提出的框架和形成的主题能够激发读者去进行更深入的研究。实践之中从业人员面临着动态的、不稳定的、脆弱的供应链所带来的越来越大的压力，同时需要运用准确的评价指标来制定风险管理决策，因此理论研究为其带来的支持是十分重要的。